BAOSHOU ZHUYI YIWU JIAOYU FULIGUAN YANJIU

保守主义义务教育福利观研究

郑霁鹏 ◎ 著

中国社会出版社
国家一级出版社·全国百佳图书出版单位

图书在版编目（CIP）数据

保守主义义务教育福利观研究 / 郑霁鹏著 . —北京：
中国社会出版社，2021.10
 ISBN 978-7-5087-6613-3

Ⅰ.①保… Ⅱ.①郑… Ⅲ.①义务教育—观念—研究
Ⅳ.①G512.3

中国版本图书馆 CIP 数据核字 (2021) 第 189332 号

出 版 人：浦善新		终 审 人：李新涛	
责任编辑：张　迟		策划编辑：郭晋慧	
责任校对：师敏革		封面设计：王　涛	

出版发行：中国社会出版社	地　　址：北京市西城区二龙路甲 33 号
邮政编码：100032	编 辑 部：（010）58124812
网　　址：shcbs.maca.gov.cn	发 行 部：（010）58124864　58124848
经　　销：新华书店	
印刷装订：中国电影出版社印刷厂	开　　本：160mm×230mm　1/16
印　　张：17.25	字　　数：248 千字
版　　次：2021 年 10 月第 1 版	印　　次：2021 年 10 月第 1 次印刷
定　　价：75.00 元	

中国社会出版社微信公众号

中国社会出版社天猫旗舰店

前　言

公共福利是一个备受学界关注的论题。福利国家社会实践的受挫使人们对于福利问题给予了更加深入和多元化的探讨，试图探究个人权力和国家责任在福利问题上到底应该如何划清边界，如何既可保护公共福祉又能避免因为政府干预过多而重蹈福利国家的覆辙。

本书从保守主义政治思想的角度来讨论义务教育福利，在研究手段和方法上突显政治学意味。同时，公共福利也是社会政策学中的重要研究领域，本书借鉴了社会学对于福利问题的理论分析框架。但归根到底，本书还是一个教育政策问题研究，是从保守主义的政治哲学视角对义务教育福利问题的思考，其核心问题是国家权力和责任在义务教育福利中的边界划分，以及福利实践中的价值诉求。

保守主义是一个饱受争议的政治哲学流派，对于其认识很难达成共识。本书理解的保守主义是保守消极自由传统的意识形态，它主张国家有限干预，保证个人免予他人强制的自由。其"消极自由"的价值追求投射在义务教育福利问题上，体现为主张国家的责任在于满足个人基本的教育需求，但是要尊重进化理性，以"除祸"而非"致善"为追求，应该把责任适度下放，避免形成国家对于教育福利的垄断，以市场机制下个人的自由选择进行福利资源分配，经由自发、渐进的发展路径减少义务教育中的阻碍因素，保证个人平等受教育权利的实现。以国家作为责任主体、市场作为配置手段、个人免予强制来保证个人的教育福利需求获得满足，而不至于沦为国家过度干预下的"幸福的奴隶"。

本书对义务教育福利问题的研究，主要从三种政治关系着手。一是国家责任与公民权利的关系。国家是福利的供给者，公民是福利的获得者，二者构成政治学中最基本的一对关系范畴。二是公民权利和公共福利关系。权利是应然意义上的，福利是保障权利获得实现的制度或政策安排；权利是福利的来由，福利是权利的体现。三是公共教育与个体自由的关系。人们为了捍卫自己的自由而需要接受教育，需要对国家提出福利的诉求，但是过度福利又会干涉教育，从而影响人们接受教育的自由，同时也最终损毁了最为宝贵的个人自由。其中，国家责任和公民权利是本书的研究主线，它们的关系通过公民权利与公共福利、公共教育与个体自由获得更加明确的论证，进而阐释保守主义对义务教育福利的理解。

本书尽管不是一项政治思想研究，但对保守主义提出了自己的认识，保守主义政治思想的价值内核并不是传统、秩序、权威，而是消极自由。保守主义者以消极自由为逻辑起点演绎出了其政治主张，而不是散乱无序的政治主张机械堆积出了保守主义。本书以义务教育福利为研究问题，它不仅指向义务教育，而且包含了儿童在义务教育阶段享受到的其他福利产品和服务，同时扩充了义务教育问题的研究内容。本书以保守主义政治思想为研究视角，希望义务教育福利问题可以摆脱学科束缚和领域辖限，能够对义务教育问题有一个新的认识。最后，英国是保守主义理论的发源和发展中心，政治实践上也具有浓厚的保守主义特点，而其义务教育福利的发展进程也最可以体现保守主义的理论精髓，对英国义务教育福利政策的研究，可以更加明确保守主义的政治思想在教育实践中的作用。而对政治理论和他国实践的研究，归根结底还是希望能对我国的义务教育福利问题有所启示。

目录
CONTENTS

导 论 ··· 001
 一、问题提出与研究意义 ······················ 001
  （一）研究缘起 ······························· 001
  （二）问题提出 ······························· 004
  （三）研究意义 ······························· 006
 二、文献梳理与综述 ···························· 008
  （一）经济学中的福利问题 ·················· 008
  （二）社会学中的福利问题 ·················· 017
  （三）政治学中的保守主义福利问题 ········ 027
  （四）教育学中的义务教育福利问题 ········ 029
 三、概念界定与理论基础 ······················ 039
  （一）义务教育福利 ··························· 039
  （二）保守主义 ······························· 040
  （三）保守主义与教育福利的理论关联 ······ 040
 四、研究方法与研究思路 ······················ 041
  （一）研究方法 ······························· 041

（二）研究思路 ………………………………………… 043

第一章　保守主义的政治要义 ……………………………… 045
一、保守主义的哲学基础 ………………………………… 047
　　（一）不变人性 ………………………………………… 047
　　（二）有限理性 ………………………………………… 049
　　（三）相对真理 ………………………………………… 051
二、保守主义政治信念 …………………………………… 053
　　（一）悲观主义 ………………………………………… 053
　　（二）怀疑主义 ………………………………………… 054
　　（三）传统主义 ………………………………………… 056
　　（四）多元主义 ………………………………………… 057
三、保守主义政治主张 …………………………………… 059
　　（一）社会权威 ………………………………………… 062
　　（二）自发秩序 ………………………………………… 064
　　（三）可传之统 ………………………………………… 066
　　（四）多元均衡 ………………………………………… 067
四、保守主义政治价值观 ………………………………… 069
　　（一）保守主义政治观 ………………………………… 070
　　（二）保守主义自由观 ………………………………… 075
　　（三）保守主义正义观 ………………………………… 078
五、保守主义的相对镜像 ………………………………… 082
　　（一）保守主义与自由主义 …………………………… 083
　　（二）新保守主义与旧保守主义 ……………………… 086
　　（三）真保守主义与伪保守主义 ……………………… 088

第二章　保守主义的义务教育福利观……091
　　一、义务教育福利的进化理性……093
　　　　（一）功能规设……094
　　　　（二）手段选择……097
　　　　（三）价值取向……100
　　二、义务教育福利的自由选择……104
　　　　（一）多元供给……105
　　　　（二）自由选择……108
　　　　（三）教育自主……112
　　三、义务教育福利中的国家干预……114
　　　　（一）满足需要……114
　　　　（二）权力分散……118
　　　　（三）制度保障……120
　　四、义务教育福利中的市场机制……122
　　　　（一）产品供给……123
　　　　（二）市场规则……125
　　　　（三）评判标准……128

第三章　保守主义公民受教育权利观……131
　　一、消极的受教育权利……133
　　　　（一）受教育权与财产权……134
　　　　（二）受教育权与自由权……136
　　　　（三）受教育权与平等权……138
　　二、均等的受教育机会……140
　　　　（一）弱势儿童的受教育机会……142

（二）差异性个体的受教育机会 …………………… 146
　　　（三）自由选择的受教育机会 …………………… 147
　三、享受真正教育的权利 ……………………………… 149
　　　（一）成就自我的教育 …………………………… 150
　　　（二）接近真理的知识 …………………………… 153
　　　（三）教育中的个人自主 ………………………… 156

第四章　保守主义的国家教育权力观 …………………… 159
　一、国家教育权力的合法性 …………………………… 164
　　　（一）教育的特殊需要 …………………………… 164
　　　（二）家长主义的关怀需要 ……………………… 166
　　　（三）社会秩序的维持需要 ……………………… 168
　二、政府过度干预之害 ………………………………… 171
　　　（一）图谋群体私益 ……………………………… 171
　　　（二）阻碍社会进步 ……………………………… 174
　　　（三）损害教育正义 ……………………………… 179
　三、国家干预的原则与限度 …………………………… 183
　　　（一）符合市场秩序 ……………………………… 185
　　　（二）分流教育权力 ……………………………… 187
　　　（三）避免教育垄断 ……………………………… 191

第五章　英国保守主义义务教育福利政策 ……………… 195
　一、义务教育福利体系建构 …………………………… 197
　　　（一）特殊教育福利 ……………………………… 197
　　　（二）生活服务福利 ……………………………… 202

（三）义务教育福利 …………………………………… 206
二、义务教育福利责任分工 …………………………………… 209
　　（一）学校自主 …………………………………………… 209
　　（二）社会参与 …………………………………………… 211
　　（三）地方分责 …………………………………………… 212
　　（四）国家调控 …………………………………………… 214
三、义务教育福利价值追求 …………………………………… 217
　　（一）自由选择 …………………………………………… 217
　　（二）产品多元 …………………………………………… 220
　　（三）机会均等 …………………………………………… 222
四、义务教育福利的保守主义色彩 …………………………… 224
　　（一）体系建构 …………………………………………… 225
　　（二）责任分工 …………………………………………… 227
　　（三）价值追求 …………………………………………… 228

第六章　保守主义教育福利思想对中国现实问题的启示 ……… 230
一、义务教育福利供给 ………………………………………… 231
　　（一）重构政府权力 ……………………………………… 231
　　（二）重回公民社会责任 ………………………………… 232
　　（三）重拾家庭责任 ……………………………………… 234
二、义务教育福利品质 ………………………………………… 237
　　（一）产品多元 …………………………………………… 237
　　（二）供求自主 …………………………………………… 239
　　（三）选择自由 …………………………………………… 240
三、义务教育福利发展进路 …………………………………… 242

（一）持久动力 …………………………………… 242
　　（二）以人为本 …………………………………… 244
　　（三）平等公正 …………………………………… 247
四、义务教育福利改革理念 …………………………… 248
　　（一）审慎渐进 …………………………………… 248
　　（二）尊重情境 …………………………………… 250
　　（三）沿袭传统 …………………………………… 252

参考文献 ……………………………………………… 255

导 论

一、问题提出与研究意义

（一）研究缘起

在我国，义务教育是社会转型的重要表征之一。在义务教育被译介进入我国之初，人们就在探讨"义务"一词的内涵。《第一次中国年鉴》对义务教育中的"义务"作出解释，认为它是指人民国家有使其及龄之子女受国民教育之义务，同时国家也有使人民在学龄期间受国民教育之义务。但这并非定论，有学者指出，"'义务'一语，从政府方面来说，是政府有使人民受适当教育之义务；若从人民方面来说，人民只有要求受教育的权利。"[①] 随着社会的进步和教育的发展，人们明确意识到基础教育是个人谋求社会身份的重要途径、是自身发展的必要基础，"受教育"的"公民义务"内涵意味渐渐被"国家责任"掩盖。它不再是一种被迫的个人责任，而成为个人向公共利益的代表者——国家，要求获得社会资源分配的利益诉求。要求国家保障适龄儿童"无论他的民族是什么、无论他的出身是什么、他的家庭高低贵贱如何、贫富状况如何，都

---

① 姜琦．义务教育之研究及讨论 [M]．北京：商务印书馆，1925：7．

享有进学校受国家规定程度的教育之权利"①。

随着义务教育体制的日渐完善，义务教育的福利属性也不断凸显出来。但义务教育的发展仍存在诸多不足，由此加大国家在义务教育中的投入、发挥中央政府的主导作用、完善专项资金转移支付制度、秉承教育资源的配置正义和不断推动义务教育的均衡发展等呼声此起彼伏，不绝于耳。在这样的背景下，我们应该冷静地思考一下，义务教育是否应该大步疾行？政府的责任是否多多益善？答案未必是肯定的。"过犹不及"，"物极必反"，是中国的传统智慧。把太多事务纳入政府职责范围，使管理边界无限扩大，也会带来负面后果。"寻常一样窗前月，才有梅花便不同。"义务教育问题也需要我们改变一个角度、换一种思维进行思考。这既是学术研究创新的理论需要，也是中国义务教育发展的实践需要。

无论是在理念层面还是制度层面上，我国的义务教育都不是土生土长之物，它是中外文化教育交流的产物，其发展也同样需要借鉴其他国家的义务教育制度和办学理念。英、美国家在19世纪下半叶一直进行的义务教育改革，保守主义的政治思想和理念对这场教育改革影响重大。我国义务教育实践一直突显国家的主导地位，以英美等国为代表的国家减少国家对义务教育干预的改革趋向并没有引起我们的充分重视。他山之石，可以攻玉。分析保守主义义务教育思想对于我国义务教育的改革实践具有十分重要的理论意义和现实意义。吸取和借鉴是一种理性思维的过程，这种借鉴是一种选择性行为，它不是按照自己主观预设作的选择，而是理性思考之后的决定。在福利国家之后，西方国家开始反思过度的政府作为带来的负面结果，支持改革福利的社会民主主义、新自由主义、社群主义都因为福利国家的挫折而受到不同程度的冷落，保守主义思想再次获得青睐，英、美保守主义政党在19世纪末至20世

---

① 熊贤君. 中国近代义务教育研究[M]. 武汉：华中师范大学出版社，2006：3.

纪初的连续执政也证明了他们的政治主张得到了认可。而后"第三条道路"思想的出现，也被看作新保守主义和新自由主义的中和，其中依然有许多新保守主义的成分。那么，常为中国民众所不齿的保守主义如何能在英、美国家的基础教育发展中谋得一席之地？保守主义的政治思想价值何在？当保守主义遭遇义务教育问题时会是何种态度？它有何主张？这些问题都是本书学术研究兴趣之所在。

今天，我们已经进入一个关注民生的大时代，福利问题已经成为社会关注的一个热点，一系列关系民生问题的改革也不断推广开来。医疗、住房、养老等都已历经了诸多革新，责任主体也经历了从"单位"到"国家"，再到"社会"的一个发展历程，并且福利社会化的这场改革在当下也正在实施之中。义务教育也是一种福利，这是东西方社会保障理论和实践都一致认可的。那么我们的福利社会化改革为什么没有波及义务教育呢？20世纪末"教育产业化"的改革也影响到了义务教育，但义务教育发展中的主旋律依旧是国家负责下的普及和提高。义务教育与其他的福利有何差别，使它们没有走上相同的改革道路？义务教育与其他福利既然都属于福利范畴，它们的共性所在允不允许义务教育福利也走市场化和社会化的道路？如果不可同路而行，那必然是因为义务教育的特殊性。这种特殊性要求作为政治权力主体的政府和国家需要对它"另眼相看"，那么这背后必然是政治理念对于基础教育的诠释。因此，政治哲学的相关思想或许可以使我们明白为什么义务教育遵循当下的发展进路，以此为义务教育福利问题提供理论解释。

任何一种政治理论都有其核心的价值追求，一个国家的公共政策、政治制度、社会实践无一不体现着这些价值。那么，我们的教育所追求的最终价值是什么？义务教育是公共福利的一个组成部分，它也已经成了公民的基本权利，除了义务教育，对于其他福利的主张也渐渐被纳入法律视域，"福利权"成为近些年新生的一个法律议题，主张把福利权作为宪法的基本权利加以保障和救济。由此，主张国家在公共福利中的积极作为成了必然需求。绝大部分福利国家却是刚从"大福利"带来的诸多问题的阴影中走出来，开始收缩福利内容、分化福利责任、改变福利供给模式。众所周知，对福利国家的诟病不仅是它导致了财政上的入不敷出，也不仅因为它不利于个人独立，还有一个理由，就是它对个人自由的侵害。我们在积极扩大供给福利以及在不断加大政府权力的时候，会不会也会产生福利国家的一些消极后果呢？

进一步思考，我们会发现，福利经济学者多会关注公共福利的经济效益，也就是在福利投入与福利收益之间的比重，社会学者多会关注过度福利给人们带来的福利依赖，而政治思想家更加关注国家的积极福利、宏大福利对于个人自由的侵害。那么，义务教育与自由有何种关系？作为福利提供给我们的义务教育会影响到我们的自由吗？这个问题，乍一提出，似乎有些突兀，或者觉得二者关系稍显疏远，很难把二者关联起来。当我们从理论思考回到现实问题时，就会发现，福利和自由确实已经在我们的教育实践中发生了一些冲突。儿童在公共教育福利之外通过其他途径获得基础教育，这在英美等国是合法的，但在我国，它是与现行的教育体制相悖的。另外，就农民工随迁子女接受义务教育问题来看。教育券在英美等国成为公立学校改革的一个重要举措，它旨在保障儿童的选择权利，券随人走，以脚投票。但在我国，农民工随迁子女接受义务教育确实遭遇了许多制度辖制，国家对于儿童提供教育的义务成了个人在出生地接受教育的义务。如此看来，自由与福利，这两个看似不怎么相关的问题，的确在现实中表现出了相冲突的关系。

（二）问题提出

人类最艰难的哲学思考是"我是谁，从何处来，到何处去"。也许没有人能够揭示这些问题的真正谜底，但探究过程本身意义重大。探究问题的意义不在于答案，而是对这些问题的理解潜移默化地影响着我们的行为。

　　义务教育，无论是作为国家举办的公共教育，还是作为公共福利的一个组成部分，都是以国家作为行为主体的。但是自从现代国家建立以来，国家在公共事务中的责任、职能就是一个核心问题。当义务教育日益凸显国家义务的特质，当一些物质和服务的提供被标具上公共福利的标签，也必然引发学者对于国家在此领域职能责任的思考。"国家是理解教育制度本质的核心。"[①] 义务教育是公共教育制度的基础，国家是举办公共教育的绝对主体。对于教育制度和教育政策的研究无法逃避国家和公民关系问题。国家缘何而来？国家因何而在？什么是国家之善？什么会使国家为恶？国家有哪些行动的理由？国家具备何样的行动能力？保守主义者对国家的理解在一定程度上决定着他们对于义务教育福利的态度。

　　在西方现代政治思想中，"国家权力"和"公民权利"是相互对应的。从自然权利理论到功利主义再到新自由主义，无一不是以国家权力为对应物的，以此论证个人权利的意蕴。当生命、自由和财产权等作为自然权利出现在政治话语中，国家的责任就在于捍卫这些权利；当功利主义者以大多数人的幸福为根本时，个人的权利就被纳入政府积极作为的视域之下，但少数人的权利就被国家忽略了；而在力主平等优先的新自由主义者眼里，个人的权利是要求国家积极作为的权利，弱者的权利尤其值得被呵护。义务教育无论是作为公民权利还是作为公共福利，都是以政治思想中的权利观点为源头的。福利就是国家为实现公民权利而进行的制度安排和政治实践，保守主义者如何看待公民权利，对于公民给予何种解释，赋予权利哪些内涵，以上种种都直接影响着义务教育福利的内容。

　　义务教育福利从本质上是属于公共福利范畴的。公共福利，从

[①] 乐先莲. 当代西方教育与国家关系[M]. 北京：教育科学出版社，2011：37.

《济贫法》到《贝弗里奇报告》，再到福利国家的一系列制度安排，可以说从一开始就遭到保守主义者的反对。《济贫法》被指责是纵容了懒惰，毁灭了个人的责任；《贝弗里奇报告》在英国议会讨论时，遭到121位议员的反对，更多的人弃权，这甚至险些导致了联合政府的分裂。福利国家更是被新保守主义者认为是无限度扩大了国家权力，是用理性设计的建构秩序取代自发秩序，从而对个人的自由造成巨大威胁。那么，保守主义者到底如何看待福利呢？他们否认国家在福利提供中的责任吗？他们是认为弱势群体不需要福利支持吗？公共福利的政治基础——分配正义，在保守主义者眼里不是最该获得珍视的吗？如果他们反对此种资源分配，那么他们对义务教育资源的分配又是作何主张呢？

英国既是自由主义、保守主义思想的诞生之地，也是新自由主义和新保守主义获得蓬勃发展的国度。从柏克到斯宾塞，从哈耶克到奥克肖特，无一不是保守主义旗帜性人物，丘吉尔、撒切尔夫人这些保守党领袖都在英国历史上极具影响力。英伦民族的保守气质也显示出保守主义思想经由漫长的历史浸染，在人性中的沉淀。就义务教育来说，英国是初等教育最早萌生的地方，许多国家在短期之内就建立的义务教育体制，在英国却经历了相当漫长的历史发展才得以最终确立，这无疑也是最可以体现"保守"气质的地方。研究保守主义的政治思想，就不可以回避这些政治观念对于现实发生的作用，那么在保守主义思想指引下的英国义务教育是经历了一个什么样的历史演进呢？这个过程中又有哪些教育实践彰显了保守主义的政治诉求？本书旨在通过对保守主义政治著作的解读，探讨保守主义者对义务教育福利的看法。

（三）研究意义

在我国的学术话语中，福利首先是作为社会学领域的研究问题而出现的，在社会学研究视域中，福利通常被当作社会保障的下位概念，主要是针对弱势群体的福利供给。随着福利经济学的引介，福利又被纳入公共经济学的研究范畴。尽管以政治哲学来探讨西方国家与教育关系的论著不在少数，但是对于保守主义教育福利观的深入研究还不曾有。本书希望通过对保守主义义务教育福利观的探讨来加深我们对义务教育福利问题的理解。

对于西方政治福利思想的介绍论著很多，其中多数或是按照历史阶段，或是按照思想流派，或是按照代表人物，对不同的福利主张进行总结评述，其中也零星地提及在教育方面的观点，但是缺乏比较系统的梳理。社会学范式下对于教育福利的提及，又多是以现实切面的形式对教育福利做整体性的勾画，不能历时地反映教育福利的发展轨迹。本书则致力于对保守主义的义务教育福利观做历时性专题研究。

在教育政策研究领域，以义务教育的福利属性为研究对象的并不多见。义务教育研究常被赋予公共基础服务、公民基本权利、教育产品的属性而加以研究，本书旨在以福利研究的范式分析义务教育，应该能够对义务教育问题域内的国家教育责任、公民受教育权利，以及市场对教育资源的配置等问题得出另一番解读。这应该能够使我们对义务教育的分析更为全面，为义务教育问题的研究提供一种新思路。

我国的义务教育尚处于改革进程之中。20世纪教育产业化的改革使得今天我们在义务教育改革中对于市场避之唯恐不及，尽管也有放权、市场选择的呼声，但终究湮没在增加政府权力和责任的诉求之中。在保守主义福利观影响下的英、美国家公立学校改革为我们提供了一些借鉴。尽管政治文化和社会背景不同，但无论是教育还是福利，抑或自由，都体现着公民和国家的不可回避的价值诉求和现实问题。对于保守主义教育福利思想的挖掘，以及英国教育实践的研究，会在一定程度上对我国义务教育改革起到启示作用。

二、文献梳理与综述

(一)经济学中的福利问题

1. 福利的定义与分类

在物质匮乏时期,"福利"一词多指向物质层面;而今福利已经从单一的经济概念发展为具备多维度内涵的一个术语,它是主观感受与客观给予、物质形式与非物质内容的统一体。马歇尔说,福利比它的姊妹——财富——更个人化、更主观①。尼尔伯特等把福利内容的形式归纳为现金、实物、机会、服务、权力、代用券等②。福利的多重内涵也对应着不同领域对福利有着不同的理解。

福利经济学的创始人庇古把福利定义为满足个人需要的"效用"。所谓效用,就是某物可以用于满足人们的某种需要。福利的这种效用本质,决定了福利的经济属性。如同经济交换中的商品,不是所有商品都会被每个人需要,经济产品的内在品质和供给数量是由生产者决定的,但是它在多大程度上被需要,以及消费者从它那里获得的满足,则是由产品的消费者主观评断的。

福利也是如此。我们通常所说的"福利"在英文中有两个对应词:一是"wellbeing";二是"welfare"。前者从含义上接近汉语中的"幸福"和"幸福感",后者则通常用于指代宏观经济视域内的福利。前者描述的是福利获得者的主观感受,后者描述的是经济领域内的福利供

---

① T. H. Marshall. *Social Policy in the Twenties Century* [M]. 5th edition, Hutchinson and Co. Ltd., London, 1985: 2.

② Neil Gilbert, Paul Terrell. 社会福利政策导论 [M]. 黄晨曦等译. 上海:华东理工大学出版社, 2003: 182-184.

给。这两种福利，分别被冠以"主观福利"和"客观福利"①。"主观福利是从主观方面评估客体的效用，是主体偏好对客体效用的一种描述。客观福利可以定义为能够使个人获得幸福感或满意感的客观事物。"② 就二者的关系来看，主观福利以客观福利为前提，没有客观福利为个人提供的社会益品，也就无法谈及个人的主观福利。但客观福利的提供不一定意味着个人主观福利的获得，因为主观福利的来源在于福利获得者对于客观福利的感受，不同个体对于同样的福利内容会产生不同的主观感受。从这个意义上看，主观福利与客观福利是不同的。我们可以得出一个结论，那就是国民福利不等于国民幸福。

对主观福利和客观福利的区分，其意义更多体现为如何理解福利供给过程中国家的责任。英国学者达格斯古塔曾经对于政府管理提出自己的观点，那就是政府的责任"不在于管理幸福和保证成就，而是提供机会，提供所有人追求他们各自目标的前提"③。如果国家也可以决定个人的幸福，那么国家就必然有能力为国民提供尽可能多的福利，但是如果国家在"管理幸福"上没有凌驾于个人的权威，那么政府在福利供给中，就需要提供一种获得主观福利的机会。这样的福利仅应该是人人都需要的基本性福利，每个人都会从中获益，对于绝大多数人来说都是一种主观福利。超过这样的界限，国家就应该把提供福利的责任交给其他社会组织或群体，使个人可以通过其他途径而并非只能依靠政府提供。

2. 福利经济学理论的价值研究

按照福利经济学的理论，福利是一种经济行为，不同的福利经济理论对福利有不同理解，这也意味着不同的福利进路和价值追求。尽管福利经济学旨在探究如何实现社会福利的最大化，大多数福利经济学说都

---

① 杨缅昆. 论国民福利核算框架下的福利概念[J]. 统计研究，2008（6）.
② 杨缅昆. 论国民福利核算框架下的福利概念[J]. 统计研究，2008（6）.
③ 转引自 Des Crasper. 人类福利：概念和概念化[J]. 世界经济文汇，2005（3）.

主张不应该把价值判断纳入福利经济学的问题视域之内,但福利与社会成员及其利益密切相关,关于福利的理论不可避免地涉及价值判断。福利经济学理论的最后追求都是福利成果的最大化,对于如何实现这一目的,新旧福利经济学有着各自的价值取向。

有学者对二者的价值取向做了归纳对比,二者在福利获得者、福利最终的价值追求以及国家在福利供给中的责任等方面立场迥异[①]。旧福利经济学侧重对社会弱势群体的扶持,新福利经济学则强调福利的全民性。旧福利经济学的代表人物庇古认为,福利就是满足个人需要的效用。通过市场进行的分配并不是依据个人的需求进行的,如果分配的结果与个人的需要无关,那么自由竞争的市场不能实现福利最大化。他主张以通过理性的经济政策设计和实施,通过对于弱势群体的收入支持来实现福利最大化。新福利经济学者认为,个体才是自身福利的最好评判者,每个人的福利函数是互不依赖的,边际效用是不能衡量的;社会福利总量是个人福利之和,主张面向全体的福利安排。他们反对福利的分配,因为任何一种分配都是按照固定模式进行的,这种分配有碍于经济的发展,同时也背离了福利的效用本质。

就福利安排的价值问题来看,新旧福利经济学在追求均等还是效率上存在分歧。庇古等认为,影响经济福利的有两个最重要因素:一是国民收入总量,二是收入分配情况。前者越多,福利总量越大;后者越平均,福利总量越大。因此,政府在福利经济中国家的资源配置作用也尤为要紧。新福利经济学则认为经济效率的提升才可以实现最大福利。一味地强调分配不能够为福利的长远发展提供动力。一个重大分歧在于二者对于国家在福利发展中的责任问题上有不同认识。旧福利经济学强调国家干预的作用,认为尽管市场机制下的资源配置很重要,但是由于在

---

① 余仕麟.新旧福利经济学的价值观差异[J].西南民族大学学报(人文社会科学版),2004(6).

经济活动中,"一些部门的边际私人纯产值大于边际社会纯产值,另一些部门的边际私人纯产值则小于边际社会纯产值"。① 因此政府干预应该体现在对于前一类部门征税来对后一部门予以补足,从而可以实现私人利益和社会利益之间的均衡。新福利经济学则认为,福利最大化并不依赖于国家干预,而取决于个人。个人获得收入分配越公平,个人的自由选择空间越大,则社会福利总量越大。因此,政府的作用不在于干预,而在于保证个人的选择自由和分配公正。

3. 福利经济制度研究

福利国家社会实践在达到顶峰之后,遭遇到各种社会问题,使得福利国家进行了不同程度的改革,其中最主要的是针对福利制度的改革。有学者从福利制度的建立依据、福利实施过程中需要处理好的一些关系等角度对于西方福利经济制度进行了分析研究。"如何协调好经济政策和社会政策二者之间的相互关系是关乎避免国家崩溃以保持国家正常运行的重要手段"②,二者协调不好,就会产生矛盾,主要是由于"社会政策的目标超出了经济政策所能考虑的基本社会目标的范围,社会政策的制定没有建立在经济政策的基础之上,政治过程的作用没有以经济基础为根据,经济进步没有将社会政策及其所产生的对经济变革过程中的诸多影响作为其制度保障。社会政策不应该背离或抛开经济政策"。③

如果说福利国家是以社会的福利需求为出发点确定福利内容的话,那么当下的福利改革则显示出以财政资金的供给来确定国家提供福利的多寡。福利经济制度是对国民收入进行再次分配的手段,它必须以国民收入作为分配的依据和基础。只有建立在充足财政资金基础上的福利,

---

① 余仕麟.新旧福利经济学的价值观差异[J].西南民族大学学报(人文社会科学版),2004(6).

② 郑秉文.经济理论中的福利国家[J].中国社会科学,2003(1).

③ 郑秉文.经济理论中的福利国家[J].中国社会科学,2003(1).

才会持久获得发展；只有与财政实力相匹配的福利安排，才会是切实可行的。这是一个极其简单的问题，但是在实践中获得落实却并没有那么容易。有学者分析了几个有代表性的福利国家的制度安排依据，以及可能带来的后果。美国迫于社会形势的压力建立的福利经济制度，在建立之初并没有储备金做资金保证，经济形势好则福利经济制度可以正常运行，一旦经济萧条，其正常运转必然会受到影响；瑞典的福利制度则是建立在政党竞争的背景下，政治获胜的筹码被压在对大众的福利承诺上，并没有考虑到福利制度所依赖的经济条件；英国建立福利制度，则多从公民权利的要求出发，"在最初建立福利经济制度时由于没有考虑社会福利的原则，更没有考虑财政的承受能力，直接以公民权为依据，实行全面福利，采取公平发放的方式，这必定会使福利经济制度的长期发展受到制约"[①]。这些国家在当下的福利制度改革中，都逐渐扭转了过去在政策上的偏颇之处，渐渐从以"需要"为驱动转向以"供给"为驱动，"强调福利国家的作用应该在于影响'供给'而不是影响'需求'"[②]。

在这样的转变中，要处理好几组关系，除了效率与公平的关系之外，还应该注意权利与义务、发展与稳定、福利与经济、福利与可持续发展、福利供给中国家与个人、社会等关系。就权利与义务的关系来看，权利是福利的依据，福利的实施是为了权利的实现。但是没有公民的义务，尤其是没有与权利主张相对应的义务践行，福利经济也无法获得良性发展。从稳定与发展的关系来看，福利的提供在一定程度上是为了缓和社会矛盾、减少社会贫富不均，解决由此产生的一些社会问题发生，从而维护社会的稳定秩序。福利有助于稳定，但是福利也同样应该

---

① 陈银娥.浅析西方国家福利经济制度的改革[J].华中师范大学学报（人文社会科学版），2002（2）.

② 郑秉文.经济理论中的福利国家[J].中国社会科学，2003（1）.

注意不要妨碍发展,没有经济发展的稳定是不会持久的,只有发展才是稳定的持久动力来源。

此外,在社会福利发展中,国家与个人、市场等社会组织的关系也是需要认真思考的。"社会福利与自由放任、社会福利与政府干预都不是一种两者必居其一的选择关系。"① 发挥福利经济制度在发展市场经济中的作用,既需要市场机制也需要有政府调控,更需要二者的有机结合。"一方面使社会福利政策成为政府干预经济生活调节经济周期的重要手段,另一方面也要使社会福利的发展不能破坏市场机制的作用,避免因过分追求社会公平而严重损害经济效率的现象。"②

4. 国家的福利责任研究

福利经济理论认为,国家在福利供给中的责任目标体现在两个方面。一是政策的实施力求社会损失最小。福利分配的过程中必然会导致资源损失,福利分配也会对经济行为产生一些负面的干预作用。在政策设计环节就应该防范这样的问题。另外,"政府的公共服务部门普遍存在着机构臃肿、官僚主义严重、行政效率低下的问题,公共行政的低效率不可避免会直接增加公共服务成本,同时间接地使政府提高税收"③。二是尽可能地实现资源分配中的公平,对资源进行分配过程中又必然会对经济运行产生影响。福利经济学承认市场机制的缺陷,也认可政府的补救和矫正作用,认为这是实现效率和公平的最优组合,但不存在对效率和公平的绝对性规定。一个国家的福利安排中,倾向于效率还是公

---

① 陈银娥.浅析西方国家福利经济制度的改革[J].华中师范大学学报(人文社会科学版),2002(2).
② 陈银娥.浅析西方国家福利经济制度的改革[J].华中师范大学学报(人文社会科学版),2002(2).
③ 陈银娥.浅析西方国家福利经济制度的改革[J].华中师范大学学报(人文社会科学版),2002(2).

平，各自占据多少比重，应该视一个国家的社会状况来定。"如果一个国家经济落后且社会相对稳定，就应该把效率放在第一位；如果一个国家经济发展良好且社会矛盾突出，就应该把公平放在第一位；如果一个国家既需要发展经济且社会矛盾日益显现，就应该采取效率与公平并重的原则，采取'两手抓'的政策，不要为了公平牺牲效率，更不要为了效率牺牲公平。"①

除此之外，在效率与公平的实现过程中，也不应该把二者决然对立起来，效率并不排斥公平，公平也不绝对背离效率。效率的提高不排斥政府的干预，公平的实现也需要市场途径。针对市场在资源配置效率上的缺陷，政府可以通过"政府规制、征税和补贴、重新界定产权和直接干预等手段来纠正市场失灵"。而对于市场竞争中的公平，也可以借助政府行为，如"制定法律、法规实现机会公平和结果公平"②获得保证。针对国家配置资源上的模式化缺憾，市场机制可以通过提供多元化的产品，满足不同人群的不同需求，实现更高层次上的公平。充分发挥市场的作用，提高资源的利用效率，也就可以使更多人获得公平的益处。

5."有限福利"国家研究

在福利国家之后，对于福利的内容和范围的思考越发谨慎理性起来。在公民资格政治理论的鼓舞下蓬勃兴起的福利国家实践，在经济和社会诸多因素的作用下，遭遇到的各种问题，使人们认识到，福利，无论其出发点如何，也无论其目的何在，在现实因素的约束下，永远也不可能无限扩大。这种反思在福利经济学中尤其多见。

在市场机制和国家干预双重力量存在的情况下，社会产品大致可以根据供给途径分为两种：一是作为公共物品的福利；二是作为经济物品

---

① 吕文慧.福利经济学视角下的效率与公平[J].经济经纬，2007（2）.
② 吕文慧.福利经济学视角下的效率与公平[J].经济经纬，2007（2）.

的市场供给。前一种直接由国家提供，后一种通过市场购买途径获得。国家福利的不断增加，就意味着原本属于市场产品范畴的必需品转变成了政府配给的福利产品。福利供给在国民生产生活需要中所占比例越大，则计划经济的属性就越明显。因为个人哪些需要获得满足、用什么样的社会产品来满足，以及获得何种程度上的满足都取决于政府意志。所以，如果说计划经济的弊端已经通过人类的实践获得充分验证，那么国家提供福利，就必须是有限的，"不能随心所欲地发展福利国家，其重要的约束条件是充分发挥市场机制的作用，福利国家的作用仅仅是对市场调节的补充，而不能取代市场调节的作用"[1]。所以有学者提出，"必须把整个福利国家机器看作为一种暂时性的现象，即把它看作为一种随着福利的普遍增长不久就会变得多余的过渡性发展阶段"[2]。但是这不意味着国家的不作为，而是应该从福利制度和政策上体现出从"政府行为"到"全民行为"的转变[3]，以谋求"权利与义务""权利与责任"的平衡，国家对多元福利力量起到整合作用，而不是代替作用。

有限福利的另一个理论支持是"门槛假说"，即"在每一个国家似乎存在一个阶段，在这个阶段经济增长带来生活质量的改善到达一个点；即门槛点，超过这个点，即便有更多的经济增长，生活质量也可能下降"[4]。经济的增长不是一贯性的，不是无限的，受制于经济发展的福利供给同样也不是无限的，也存在一个"福利门槛"。所谓福利门槛，是指"在初级阶段，政府规模的扩大对推动经济增长和社会福利的改进具有促进作用"，但是当国家提供的福利达到一定程度之后，过多

---

[1] 杨寄荣，杨玉生. 西方福利国家理论与实践评析——作为经济运行机制的福利国家[J]. 当代经济研究, 2010 (6).

[2] 苏东斌. 走向有限福利[J]. 宏观经济研究, 2003 (3).

[3] 苏东斌. 走向有限福利[J]. 宏观经济研究, 2003 (3).

[4] Max Neef M.. Economic growth and quality of life, A threshold hypothesis [J]. *Ecological Economics*, 1995, (15) 2: 115–118.

的福利不会提升个人的生活水准,反而会带来负面的影响。那么,福利应该在哪里止步呢?那就是"将资源投入到可以长期改善生活质量的方面"①,具体而言,它包括教育和医疗、对于社会贫穷人群的帮助等。

对国家提供有限福利的论证还来自"治理的福利门槛"的理论支持,它是指"政府的支出对福利的改进具有积极意义,但当政府规模扩大到某一点或区域后,对福利改进的作用停滞或下降"②。从经济学的角度来看,政府治理的能力和效果取决于政府所控制和调控的经济资源的大小和规模,但是政府的治理能力也存在一定的边界,"政府过度参与和监管经济,会损害经济增长政府规模的扩张,尤其是投资的扩张会对其它部门产生挤出效应"③。如何规避福利门槛并同时使福利获得增加?"提高政府规模的福利绩效是改进福利的最佳途径"④,就是通过"最小的政府支出来最好地满足社会的福利需求"。对于发展中国家来说,就是向全体公民提供公平的、有效的基本公共服务。在"有限福利"的国家层面,既需要保持国家在福利方面作为的边界,也需要保持国家在福利供给上的深度和广度。前者要求不以国家作为唯一的福利主体,后者从"经济门槛"到"福利门槛"再到"治理门槛",都意味着要提供的福利绝不是无限度的。

6. 教育福利研究

教育福利是社会福利的一个组成部分,按照经济内生增长理论,技术进步和人力资源在经济发展中发挥着重要的内生作用。但在此领域,市场机制容易失灵,因为"私人投资很难获取知识积累所产生的全部收益","技术进步的结果在寻求新知识的过程中可以导致垄断,在对

---

① 诸大建,徐萍.福利提高的三个"门槛"及政策意义[J].社会科学,2010(3).
② 诸大建,徐萍.福利提高的三个"门槛"及政策意义[J].社会科学,2010(3).
③ 诸大建,徐萍.福利提高的三个"门槛"及政策意义[J].社会科学,2010(3).
④ 诸大建,徐萍.福利提高的三个"门槛"及政策意义[J].社会科学,2010(3).

已有知识的传播过程中可以导致对现有垄断的侵蚀",以及"由于人力资本形成方面存在着诸如信息不对称"①,而政府在此的干预就成为必然诉求。

但也存在相反的观点。首先,就产品属性来看,有人认为教育是公共物品,也有人认为它是准公共物品,还有人认为它是私人物品。对于教育产品属性的判断,直接意味着在教育的供给方式及财政来源上的不同看法。认为教育具备公共产品属性,这是较为传统的认识,也是论证教育发展中市场失灵的论据之一。但是,经济学领域从没停止对于教育产品属性的质疑。杰克·海和艾里希等对此问题做了专门的历史考证和实证研究,他们对十八九世纪英、美等国私人教育的研究结论是"在英国和美国都广泛地存在着教育的市场需求和供给;政府行动不仅增加了公立教育的供给,替代了私立教育,有时甚至故意抑制私立教育;私立教育更具有多样性,所以它是对消费者需求的一种反映;政府参与的优势在于为贫困的劳动阶级提供了适当的教育类型"。②由此说明,教育的产品属性并不必然是公共产品,是政府的教育供给方式规定了教育产品属性,而不是教育的产品属性决定了教育供给方式和责任主体。公共部门提供的同质性的教育,以及教育产品背后的价值附加都是"福利国家出于'父爱主义'的考虑……,公共部门提供教育的动机绝非出于'教育是一种公共物品'的考虑"。③

(二)社会学中的福利问题

福利的首要目标是对社会财富进行再分配。福利内容,比如教育、

---

① 郑秉文.经济理论中的福利国家[J].中国社会科学,2003(1).
② 郑秉文.经济理论中的福利国家[J].中国社会科学,2003(1).
③ 郑秉文.经济理论中的福利国家[J].中国社会科学,2003(1).

保健、失业救济等物品的共同供给本身既是实现平等又是减轻剥夺的一种机制。① 福利对于社会学的意义体现在为个人的社会存在条件提供保障、减少社会冲突、保持社会秩序，借助这些，可以提高个人追求自身幸福能力，最后推动社会发展。福利，从社会实践中的起源看，它指民间社会基于利他主义而对弱者进行的自愿性救济。在当代研究中，尽管也有诸多政治学者对于福利进行论述，但这个术语更具有社会学意义，福利是国家为保证公民权利而作出的制度安排，政治学中的权利是应然意义上的，福利是使权利从应然意义走向实然内涵的社会实践，因此也更多地见诸社会学，尤其是社会保障学研究中。

1. 公共福利的定义

公共福利的定义离不开对社会福利的理解。通常认为前者是国家和政府提供的福利安排，后者则是由社会力量提供的福利支持。周沛在对巴克尔、帕福瑞、威廉姆·H.怀特科等对福利和社会福利的理解归纳总结的基础上，对社会福利定义如下："社会福利是以政府和社会为主体，以全体社会公民与社区公民为对象，以制度化与专业性为保证，以保障性与服务性为主要特征，以社会支持网络为框架，以物质资助和精神支持为主要内容，以解决社会问题为目的，旨在不断完善和提升公民的物质和精神需求，提高社会生活质量的社会政策和社会制度。"② 后来经过简单化，又对公共福利作出如下定义：公共福利事业是指以国家为主体的，以全体公民为对象的服务性和福利性的公益性事业，包括医疗卫生、教育文化、体育健身、环境保护等。这是一种接受对象普遍、内容广泛、形式多样、功能突出的"公共产品"供给③。胡务认为，公共福利

---

① [英]诺曼·巴里.福利[M].储建国译.长春：吉林人民出版社，2005：118.
② 周沛.社会福利体系研究[M].北京：中国劳动社会保障出版社，2007：6-8.
③ 周沛.论社会福利的体系构建[J].南京大学学报（哲学、人文社会科学版），2007（6）.

是社会福利的主干内容，实施主体是国家和政府，主要内容是反贫困、教育等①。陈红霞也指出，社会福利的责任主体包括国家、慈善机构或社团、社区、私人等，公共福利的实施主体是国家和政府。公共福利主要内容是反对贫困和教育等，社会福利则还包括提高全体社会成员生活水平和质量的意涵②。张京萍对于公共福利的定义较为全面，也指出了福利实施的原则。她认为公共福利是针对全体国民，为了提高全民的身体素质、生活质量、丰富人民的文化生活，国家通过提供公共服务、建立福利设施、提供补贴等方式作出的制度性安排。而对于福利项目，哪些是全部免费、哪些采取优惠价格、减免费用额度如何，则主要"由社会生产发展水平和居民对于该事业需要的普遍程度决定"③。

公共福利和社会福利的区别主要是责任主体的不同，既有国家和诸多社会力量作为责任主体的，也有以政府作为责任主体的。责任主体不同，责任范围也有不同。本书所指的福利是公共福利，即国家和政府作出的福利安排。通常人们理解的公共福利是"集体主义和平均主义的思潮"④的体现，蒂特马斯认为福利聚焦于整合系统，"促进个人身份、参与社会感的过程、交易和制度"⑤。这种整合要凭借福利的两种功能：一是分配资源来减少社会不平等；二是通过再次分配增进社会团结。通常来讲，在社会学范畴内对公共福利的理解也的确是基于集体主义和平均主义的政治信念，对于社会资源的再次分配，以此来达到减少社会不平等、增进社会团结的目的。

本书以政治哲学为研究工具，主要探究保守主义对国家责任和公民权利的理解在义务教育福利中的体现，因此其他社会力量对教育福利的

---

① 胡务主编. 社会福利概论［M］. 成都：西南财经大学出版社，2008：1-2.
② 陈红霞. 社会福利思想［M］. 北京：社会科学文献出版社，2010：2-7.
③ 张京萍. 社会保障法［M］. 北京：中国劳动社会保障出版社，2005：125.
④ Lowe, R.. *The Welfare State in Britain since 1945*［M］. 2ed. London: Macmillan, 1993: 13.
⑤ Titmuss. *The Gift Relationship*［M］. London: George Allen & Unwin, 1970: 224.

影响在本书不作论述。此外，保守主义的政治信念与集体主义和平均主义是恰恰相反的，这也决定着保守主义的福利观念必然与上述对公共福利的理解有诸多差别。

2. 公共福利的特质

对公共福利特性的专门性研究并不多见，多是把福利特质作为言说其他福利观点的一个佐证或者一个立论的基础。通常认为福利就是"免费的午餐"，是政府免费提供给公民的物品或者财物。但是斟酌起来，我们通常赋予福利的特征里面不乏值得思考的空间，公共福利的属性和特质远非如此。

第一，按照我们通常的理解，福利首先应该是免费的。不免费的就是商品或者是公益品了，因此会把免费性作为其首要特征。但这种理解已经发生了变化。李占乐把福利行为分为四种，即无偿行为、低偿行为、等偿行为、微利市场行为。无偿，这是过去对于福利的狭隘解读。福利还包括以低于物品商品价值提供给公民的物品或者服务。当然，本书不同意把等偿行为也看作福利，它或许可以作为对个人幸福有积极作用，但是不属于公共福利的范畴。

第二，福利体现社会平等、公平和正义[①]。福利旨在使每一个人都可以在生活中有平等的机会和待遇，都可以享受到社会进步、社会发展的成果。福利的受众群体都被给予公平的福利待遇，无论他们贫富、贵贱，都享受同一标准[②]。这样的特征是我们对福利的理想化。平等、正义和公平是人类永恒的追求，但是何为平等、何为公平、何为正义永无定论。这些词描述的福利，就呈现出变动不居的形象，难以捉摸。任何一种福利安排，都可以按照自身对这些价值的理解而推出正义、公平、平

---

① 张长伟，周义顺. 西方社会福利观的演变与转型［M］. 北京：中国社会出版社，2013：13.

② 陈红霞. 社会福利思想［M］. 北京：社会科学文献出版社，2010：11.

等的结论。所以对福利的理解还是应该与特定的政治价值结合起来,才可以明确它的平等、正义特征到底指向何处。

第三,公共福利具有现实性。福利是对公民需要的满足,但个人的需要是多层性的,并且人的需要是随着社会的发展不断从层次上获得提高的。任何一个社会对公民需要的满足,都仅是在一定程度上的满足,因为福利必须以现实条件为依据,没有必要的经济基础、社会基础和文化基础,福利的供给就不能实现。所以无论国家对国民的幸福多么关切、个人对某些福利安排多么渴求,最终还要受制于现实条件的约束。福利与权利的不同之处就是,权利更加倾向于应然层面的,接近于法律范畴内的基本权利、伦理学中的道德权利,也类似于政治思想中的自然权利,极其神圣,无可置疑。但是,福利是国家政府为保证权利的实现而进行的具体安排。显然,福利不可以超越现实,福利也不能帮我们达到理想境地。福利是对需要的满足,但"需要"必须在不同的价值追求和客观条件下获得不同的限定,福利也不会是绝对无条件的。

第四,福利具有服务性。服务性是指福利本身就是目的,不要求获得实物和金钱上的回报[①]。它是通过国家建设的福利设施来为公民提供服务,来满足公民的发展需要,改善公民生活质量,为公民全面发展创造条件[②]。如果说福利具有服务性,那么被服务者就应该是有充分的选择自由,来决定自己需要还是不需要此种服务,需要何种内容的服务、倾向于哪种途径获得服务。如果一种服务是强制性的,那么这种好心的服务就等同于强制"绑架"不想过马路的老奶奶过马路了。显然,这扭曲了福利的本来目的。对于福利具有的服务性,应该更加侧重人性化及受益者的选择自由。

---

① 张长伟,周义顺.西方社会福利观的演变与转型[M].北京:中国社会出版社,2013:15.

② 景天魁等.福利社会学[M].北京:北京师范大学出版社,2010:166.

第五，公共福利的责任主体和实施主体具有非同一性①。福利的责任主体是政府，政府要保障经费的充足与增长，要制定规章制度，建立福利设施、提供福利服务、聘用和管理专业人员，但在福利实践的具体实践层面，实施主体不一定是政府。福利的管理涉及多个部门和领域，管理层次和方式也比较复杂，不应该由单一主体来完成。这样的权力边界在实践层面上未必有清晰的划分。福利社会化是近年来福利领域的一个趋势，但并不是所有领域都可以或者可能社会化。比如义务教育领域，为什么义务教育不可以扩大社会力量在其中的作用？这取决于义务教育的特殊属性吗？这也是本书拟探寻答案的一个问题。

3. 对于公共福利的分类

对于公共福利的分类，最为常见的是对福利做广义和狭义上的划分。从广义上来说，公共福利通常指国家和社会为改善和提高全体社会成员的物质和精神生活而采取的一系列政策措施，通过提供福利设施和相关服务，保证全体社会成员更高的生活水平和生活质量，包含人们的衣、食、住、行、乐、环境、教育、卫生、就业等；从狭义上来说，则是对社会弱势群体提供的带有福利性质的服务与保障措施②。

依据实施目的的不同，公共福利可以分为剩余性福利和制度性福利。剩余性福利是对社会中无法借助自身力量获得基本生存条件的个体，提供的暂时性和补偿性的社会救助，是对"不幸者的慈善"③。制度性福利是指通过现代社会结构中制度化的常规机制和常态性的社会制度

---

① 张长伟，周义顺. 西方社会福利观的演变与转型 [M]. 北京：中国社会出版社，2013：15.

② 苏素，朱家庆. 基于基尼系数的公共福利分配地区公平性研究 [J]. 统计与决策，2008（22）.

③ [美] Charles Zastrow. 社会福利与社会工作 [M]. 台北：洪叶文化事业有限公司，1998：13.

为所有公民提供的福利。伊丽莎白·西格尔（Elizabeth A. Segal）指出，剩余型福利和制度型福利之间的区别在于，前者是在问题出现之后，个人和家庭无法应对情况下政府给予的福利支持；而后者是社会构成中的一部分，是社会正常功能的一部分。前者在福利供给中会考虑个体责任；后者则在供给中考察国家的责任。前者是一种补救性的后发措施；后者是一种预防性的。他举例说明，对于未婚妈妈的福利属于前者，向公民提供必要的相关教育来避免这样问题发生则属于后者[①]。公共福利也可以引申为对于福利受益群体的选择标准上的不同，由此又具有了"选择型福利"和"普享型福利"。前者是按照一定的公共生活水准，对于处于此水准之下的群体予以的服务支持；后者则是针对一国之内所有公民提供的统一性的福利内容。

而后，在福利思想的发展过程中，又出现了对已有认识的超越，那就是发展型福利的提出，这是由阿尔弗雷德·卡恩和约翰·罗曼尼克因提出的，他们认为应从更加广泛的意义上讨论福利，认为对于制度型福利和选择型福利的划分是在预防和矫正的社会意义上理解福利，福利不应该被赋予如此消极的目的，即不是仅仅局限于对社会问题作出的制度回应，它应该是旨在提高人们生活质量和满足人类发展的需要。从而有了超越了福利两分的另一种福利理念，即发展型福利，这就是用一种更具统领性的术语命名福利。

更加有创新性的是伊丽莎白·西格尔对福利两分的思考，他认为这样的两分法界限并不清晰。比如选择型福利或者补救型福利，表面看来是因为"需要"而得到的福利对待，但对于经受了自然灾害的人，给予他们的福利对待，就不会去考虑他的经济状况是否可以维持他的生活，只是获得一种与其他受害者同样的小范围的普惠性帮助。对于人

[①] Elizabeth A. Segal, *Social Welfare Policy and Social Programs* [M]. Transcontinental Printing: Louiseville, 2007: 7-8.

们理解的制度性或者普惠性福利,也同样无法清晰地与选择型或者补救型福利划清界限。比如,人人有获得义务教育的福利,这似乎是统一无差别的对待。但事实上,在美国,郊区儿童获得教育投入是城市学校里儿童的两倍。也就是说,尽管他们在名义上应该获得同样的福利对待,但是事实上,这种以制度性福利赋予的儿童权利,在实施中并不一样[①]。

有学者把公共福利分别指向为基本生存权利和基本发展权利两个层面,前者包括食品、衣服、住房、交通、医疗,后者包括劳动技能、子女受教育补助、社会参与、特殊服务和自我实现需求五个方面[②]。也有学者提出要突破对于福利理解的三个界限,即广义和狭义的界限、生产和生活的界限、福利物品和市场物品的界限[③],取而代之以"大福利"和"小福利"的描述;取消福利物品和市场物品的界限,福利不囿于政府途径,不避讳市场渠道。应该说,这是对于福利分类上一个具有首创性的理解,本书认同此种观点。

通过对福利划分的理解,有助于明确几个观点。首先,对于福利的二分法对于福利研究已然不适合,也不足以概括现实中的福利制度,不能区分福利政策的价值取向。公共福利是政府对公民福利做的制度性安排,本身就具有制度的属性,即便是针对弱势群体的福利支持也不是随意性的或者即时性的,因此制度性福利和选择型福利的划分,容易造成理解上的歧义。随着对福利的理解和实践的深化,福利具有了以个人发展、个人需求为目标的更高意涵,基于剩余性福利和制度性福利的划分,显然是放低了福利的价值追求。因此,需要对公共福利有一个更具概括性的理解。

[①] Elizabeth A. Segal, *Social Welfare Policy and Social Programs* [M]. Transcontinental Printing: Louiseville, 2007: 8–9.

[②] 曹艳春. 我国城乡社会救助系统建设研究 [M]. 上海: 上海世纪出版集团, 2009: 4.

[③] 顾金土. 公共福利的内涵辨析 [J]. 学习与实践, 2009 (9).

其次，对公共福利的理解应该澄清一点，那就是公共福利是以政府为责任主体的。这种责任主体是举办和出资上的主体，不意味着政府在福利提供的全部环节中都是行为主体，如同政府提供医疗服务，但这种服务是要通过医院获得实现，而不是通过市政机构。政府干预在医院运行中的体现在于规范与监督，而不是参与日常管理。同样，教育福利要通过学校获得实现，政府是责无旁贷的责任主体，需要负责、监管、调控，但并不是要求或者允许政府过多干预学校提供教育福利。如同家长对于孩子的成长具备责无旁贷的监管养护责任，但是却不能代替孩子作出一切决定。

最后，对公共福利的评价不应该拘泥于选择型福利和普享型福利的视角，选择型福利不一定是治国正道，普享型福利也未必是积极有利的或者是侵犯个人自由的。评价的标准应该超出二者辖限，在社会学领域应该以个人的需求为标准，不仅基于短期需求、基本需求的满足，更应该保障长远的、高层次的公民需求获得满足。从政治学角度看，在审视国家的福利行为时，不应一味地倾向于补救型福利或者诟病普享型福利，这并不是问题症结所在，问题的关键在于这样的福利安排是否适度、是否合理。所谓的度，所谓的理，在政治学中就是权利的内涵和权力的边界。

4. 福利社会学研究中的政治学思维

有学者把社会福利政策简单概括为：确定资金来源并采取一定的形式给特定的目标人群提供福利。对福利政策的研究体现在以下四个方面：一是社会分配的基础（who），从选择性到普遍性；二是社会福利的类型（what），从不确定、有限到具体、多样化；三是输送系统（how），从公共的及与收入维持相关的到公共的、私人的和独立的；四是资金筹集（how），从无限制的类别补助到固定数量的整笔拨款[①]。显然，这样

---

① 祝志芬．农民工子女义务教育政策分析——基于社会福利政策的视角[J]．教育发展研究，2011（3）．

的概括仅呈现出福利在社会活动中的境况，而无法昭示形成此种镜像的深层原因——政治制度上对于福利价值的理解。

信念、价值和利益是政策制定和选择的基础，在此基础上，生成对于公平、自由、人性的理解，进而影响对市场经济、国家、社会在福利事业中的地位和作用，最后才会形成一个国家在某个历史时期的福利输送制度。显然，拘泥于社会学中的福利研究无法解释其根源，只是一种描述性的研究。因此，有学者已经认识到这个问题，认为福利应该包含意识形态，以及把意识形态具体化的各种制度或实际福利两个层面[①]。社会学主要侧重后者，前者则属于政治学的任务。对于福利受益群体、福利提供主体、福利的理想模式、多种福利体系的关系、福利的作用等问题的回答必然涉及一个国家特定的历史、政治、文化、制度和意识形态背景。

伊丽莎白·西格尔把对福利制度的研究概括为谁得到、因何原因得到、得到什么、如何得到、成本如何、谁来买单等问题[②]。他认为，人们对这些问题的回答因为各自的价值观不同而有所不同。这种价值观可以概括为对正义的不同理解，又可以具体化为人们在个人与集体、私人与公共、即时与长期三个方面的差异认识。人们在这些问题上的价值观选择直接决定了他们对上述问题的回答[③]。艾伦·肯迪在《福利视角》一书开篇中就说，福利有五种理解：福利是利他主义的表现、福利是追求个人利益的一个渠道、福利是权力的行使、福利是走向就业的过渡、福利

---

① 马广海，许英.论社会福利：概念和视角［J］.山东大学学报（哲学社会科学版），2008（5）.

② Elizabeth A. Segal, *Social Welfare Policy and Social Programs*［M］.Transcontinental Printing: Louiseville, 2007: 6.

③ Elizabeth A. Segal, *Social Welfare Policy and Social Programs*［M］.Transcontinental Printing: Louiseville, 2007: 10–23.

是道德再生的一种机制①。所谓的视角不同,也就是不同思潮、不同意识形态在福利政策上争论的体现。艾伦·肯迪所列出的研究福利的五种理解中,利益、权力都可以归为政治学的范畴。

所以,福利作为公共政策的一个组成部分,需要我们对它从社会学视角进行描述性研究或者从保障学出发对福利实践进行实践性研究。对于政策分析来说,从政治哲学、政治科学的角度审视福利的前生今世,或许更可以令我们对于福利实践有深层次的解读。通过这样的解读,才可以更加明确在特定具体的意识形态之下,在主导型的价值追求上,福利应然的面目如何。这也是本书从政治思想研究入手探究福利问题的理由之一。

(三)政治学中的保守主义福利问题

学者们对西方政治思想流派代表人物的福利思想研究不少,对保守主义福利思想的研究也常见于学界。林闽钢在《现代西方社会福利思想——流派与名家》一书中,对新保守主义的两个代表性人物作了介绍,一个是弗里德曼,一个是哈耶克。弗里德曼主要从其经济自由主义和社会福利思想两个方面着手,主要探讨其政府有限干预、把竞争机制引入教育系统、推行负所得税和教育券的主张。哈耶克信奉的不是19世纪新自由主义者的自由主义,而是17世纪、18世纪的古典自由主义②。他对福利国家的全面批判主要是基于三个重要理由,一是它违背了自发秩序和正义原则;二是它破坏了经济发展;三是社会保障政策未能实现对社会财富再分配的预期效果,相反,社会益品的国家再分配使社

---

① 艾伦·肯迪.福利视角[M].周薇等译.上海:上海人民出版社,2011:2.
② 林闽钢.现代西方社会福利思想——流派与名家[M].北京:中国劳动社会保障出版社,2012:36.

会财富流向了中产阶级①。哈耶克的福利思想以其政治思想为基础，而其政治思想主要是对政府与权力关系的理解。政府行为分为强制性措施和服务性活动两种。公共福利属于服务性活动。对公共福利，"政府并不具有排他责任，而且在大多数情况下，政府亦无必要在实际上对这些活动进行直接管理"②。另一个重要思想就是哈耶克对自由与责任的理解，个人责任意味着个人照管自己福利的责任，这种责任不是必然要交给政府的，不应该由政府承担一切。福利的责任主体应该是个人，哈耶克认为承担责任的个人才可以获得自由，才有资格谈及自己的幸福。

林闽钢认为，弗里德曼一方面为市场调节的有效性作辩护，另一方面不拒绝政府调节，只是坚持政府干预必须是在一定限度内的。在这一点上，弗里德曼是超过了他之前的资本主义经济学者的。弗里德曼对福利思想的一个突出贡献就是他提出了"教育券"思想。在操作层面，"教育券"思想把政府原来直接投入公立学校的教育经费按照生均单位成本折算以后，以面额固定的有价证券的形式直接发放给家庭或学生，学生据此可免受学区的限制，自由选择政府所认可的学校就读，改变了对公共教育资源的传统分配方式，提出通过市场机制对做非制度性安排，从而增加受教育者的选择权，使受教育者主动在教育资源市场的配置上发挥积极作用③。

诺齐克是另一位重要的新保守主义者。钱宁认为诺齐克的社会福利思想是哈耶克等人自由主义经济思想的政治哲学版本④。诺齐克通过权

---

① 林闽钢.现代西方社会福利思想——流派与名家[M].北京：中国劳动社会保障出版社，2012：39.

② 丁建定.社会福利思想[M].武汉：华中科技大学出版社，2009：166.

③ 林闽钢.现代西方社会福利思想——流派与名家[M].北京：中国劳动社会保障出版社，2012：34-35.

④ 钱宁.现代社会福利思想[M].北京：高等教育出版社，2006：270.

利在先的逻辑提出反对社会福利的观点，主张把社会福利变为基于同情和怜悯的自愿慈善活动，也就是通过民间力量自发形成社会福利。诺齐克的主张与他的对手罗尔斯大相径庭，甚至比与他同一思想阵营的哈耶克和弗里德曼更加"激进"。但是，他的持有正义、转让正义和矫正正义理论，的确击中了分配正义理论的缺陷，"对于深化社会福利的讨论，有一定的促进作用"①。

保守主义政治哲学之所以成为研究福利问题的一个重要视角，既是因为其"热"，也是因为其"冷"。所谓"热"，是指随着福利国家的失败和福利市场化趋势，保守主义政治学日益受到重视。哈耶克、弗里德曼和诺齐克等当代保守主义的伟大旗手对公共福利的主张影响深远。比如，限制政府作用，福利供给主要通过民间自发发生，即便是需要政府作为的某些领域，也应该通过市场机制，而非借助政治强力进行分配。所谓"冷"，是指当前国内学者对保守主义福利思想的研究存在两个问题。一是被置于保守主义头衔之下的许多政治思想家仅仅是我们通常所说的新保守主义者，使得始自法国大革命时期的保守主义被偏狭限制在新保守主义者的范围内，诸如柏克、洪堡等伟大的传统保守主义者对福利的理解没有被纳入进来，对保守主义福利思想概括得还不够全面。二是国内社会福利方面的研究者还没有对某个领域的福利思想进行专门研究，比如教育福利。针对某个专门领域进行福利思想梳理，对研究此领域的现实问题具有一定的理论意义。

（四）教育学中的义务教育福利问题

教育福利是公共福利的一个重要组成部分，义务教育具有明确的福利属性。福利视角开辟了义务教育研究问题的一个新视域。尽管我们对

---

① 钱宁.现代社会福利思想［M］.北京：高等教育出版社，2006：270.

教育福利的研究起步较晚，但教育政策中对教育福利的研究已经不少。当下针对义务教育福利的研究大致包括以下几个方面。

1. 教育与福利的关系

教育不是天然具有福利属性的，只有当国民教育体系建立起来，国家成为责任主体，国家的公共属性在教育领域获得充分体现，教育才具备公共福利的属性。日本学者冈村重夫曾就"教育特别是义务教育与社会福利之间的关系"问题提出了著名的"三阶段论"①。具体来说，第一阶段，教育被排除在社会福利之外；第二阶段，对于贫困儿童和特殊儿童的教育和对普通儿童的教育被分别对待，这是"在保护事业中的贫困儿童教育"阶段；第三阶段，才进入教育福利普惠化阶段。中国教育福利发展也遵循此种路径。中国的义务教育福利进程也是"从消极走向积极，从济贫走向发展"②，变被动恩惠式福利为主动进取式福利，教育服务更具公共特征，从事后补偿性福利走向事前预防性福利，教育福利的受益对象也逐渐覆盖全体社会成员。

教育与福利密不可分，二者相互促进。从目的来看，福利的目的在于使国民获得幸福，教育被认为是使个人摆脱蒙昧、认识自己、了解世界、获得实现自己能力的有效手段。教育的最终目的也是要提高个人乃至人类社会整体的福祉；公民个体接受必要的基本教育对维持社会秩序、推动社会发展意义重大。基于教育的邻近效应，一个人接受必要的教育也影响着他人的幸福，所以教育是社会福利的重要方面。实施教育必须有必要的条件保障，对公民的基本生活状态是有一定要求的，饥寒交迫中的公民是无法坐在教室里面安心受教育的，因此社会福利水平又影响着公民接受教育的程度。可见，"没有福利就没有教育，没有教育

---

① [日]小川利夫.教育福祉的基本问题[M].日本神奈川：劲草书房，1985：159.
② 吴至翔，刘海湘.我国教育福利政策的功能与价值分析[J].福建省社会主义学院学报，2009（1）.

就没有福利"[1]。

教育福利具有福利的共性也具有福利的独特性。对教育福利政策的分析是，其与其他公共福利一样，具有一些共性的价值追求。在社会价值上，它追求公平；在经济价值上，它追求效益；在政治效益上，它追求对国家利益的推进。所以，教育福利与住房、医疗、失业等方面社会福利一样，也存在责任主体、供给途径和福利内容上的变化与选择。另外，其他福利与教育福利也有不同。迪安指出，医疗和基础教育是经济发展和保障个人生活水准的两个需求，个人健康和批判的自主是人类最基本的需求，前者要求医疗福利，后者要求教育福利[2]。教育福利与事关个人生死的健康福利一样，都极为重要。在英国民众对公共福利的态度调查中，也证明了这一点，即与国家在其他方面的福利支出相比，医疗和教育方面被人们赋予优先性[3]。

教育福利因为其福利共性和重要性而备受关注，但也因其特殊性而在研究和实践层面更显复杂。其特殊性主要是因为它兼有政治、经济和文化三个方面的属性。如同贝尔理解的那样，社会结构分为经济、政治和文化三大领域，它们彼此独立，各有其轴心原则，经济领域是效益原则，决定政治运转的是平等原则，引导文化的是自我实现原则[4]。对效益最大化的追求必然追求教育资源的最大效用化，这种效用化是总体意义上的效用，是国家层面的功利主义价值追求，在整体效用面前，个人获得的收益不是最重要的考量标准。在政治层面对平等

---

[1] [日]小川利夫.教育福祉的基本问题[M].日本神奈川：劲草书房，1985：2.

[2] [英]哈特利·迪安.社会政策学十讲[M].岳经纶等译.上海：格致出版社，2009：51.

[3] [英]哈特利·迪安.社会政策学十讲[M].岳经纶等译.上海：格致出版社，2009：52-53.

[4] [美]丹尼尔·贝尔.资本主义文化矛盾[M].赵一凡等译.上海：生活·读书·新知三联书店，1989：41.

追求中,以个人均等地获得资源为目标,通过模式化的分配实现人人均等的获得配置。模式化的配置必然是通过同一性的内容赋予每个人,所以对经济领域追求的效益以及获得者的个体化需求是忽略的。文化领域,为实现原则,是以个体的自我需求为出发点,以个人在多大程度上获得符合个体特征的发展为目的。作为个体的自我发展必须以受到平等对待为条件,失去此基础,个人就谈不上自我的价值,也就没有公平发展的条件。教育福利兼具三个领域的属性,既追求资源利用的效益最大化,也必须实现对公民的平等对待。作为教育的特殊品性又要求对个人多样性的尊重,从而构成教育福利在价值追求上的冲突,也决定了教育实践中无法对某一价值做彻底践行,既不具有现实性也不具有可行性。

2. 对义务教育福利的定义

在2007年出版的《当代中国重大教育改革事件专题研究》中,教育福利被定义为"与教育工作者有关的福利制度"[1],包括教师民主评薪、教师工资标准,教师公费医疗制度,关于教师的休假制、产假制、离退休制、兼职酬薪制,以及解决教育住宅和生活问题等内容。另外,还有一种对教育福利的理解有失偏颇,它把教育福利理解成与教育有关的一些福利权利和待遇,既包括学生的义务教育权利,也包括与教师相关的一些职业性保障,把教育福利理解成了"与教育相关的福利"。显然,我们对教育福利的理解有待深入。近几年,对教育福利的理解,学者们达成了以下基本共识。

当前,教育福利通常被理解为以促进和保障教育权利公平为目标,通过各种途径为扶持和发展教育事业所作出的努力,从而达到提高国民

---

[1] 廖其发主编.当代中国重大教育改革事件专题研究[M].重庆:重庆出版社,2007:73.

素质、推动个人和社会全面发展的整体效用[①]。根据万国威的理解,教育福利既是一种机制,通过货币形式解决社会群体的教育问题,也是一种核心制度,通过劳务、实物、服务的提供来满足社会成员的教育需要[②]。受传统意义上对福利做的两分法定义的影响,对教育福利做狭义和广义两种理解也较为常见。广义上,"教育福利是指以免费或低费方式向国民提供教育机会和教育条件的社会福利事业"[③],是对"所有公民的受教育权保障问题"[④]。从内容上看,义务教育、免费师范教育、奖助学金、助学贷款、教育救助、交通优惠等都包括在内。在狭义上,教育福利是针对处境不利的社会成员提供的服务,其意义在于"能够让学生学习并得到发展的条件"[⑤],通过教育福利,可以把个人的受教育资格落到实处,同时也使受教育者主体能力获得增强。我国的《社会救助暂行办法》对教育救助规定如下:教育救助根据不同教育阶段需求,采取减免相关费用、发放助学金、给予生活补助、安排勤工助学等方式实施,保障教育救助对象基本学习、生活需求。

那么,义务教育福利该如何理解呢?这个问题看似简单,但存在值得商榷的空间。针对教育福利与义务教育的关系,有学者认为,教育福利是"为受教育者提供的教育设施、教育服务以及义务教育福利等"[⑥]。这样的定义把义务教育与教育设施和教育服务并列起来,其实义务教育本身也包含了义务教育阶段的设施和服务的提供,所以似有不妥。笔者

---

① 吴至翔,刘海湘.我国教育福利政策的功能与价值分析[J].福建省社会主义学院学报,2009(1).
② 万国威.社会福利视角下我国少儿教育的区域均衡:现实状况与未来走向[J].教育科学,2012(2).
③ 官婧,阳义南.基于教育公平视角的我国教育福利问题探究[J].社会保障研究,2009(4).
④ 尹力.多元化教育福利制度构想[J].中国教育学刊,2009(3).
⑤ 江赛蓉,刘新民.教育福利:弱势群体解困的根本途径[J].湖北社会科学,2010(5).
⑥ 张思锋.社会保障学概论[M].武汉:武汉出版社,2007:262.

认为，义务教育福利是教育福利的一个组成部分，与非义务教育阶段的教育福利是并列关系，它只是因为本身的"义务"属性，而决定了其内容上的不同。

通常认为义务教育福利包括两部分：一是针对全体适龄儿童的基础教育服务；二是针对弱势群体的倾斜性福利服务。其中，第二种又包括普惠型义务教育福利和选择型教育福利两部分。根据韩克庆对教育福利的概括，可以推演出对义务教育福利的理解，那就是国家为保证适龄儿童享受基础教育的机会而提供的福利、安排，包括对贫困地区、贫困家庭子女提供的义务教育救助、义务教育制度以及针对残障儿童的特殊教育体系[①]。

3. 政府在义务教育福利中的责任

对国家在教育福利中的责任，社会学领域的官婧和阳义南[②]对教育福利做了深入研究，直指中国的教育投入结构不合理，基础教育未引起足够重视。政府应当成为义务教育的完全责任主体，用财政性拨款支撑基础教育。在当前义务教育发展中，政府财政性拨款总量不足、分配不合理，由此加大了人民尤其是农村家庭在基础教育方面的负担，郑功成认为教育的投入应该尽快达到 GDP 的 4%，尽早地达到 5%，在教育经费的分配中义务教育应作为重中之重，以此"保障义务教育真正成为普适性的完全公平的福利教育"[③]。

针对农村义务教育问题，有学者分析问题成因，包括农村义务教育福利保障制度不完善、对教育福利重要性认识不足、忽视特殊群体的受

---

① 韩克庆.转型期中国社会福利研究［M］.北京：中国人民大学出版社，2011：377-378.

② 官婧，阳义南.基于教育公平视角的我国教育福利问题探究［J］.社会保障研究，2009（4）.

③ 郑功成.从福利教育走向混合型的多元教育体系［J］.清华大学教育研究，2004(5).

教育权保障①，由此提出应该加大农村义务教育福利投入。针对教育起点、过程、结果上的不平等，官婧和阳义南提出应该通过健全教育福利体系，合理配置相关资源，加大政府投入，建立合理的财政转移支付机制。

对现实教育问题，何杰从教育福利视角予以分析，以农民工子女接受义务教育问题为例，指出受教育福利权就是以公民作为权利主体，为保障自己切实享有受教育权，要求国家提供受教育的机会、条件及相关救助的权利。解决这个问题，政府应该在以下几个方面着力：提供农民工子女接受教育的机会，政府应该发展教育事业，兴办学校；政府提供免费的义务教育；政府提供一定的教育设施条件；政府对农民工子女提供必要的帮助和扶持②。

总之，在义务教育福利中国家的责任上，一般是主张政府应该更加积极地作为，加大财政投入，把义务教育作为财政支持的重点，尤其向农村等欠发达地区倾斜。这主要源于对义务教育产品属性的理解。对义务教育的产品属性的理解也决定了政府的角色，通常我们认为义务教育是纯公共产品，由此需国家承担绝对责任。张映芹认为，义务教育不能市场化运营，不能将崇尚个人主义的资本主义国家的市场经济的发展规律、发展模式简单移植到中国大陆的教育行业。教育投资、教育改革的制度设计理念应当是"公共利益的最大化"、"社会利益的最大化"、"国家利益的最大化"或"民众利益的最大化"，而绝非"个人利益的最大化"或"精英群体利益的最大化"③。

但是有不少学者已经对义务教育的产品属性有了新的认识。例如，王善迈④认为义务教育属于公共产品或准公共产品，但它具有竞争性，

---

① 陈鹏.我国农村义务教育福利存在的问题与对策[J].教学与管理，2010（9）.
② 何杰.论农民工子女受教育福利权的政府保障[J].江苏教育研究，2009（4）.
③ 张映芹.制度理性与福利公正[D].陕西师范大学博士学位论文，2010：149.
④ 王善迈.社会主义市场经济条件下的教育资源配置方式[J].教育与经济，1997（3）.

因此也可以进一步转化为私人产品；厉以宁从供给主体与经费的来源渠道分析，认为义务教育是纯公共产品或准公共产品；张学敏认为义务教育就制度性而言是公共产品，就阶段性而言是私人产品；周佳认为义务教育服务产品的效用因消费者的增加会导致拥挤，是一种具有"拥挤性"的公共产品。就此，有学者提出义务教育福利的提供者应该以中央政府为主，各级地方政府必须参与分担和管理，在义务教育福利制度供给中，第三部门要积极发挥作用，政府要采取"策略性后退"和"有条件的收缩"的战略[1]。显然，对于政府在义务教育福利提供中的责任还是有待探讨的。

4. 主张多元化的福利支持

很多学者提出教育福利从一元走向多元的现实路径和政策建议。"我国政府推进教育福利多元化的大方向是清晰的"[2]，即由"福利国家"逐步演变成"福利社会"。但也有学者指出，我国政府在教育福利多元化的过程中存在严重的角色缺位，主要体现在四个方面：一是忽视了政府的主导作用，"一退了之"；二是忽视了对教育福利社会组织体系的培育；三是教育收费制度和准入制度政出多门，缺乏科学统一的规范；四是个人及其家庭负担教育成本比例普遍超出其承受范围。

就多元化而言，有研究者提出在教育福利供给中，政府应该采用"主动作为"和"委托作为"相结合的办法，授权非营利组织实施。一方面，政府应主动作为，全面承担义务教育费用；另一方面，政府可在某些方面授权非营利组织，采用"委托作为"的方式，以便

---

[1] 祝志芬.公共产品理论视角下的义务教育福利制度研究[J].湖北社会科学，2011(6).
[2] 吴至翔，刘海湘.我国教育福利政策的功能与价值分析[J].福建省社会主义学院学报，2009(1).

更好地兼顾公平和效率的协调①。郑功成提出，为了维护义务教育公平，应该强化义务教育的福利属性，把多元化理念渗透于大投资主体、教育机构、受教育者需求等方面，以此来构建"混合型多元教育福利体系"②。

义务教育福利在多大程度上可以实现多元化？这要思考三个问题：一是在哪个环节的多元化，是筹资举办主体的多元化，还是教育资源配给途径的多元化，或者是义务教育管理主体的多元化？二是所谓的多元化包括哪些主体，即国家、社会、市场、学校、家庭，它们在义务教育福利供给中分别应该承担什么样的角色？三是在福利内容的选择上，是普惠性义务教育福利供给中的多元化，还是补救型福利供给中的多元化？

5. 对于教育福利价值追求

对于教育福利的价值追求，诸学者的观点是比较统一的。对公平的关注为社会福利政策的定位提供了道德指南。对公正的关注与诉求已经成为推进福利政策改革与完善的重要动力与基础。通常而言，教育福利被看作保障教育公平、缩小地区和群体间教育差距的重要途径。应该通过扩大政府在义务教育中的投入和监管力度来增加教育福利内容、扩大教育福利受惠群体、减少教育不公、推动教育均衡发展。

江赛蓉等指出，通过教育福利，可以"消除城乡差别，保障弱者平等的受教育权，保障公平的教育机会，遏制贫困传递，关注弱势学生，改善综合能力不足"③。有学者直接把教育福利的目标定位成公平。所谓教育福利政策，是指国家和社会针对教育公平问题，为调节和满足社会

---

① 官婧，阳义南. 基于教育公平视角的我国教育福利问题探究[J]. 社会保障研究，2009（4）.

② 郑功成. 从福利教育走向混合型的多元教育体系[J]. 清华大学教育研究，2004（5）.

③ 江赛蓉，刘新民. 教育福利：弱势群体解困的根本途径[J]. 社会科学，2010（5）.

或特定群体的教育需求，提升其教育福祉，通过一定的决策程序，制定并颁布实施的系列法律、条例、措施和办法的总称①。"我国教育福利处于不断进步的过程中，但仍然存在许多不足之处，影响着教育公平的实现"。②还有学者认为教育福利当前问题是：还不足以解决教育起点、过程、结果中的不平等，因为从起点上看，学前教育的机会不平等影响了义务教育起点的不平等；教育过程中，教育的城乡差异、区域差异和学校差异明显；城乡、区域之间，还有学校之间，教育差距都在进一步扩大，因此需要倾斜性教育福利予以矫正③。所以，研究者通常认为教育福利是和平等的价值追求密切相连的，"正如平等是社会福利制度的核心价值一样，教育平等是教育福利制度的核心价值，也是教育福利制度的合法性基础"④。

平等、正义是受教育权与福利共同的哲学基础和价值取向。福利是通过运用宏观经济政策以再分配机制校正社会和经济不平等的一种保障民生的具体方式，是对个人主义市场秩序缺陷的弥补。"没有平等的自由是高贵声音和悲惨结果的代名词"⑤。因此，国家有权力以集体善的名义、用福利的形式对此加以校正。但如同我们另一个最为珍视的价值——自由———样，正义、平等、幸福等善物也是我们的永恒追求，它们是人类对现实世界的诸多共同期待。但很多时候经常出现这样一种

---

① 吴至翔，刘海湘. 我国教育福利政策的功能与价值分析 [J]. 福建省社会主义学院学报，2009（1）.

② 官婧，阳义南. 基于教育公平视角的我国教育福利问题探究 [J]. 社会保障研究，2009（4）.

③ 官婧，阳义南. 基于教育公平视角的我国教育福利问题探究 [J]. 社会保障研究，2009（4）.

④ 刘新民，江赛蓉. 福利国家弱势群体的教育福利制度研究 [J]. 华东师范大学学报（哲学社会科学版），2011（6）.

⑤ L.T. Hobhouse, liberalism, p.48. 转引自 [英] 诺曼·巴里. 福利 [M]. 储建国译. 长春：吉林人民出版社，2005：46.

情况，那就是我们急切的追求，不惜一切代价地想得到它们，但等到真正到手之后，才发现它们就像我们手中的玫瑰，远观可赏其美，近闻可得其香，一旦可以紧紧握于掌中时，却会被它的棘刺所伤。

公共福利在福利国家中获得了极致性实践。在福利国家的政治举措失败之后，后福利国家进行了大量的政策调整。这也告诉我们福利并不是一个越多越好的东西，在一定程度上它代表着平等、正义、幸福，但当福利超出了合理限度，就成了镜中花、水中月，甚至成为危及我们存在和自由的祸害。福利，远没有它看上去那么美好。

三、概念界定与理论基础

（一）义务教育福利

福利包括两种层面上的意义：一是实然意义上的；二是应然意义上的。实然意义上的福利是指福利制度和政策所指向的福利安排，应然意义上的福利是个人通过福利安排获得的物质支持和服务。本书的研究旨在对保守主义政治哲学的福利理论作梳理诠释，研究问题也是教育政策层面的，本书聚焦的福利更加侧重其实然意义。根据前文对公共福利的定义，义务教育福利就可以简单描述为国家（政府）为保障公民享受义务教育权利的实现而做的制度性安排和具体性举措。从内容上看，义务教育福利应该包括：①义务教育体制下为全体适龄儿童提供的一定年限的教育服务，包括校舍建设、师资提供、教育设施的提供等内容；②针对义务教育阶段的全体儿童提供的有助于消除其受教育障碍的一些服务，如关涉其成长的免费食物供应、关涉其健康的卫生服务、关涉就读便利的交通服务，以及关涉其就学安全的校园安全服务等；③针对贫困家庭、地区或者其他特殊群体或者区域（如少数民族聚集区域）提供的具有政策倾斜的补救型教育福利内容；④针对身体或者智力存在障碍的适龄儿童提供的特殊教育。

（二）保守主义

在研究伊始，我们首先要明确保守主义的具体内涵。

首先，在经济、政治、社会、文化、哲学等各个领域都有保守主义思想，各个领域对保守主义的理解不同，各个领域中的保守主义表现也不同。本书研究的是政治保守主义非其他；政治保守主义在不同国家表现也有不同，本书以英、美等国的保守主义政治思想为主要研究对象。

其次，就是对保守主义的理解。本书认为保守主义是保守自由传统的政治思想，它具有自身的价值体系，而并非一种保守过去的守旧心理，也并非在不同情境下都表现出的对过去秩序的保守。保守主义有其核心的政治主张，如信仰权威、尊重秩序、主张有限政府等。这些主张皆源于他们对自由价值的终极保守。所以本书以"自由"作为保守主义的理论内核，进行分析研究。

最后，保守主义所保守的自由，从传统保守主义到新保守主义，都是一以贯之的，即都是保守消极的自由，主张个人不受外力干扰而获得做某事的权利。这种自由与以"自由"为追求的自由主义，是有所不同的。保守主义信奉有限自由，不认为国家具有充分理性可以设计政治秩序，达到理想目标，他们反对迷信理性至上的自由主义，反对建构主义下的国家政治，反对过分追求平等的自由主义。

（三）保守主义与教育福利的理论关联

首先，福利是国家权力为保障公民权利而做的制度性安排，这必然涉及权力、权利和国家责任等政治哲学研究的核心问题。这是任何一个政治流派在探讨公共问题时都无法避开的问题域，保守主义也不能例外。作为一个存在良久、影响巨大的政治哲学流派，它必然会对福利问题有独特见解。

其次，福利是权力机构按照某种标准在特定群体范围内对公共资源作出的再次分配。权力机构主要是主权国家和行政组织，分配的标准也是一种人为秩序的建构，公共资源来自税收，再分配是基于社会正义的考虑。而保守主义对国家权力极为警惕，它坚决捍卫私有财产，反对以理性设计来创设人为秩序，否认社会正义的存在。这一切都意味着保守主义对福利问题更为敏感，对福利问题的评说更为犀利。

最后，教育的目的在于解放个体，使个体获得更多的自由，使个体在公共生活中获得更多的平等权利。义务教育福利正是以结果平等为指向，旨在使个体摆脱贫困的束缚而得到平等的发展权利。保守主义对平等、自由有独有的理解，教育福利被寄予的实现社会平等和个人自由的厚望，在保守主义者看来只是一种政治幻象，要么是蒙蔽了个体的双眼，要么是为权力作恶留下了可能，抑或是国家在以巨大的物质资源和公共价值为牺牲挑战一项不能实现的任务。

基于此，可知保守主义与义务教育福利问题之间有着密切的理论关联，既有问题视域的重合，也有理念上的冲突。这种重合与冲突碰撞的结果，必然产生一种保守主义政治哲学理论体系对教育福利问题的洞见，透过此，教育福利问题也必然呈现出智慧倒影下的另一番镜像。

四、研究方法与研究思路

（一）研究方法

1. 文献研究法

本研究以西方保守主义思想为根源，探究其中，或昭然明示，或暗藏深隐的关于义务教育福利的理解，解读经典著作就是最主要的方法。这是对保守主义观念的收集、比较、总结、凝练，继而用于解释现实问题的必然要求。对保守主义思想的文献研究主要集中在国家、权利、福利等几个主要问题视域。

2. 比较研究法

比较法在本研究中应用较多，一是源于保守主义本身是一个稍显含混的政治镜像，它所珍视的自由是任何一个思想流派都珍惜的价值所在，通过比较才可明确其真面；二是保守主义有传统保守主义和新保守主义之分，新旧之间有传承、有发展，也需要通过比较理解其中关联。

3. 规范研究法

本研究主要研究"应当是什么"的问题。政治思想中对于应然性的言说应该是其中一个主要部分。如何证明此为应当，需要对前人观点的回溯、对相反观点的证谬、自身观点的提出，以及对自身观点的有力辩护和阐释。保守主义者对义务教育福利的认知也必然通过此种路径方能得以呈现，本书的研究也遵循同样的研究进路。

4. 多学科研究方法

本研究属于教育政策研究，主要通过对西方政治哲学中国家与公民、权利与权力两对主要逻辑关系的研究解释义务教育的政治镜像，而用社会保障学的相关理论和分析范式凸显其作为公共福利的特性。因此，本研究在一定程度上属于融汇了教育政策学、西方政治哲学和社会保障学的跨学科研究。

5. 历史研究法

历史研究法主要应用于对英国教育福利实践的部分。英国的义务教育历史悠长，了解保守主义思想在其中的体现，必然要求对英国的义务教育历史进行细致梳理。它不仅要求我们撷取某些相关的政府政策和实践举措，更要明确它们发生之时的历史背景和理论背景，才不至于使观点脱离了历史情境，突兀而出。

（二）研究思路

本书旨在探究保守主义的义务教育福利思想在政治思想领域内进行的专题性研究。保守主义的复杂性要求在研究之初首先明确保守主义的精髓和内涵，提炼出保守主义政治思想的精髓所在。保守主义有其存在的哲学基础，由此形成保守主义基本信念，进而推演出保守主义的核心价值，在核心价值的统领之下才形成其基本的政治主张，最后才体现在对特定政治问题的独特观点。本书对保守主义做如下理解：其哲学基础是人性固然趋恶、理性有限、知识两分、否定绝对真理，由此形成的是怀疑主义、悲观主义、传统主义和多元主义的基本信念，继而生发保守主义政治思想的核心价值——自由，在保守主义对自由理解的基础上，才形成其关于权威、秩序、传统等的主张。这些主张在政治思想上的体现则是借助国家、权利、教育、福利等政治议题表现出来，也是本书对保守主义义务教育福利思想研究的起点。

保守主义对自由的追求在义务教育福利领域主要从几个方面获得体现，即保障义务教育机会平等、多元力量发挥均衡作用，通过市场进行义务教育福利资源配给，主张教育免予福利辖制。保障教育机会平等是保守主义的基本福利主张，与积极福利不同，保守主义主张消极的公共福利，保障机会方面而非以"资源""能力"表现出来的结果平等；多元力量发挥均衡作用，即在教育福利供给中主张有多元的社会力量参与其中，而不是政府独担；保守主义认为市场形成的自发秩序最能保护个人的选择自由，通过市场机制配置福利资源，他们主张在福利供给中形成竞争机制，而非全部资源借由政府由上及下的计划性分配；主张教育免予福利辖制，反对国家通过提供教育资源绑架教育，把政治的强权渗透进教育领域，从而使教育成了政治的婢女，也就无法培养具有自由精神的公民。

福利是国家权力为保障公民合法权利而作出的制度安排和具体举措，保守主义的义务教育福利观念决定于他们对国家责任和公民权利的理解。保守主义对个人消极自由的珍视衍生了对国家责任的有限期许，同时，他们认为公民权利也不应该无限扩张，不应该包括要求政府大力作为的一些积极权利。他们对义务教育权利的理解体现在个人的教育决策权、选择权、平等权、自主权等问题领域，相应地，国家在教育领域的责任体现在资助、保障、监督、矫正等方面。以上问题揭示出保守主义对自由的理解，也正是这样的理解才可以解释保守主义在义务教育福利上的诸般观点。

对于理论的研究还需要回归到实践活动中来。本书的实践层面主要包括英国的保守主义教育福利实践，以及对我国当下义务福利现实问题的反思。之所以研究英国的教育实践，是因为英国在义务教育上的起源、发展、革新都远远早于我国，其福利国家制度也经历了初起、发展、成熟、衰败，而后进入收缩调整阶段，经过历史发展和现实锤炼，形成了较为成熟的福利思想。更有一个重要的原因，就是保守主义思想在英国获得了最大限度的发展，保守主义的精髓也在英国义务教育实践中获得了最好的体现，对于英国教育福利问题的研究也成为本书不可或缺的一部分。我们做的任何研究都必然是具有现实指向的，本书研究保守主义义务教育福利思想，也旨在对我国的义务教育发展有所启迪，能够用久经沉淀、实践磨砺出的一些具有普适性的价值经验，引导我们对中国问题有更加深入的思考。

第一章　保守主义的政治要义

对保守主义研究的一个棘手之处在于，这个研究对象影像模糊，每个人对它的描述总是或多或少与他人心目中的保守主义存在出入，所以在明确研究对象这个初始环节上就会遭遇尴尬。这也使很多研究尽管都以保守主义为议题，但细细分辨却是各说各话。对保守主义的厘清和辨析，却又是本书无法绕开的。

在本书中所指的保守主义是一种"意识形态"，在这里，"意识形态"是指"被一个重要的社会群体所认可的、有关政治和社会机制分配的一套观念系统"①。对于保守主义意识形态性质的确认，是把保守主义与人们的"抵制对习惯性生活和工作方式带来混乱的变化"的自然性情区分开来，同时还可以厘清基于上述性情而对社会、经济、法律、政治等秩序上变化的反对。这二者一个是人类天性，另一个是此种天性在人类行为上的表现。但这些都不是保守主义，因为缺少足够的哲学或者政治的理由为这些作辩护。

在政治学研究视域，作为意识形态的保守主义同样没有达成理解上的统一。对于保守主义的定义通常包括三种，即贵族式定义、自主式定义和情境式定义。第一，贵族式定义认为保守主义是"某个特定历史和

---

① ［美］塞缪尔·亨廷顿.作为一种意识形态的保守主义［J］.王敏译.政治思想史，2010（1）.

社会形势的一种功能"①。保守主义被限制为 18 世纪末 19 世纪初封建贵族对于法国大革命和自由主义,以及资产阶级兴起的一种反应。显然,这种理解是对保守主义过于偏狭的理解。如果对保守主义做此种理解,那么保守主义代表的就是贵族阶级的意识形态和阶级利益,是站在自由主义、民主、商业主义和个人主义的对立面的。从社会发展的角度看,保守主义就意味着落后和顽固。第二,自主式定义认为保守主义不必然和某个历史阶段和社会阶级联系起来。保守主义本身具有规定自身的一整套普遍价值。第三,情境式定义认为保守主义在不同历史情境下,致力于维护与既定社会秩序相对应的思想体系,"只要对现存社会秩序的本质和存续提出根本性挑战"②,都会予以坚决反对的意识形态。所以,情境式的保守主义是会出现在不同的历史背景下,它所保守的是旧有的制度体系。它只是基于对人的理性能力有限和对未知世界缺乏信任,而反对过激的变革。

对保守主义的意识形态性质,有些保守主义者并不认可,因为一般意义上的意识形态常与激进主义者构想的一套观念系统和改造世界的方案等同起来,这显然是理性建构的结果,这恰恰是保守主义反对的。也有保守主义者接受保守主义是一种意识形态的看法。保守主义的意识形态又与其他意识形态有区别,那就是它并不是一个系统严密的思想体系,因为宏大的意识形态和理性设计而出的社会不是保守主义愿意附和的,毋庸说被贴上这样的标签。所以即便称保守主义是一种意识形态,也并不十分严密、系统和恢宏。刘军宁指出,保守主义是"一套完成的价值系统"③,即它对世界和人类事务具有系统的看法和主张,它在此意

---

① Karl Mannheim. "*Conservative Thought*," *Essays on Sociology and Social Psychology* [M]. ed., Paul Kecskemeti, New York, 1953: 98-99.

② [美]塞缪尔·亨廷顿. 作为一种意识形态的保守主义 [J]. 王敏译. 政治思想史, 2010 (1).

③ 刘军宁. 保守主义 [M]. 天津: 天津人民出版社, 2007: 14.

义上才可以被称为意识形态。作为意识形态的保守主义具有其内在的逻辑和原则，保守主义政治思想正是在这些原则的基础上分蘖而生的。哲学提供给我们认识世界的基石和工具，任何政治思想的研究都应该从源头追问，才可以显示其来路和去向。

一、保守主义的哲学基础

（一）不变人性

一切政治理论和学说都以某种人性论作为建构基础。对人性的不同理解也是不同政治学说和意识形态的分水岭，保守主义政治哲学亦是如此。

首先，保守主义持人性不变的观点。被视为保守主义先驱的休谟在《人性论》中说道，我们承认人们有某种程度的自私，这是与人性密不可分的，这是人性中固有的。人性随着人类生活的展开而日益有更多的表现。尽管我们改变了生活方式和行为方式，但人类本性的内涵是没有什么变化的。后来的保守主义者约翰·凯克斯也说过，人性是由普遍的人类特征、社会上不变的特征和历史上恒常的特征组成的。他的结论还是人性不变。保守主义对人性不变决定了它对依靠超自然的力量改变人性、改变现实的怀疑，为反对建构性社会秩序提供了一个理由，也为限制绝对权力的存在提供了依据。因为没有超然的力量可按照理想来为他人计划。

其次，保守主义相信人性不完善。如果相信人性为善，那个人之外的政府就没有存在的意义；如果认为人性为恶，那么政府越庞大，为恶的机会就越大。人性不完善，则意味着：一方面，个人可以通过彼此的适应，相互磨合形成一种稳定秩序，令他们可以相安无事，共生共存；另一方面，当人性弱点导致了不可避免的冲突，我们需要一个比个人更加有力的政府，但是政府权力必须被严格限制，因为政府同样是人性的集体，它也不是至善的，一旦其权力不受控制了，必然为恶。

最后，在人性善恶论上，保守主义者一方面不承认性善论，性善论饱受保守主义者批判。保守主义者认为这是一种欺骗性的说辞。因为政治思想一旦以"人性本善"为前提，那就意味着个人必然要放松对他人的警惕，这会为他人作恶提供机会。主张人性为善，还有一个目的，就是为通过强力强迫他人向善提供理由，这为奴役提供了借口。保守主义也不是主张人性为恶的，而是认为人性不完善。所谓的不完善，就是人既不是野兽，会肆意杀戮以饱私欲，也不会圣洁如神，对他人广施惠泽。

休谟在谈及人性时，认为人性天然具有短视和偏私的缺陷。"短视"是说个人无法看到自己的长远利益而目光短浅地拘泥于眼下利益，问题的严重性并不在于他对自己的伤害，而在于对眼前利益的狂热必然会使他们做出不正义的行径，而这会导致社会的混乱。会导致社会混乱的还有另一种人性弱点，那就是人的"偏私"，是指个人看重自己利益而无法与他人和平相处。两种人性缺陷，一种是长远与当下的冲突，一种是群体与个人的冲突①。基于此种对人性的认识，休谟才有了其著名的"无赖假设"：在设计任何政府体制和确定该体制中的若干制约、监控机构时必须把每一个成员都设想为无赖之徒，并设想他的一切作为都是为了谋求私利，别无其他目标②。

---

① 徐大同. 西方政治思想史（第三卷）[M]. 天津：天津人民出版社，2006：538.
② [英]休谟. 人性论[M]. 关文运译. 北京：商务印书馆，2010：578.

（二）有限理性

理性是"行动者为自己的生存利益规定自己的行动目标，以及在其只适合智慧范围内保持最有效的手段来达到目标的能力"①，"人类行为不能够简化为理性主义的各种抽象之间的相互作用的观点，与有许多人类行为的领域本质上需要理性的分析的观点是不可以混淆对待的"②。自由主义肇始于启蒙运动，而启蒙运动又是理性主义运动的代名词。在此理性运动中，人们坚信"理性树立正义，理性揭示真理，理性确立价值与美德，理性通向至善"③。

休谟对于理性的批判奠定了保守主义对理性的基本态度。休谟批判理性主义者是把理性旨在自然体系中的三种含义（必然真理、事实联系、价值准则）混淆起来，把理性、事实和价值这含义本来不同的三者等同起来，对于事实和价值，人们是无法证明其所谓的理性的。这些属于习俗范围内，它们所体现出的理性并非来自证明，而是来自实践，即因为人们习惯如此，从而使之演变成具有稳定性的行为规范。自由、平等、公正、权利等都是这样的习俗问题，并不是理性可以推演出来的价值问题。

保守主义者反对理性主义。他们认为人具有理性，但是人的理性有限。前者要求个人获得尊重，没有人理性缺失到应该沦为他人的奴隶，也没有人理性充盈到可以主宰他人。无论是人类的个体还是群体，都是如此。根据后者，我们可知，人的理性如烛光，远远不能照亮整个宇宙，但是却能叫人类看清眼前的深渊，使我们可以绕道而行，避免自坠绝境。能够使我们看到更多的不是我们个人的理性，也不是其

---

① 刘军宁. 保守主义 [M]. 天津：天津人民出版社，2007：29.
② Michael Oakeshott. Religion, Politics and the Moral Life [M]. New Haven and London: Yale University Press, 1993: 106.
③ 刘军宁. 保守主义 [M]. 天津：天津人民出版社，2007：30.

他某人的超常理性，而是人们的理性合力。这既是生存于同一个时代的人的理性合力结果，也是历时性的人们理性的合力结果，从而意味着无论是个体凝聚成的社会，还是历史凝聚成的传统，都远比个人理性更加可靠。

理性与感性是另一对对立的关系。保守主义者对理性的态度也体现为对感性的看重。人性之中有理性，更具有感性，人类对于感性的认可应该远胜过对理性的确信。基于对人的情感的重视，情感与理性相比，更凸显自然的属性。保守主义者用情感反对的并不是单纯的理性，因为保守主义并不认为理性就是有害的，而是用于反对对理性的抽象认识，也就是认为理性万能，理性可以颠覆一切传统，理性可以创造一个崭新世界的观念。对于情感的重视体现在保守主义者对家庭、社区等共同体性质的组织的看重，柏克在论及国家、宪法这样的重要政治内容时，从来都不忘记这些与"家庭纽带""家庭协议"的联系。而柏克批评法国大革命，说它是暴力的革命，是野蛮哲学的逻辑在现实中的体现，结果只能是人类最自然最宝贵的情感的绞刑架。

不是所有的自由主义者都是理性主义者，但是所有的保守主义者一定都反对绝对理性。在限制政府方面，自由主义者和保守主义者走到了一起，他们都认为作为有限理性的集合体，政府都不比个人高明多少，因此政府对于公共生活的安排是应该有限制的。在对于绝对社会价值的实现上，保守主义与自由主义分道扬镳，自由主义者认为平等、自由、正义等是可以通过政治安排获得实现的。保守主义者认为，这些恰恰是囿于我们理性有限，而成为不可能完成的任务，我们可以做到的仅仅是除恶，而非达到至善。人们的理性足以叫他们明白何为祸害，但不足以叫他们触摸到至善的真知灼见。因此，对理性的理解，也同样对自由主义和保守主义做了一定程度上的区分。

（三）相对真理

如同格伦·蒂德所言，真理在思维行为中发现了它永远不可能体现在普遍令人信服的真理之中①。这也恰恰是保守主义者对真理认识的浓缩，保守主义对真理的认识主要体现在以下几个方面。

首先，保守主义者相信客观真理的存在，但是不认为这些真理会全部被我们掌握。人类没有可能在某个时间节点上宣称已经掌握了关于某个事物的全部真理，哪怕这个事物看似多么简单透彻。有些真理被人们掌握了，却无法说出来，而那些被人们冠以真理之名说出来的，却未必就是真理。掌握的知识多多益善，但是在尝试这样的行为时，我们将越来越明白我们所知不多。"尽管人们掌握的知识大异其趣，但在我们无限的无知中，我们彼此是相同的"②。"我们所能够做到的一切，就是探求真理，它在我们的能力之外"③。明确我们的无知，这样的一个认识却足够重要，因为它可以帮助我们解除很多麻烦。

其次，知识的来源。波普尔说，我们的知识有各种各样的来源，但无一具有权威性，也就是说，不存在终极知识来源。柏克、哈耶克等人在对真理的认识上，都坚持相对无知论。即每个人掌握有限的知识，可以进行交流、扩展，但并不意味着他们可以被汇集形成真理，被某个或者某些个人或机构掌握。哈耶克说，每个人对大多数决定着各个社会成员的行动的特定事实都处于一种必然的且无从救济的无知状态之中。哈耶克提出默会知识首位性的观点，默会知识是关于"如

---

① ［美］格伦·蒂德.政治思维：永远的困惑［M］.潘世强译.杭州：浙江人民出版社，1988：197.

② ［英］戴维·米勒.开放的思想和社会［M］.张之沧译.南京：江苏人民出版社，2000：40.

③ ［英］戴维·米勒.开放的思想和社会［M］.张之沧译.南京：江苏人民出版社，2000：41.

何去做的知识",不是通过学习者有意识地去获取,而是通过他们的生活和学习而掌握的在社会中生活和遵循行为规则的技术。奥克肖特认为知识分为两种:一是技术知识;二是实践知识。前者是可以陈述清楚的,可以通过书本获得传播;后者则仅仅存在于运用中,通过思考和阅读无法获得,"它既不能教,也不能学,只能依靠传授获得,它仅存在于实践中,因此只能是通过徒弟向师傅学习才可以获得,不是因为师傅可以讲授这样的知识,而是因为只有接触那些终身实践这种知识的人,这样的知识才可以被获得。"[1] 政治领域中的知识,也同样存在这样的两种知识,有的可以通过学习获得,有的只能通过传承得到,两种知识无法彼此替代。但是,理性主义者恰恰认为实践不是知识的来源,知识来自他们的理性认识,而他们也正是通过理性认识不断证明过去实践的谬误,以此鼓励自身不断刷新历史,创造新的社会秩序。奥克肖特把这样的知识称为"半吊子知识",相对应的政治实践是"书本政治"[2]。

最后,对于真理的检验标准。相比较而言,人们对于含糊和混乱的东西容易甄别出其错误,但是对于真理的判断却缺乏可信力。"清晰和独特不是真理的标准"。保守主义者认为人的认知理性是有限的,那么对于真理的检验标准也不会有绝对正确的判断。对于所谓的"真理"判断,只能来自人类的社会实践,而不是理性推导。传统是经历了历史的检验而形成的经验,现有的社会秩序是经受了现实考验的,所以"真理"如果可以被称为真理的话,那就是看它们是否符合传统,是否与当下的秩序相协调。

---

[1] M. Oakeshott. *Rationalism in Politics* [M]. Methuen & Co. Ltd., 1962: 11.
[2] M. Oakeshott. *Rationalism in Politics* [M]. Methuen & Co. Ltd., 1962: 30.

二、保守主义政治信念

（一）悲观主义

首先，保守主义者是悲观主义者，这并不简单地来自他们对人性的认识。保守主义者不是唯心论者，近代之后人类取得的科学、医疗、社会财富等方面的进步他们都予以正视，但是他们没有因为这样的成就而对人类的当下和未来乐观起来。对于这样的伟大成就，保守主义者不认为他们必然造福了人类。他们也许给人类带来了福祉，也许带来了祸害，人类认识的局限性不足以使人类明确其真实的和最终的影响如何。

其次，另一个悲观的理由是他们不认同人类可完善的说法。人类历史无数次的或者一直在证明这样一个事实，那就是邪恶的盛行是人类永远无法彻底消灭的，相信传统和经验主义的保守主义从人类的苦痛历史中已然无法对明天有多好的期待，也许会好些也许会坏些，但是永远不可能至善，而政治也只能是不完美的政治。

最后，他们认为邪恶的存在不仅是人性中的弱点造成的，很多祸害未必就一定是人的劣根性导致的，而是因为这样的祸害起自人类社会中各种各样的偶然因素。这些偶然因素有的是来自外部环境中，人类的自身力量是无法与所有的偶然抗争的，人类没有强大到可以扭转一切偶发的不利因素。另外，还有一种不确定性来自人性的复杂，人性会使他可能为善，也可能为恶。我们无法预知在某种情境下所有人的选择，也就无法做好充分的安排来达成我们的目标，这才是保守主义悲观的最主要原因。

正因为保守主义者认为没有人可以获取绝对真理，也就没有人有资格宣称自己为绝对权威，把自己的决定强制其他人执行实施。在现实中发挥重大作用的往往是无法传达、无法设计，且隐含在传统之中的关于

"如何去做"的知识。这种知识在历史进程中发挥作用而形成的秩序，是最为珍贵、最具实用性、最能保证公共善和个人利益的秩序。

（二）怀疑主义

保守主义政治哲学以怀疑主义为思考的基石。他们相信也看重理性的价值，确实是因为人类被信任有了理性思考的能力，个人的价值才得以被确认。在理性主义肇始之时，怀疑主义就站立在其对立面，如影随形地审视、警惕甚至解构着各种形式的独断论，成为理性主义摆脱不掉的梦魇。保守主义者认为人的理性是有限的，他们认为人们可以思考，但思考的结果不足以推翻一切。建立起来的一切都成为秩序，任何一种推倒重来都有可能成为对自己迷信的狂妄行为。与理性主义哲学的政治构想呈现出的过于乐观、自信的情绪和志向不同，怀疑主义哲学则用一种相对悲观、谨慎的眼光打量人及其生活世界，洞察人自身的幽暗本性、理性有限的缺陷，以及生存多元的事实等，促使人类对自身及其生活的可能和局限具有更加清醒、正确的认识和理解。具体来讲，这种怀疑主义与他对真理和理性、人性的认识有关。

从真理角度看，西方哲学史为这样一种形而上学情结所牢牢地占据，渴望以一种"永恒的形式"打量世界。永恒的特征，即能够带来普遍性与确定性。然而，怀疑论者的称谓正是源于对这一永恒情结的怀疑。在他们眼里，世界如果有一个永恒的面向，那么，那个面向也是偶然的、历史的。因此，他们对任何永恒的承诺都非常谨慎，甚至是不信任，保守主义者是否认绝对真理的，无论是君主还是首领，无论是集体还是个人，他们都不可能参透真理而成为一种"超人"的存在。一旦出现这种对绝对真理的迷信，无论是以"君主"还是"绝对精神"，或者以"时代使命"的名义出现，他们都具备"神"的实质意义，都要求个人无条件地服从，不容怀疑与否定。个人被剥夺了理性思考的权利和能力，从而形成一种附庸和奴役。

从理性层面上看，怀疑主义者不否定理性的力量，但是他们怀疑理性主义者这样的认知，指出良好的理由是绝对和永恒的。保守主义者也不完全怀疑人类的理性所得到的关于社会良善的见解，但是他们怀疑人类以理性思考达到完美的能力，"他们的怀疑主义是关于从形而上学的或乌托邦的前提推论出政治结论的怀疑主义"①。理性主义者认为凭借人类的理性，是可以掌握终极真理的，而以此为目标建立的政治制度是实现良序社会的必要保障。换句话说，只要人们掌握了完美生活的重要法则，就可以从历史的废墟中夺身而出，彻底清除身上的历史尘埃，从而以全新的面貌生存于全新的世界里。而保守主义者认为依靠现世政府建立一个世俗天堂，不仅没有可能，而且包含着巨大的危险。

从人性层面上看，保守主义相信人性为恶，"发自对人性中与宇宙中与始俱来的种种黑暗势力的正视和醒悟：因为这些黑暗势力根深蒂固，这个世界才有缺陷，才不能圆满，人的生命也才有种种的丑恶、种种的遗憾"②。早在文艺复兴时期，当人文主义者对人的尊严和价值、情感和理性、能动性和创造性，以及对人的现实生活进行积极的肯定和热情的颂扬时，马基雅维利就提出"人性是恶劣的"观点③。保守主义者如波普尔、哈耶克、欧克肖特等人也都信奉此种人性论。这种对人性作出的悲观判断折射在政治领域，形成了一种对权力忌惮的态度，尤其是对于极权而言。如同孟德斯鸠所说，"一切有权力的人都容易滥用权力，这是一条万古不易的经验"④。保守主义者认为，政治力量的危险之处就是在于他具有权力——一种个人难以抗衡的强制力，一旦强制力被这样

---

① ［美］约翰·凯克斯.为保守主义辩护［M］.英奇，葛水林译.南京：江苏人民出版社，2003：32.
② 张灏.幽暗意识与民主传统［M］.北京：新星出版社，2010：28.
③ ［意］马基雅维利.君主论［M］.潘汉典译.北京：商务印书馆，1985：80.
④ ［法］孟德斯鸠.论法的精神（上卷）［M］.张雁深译.北京：商务印书馆，1982：154.

的理性确定性左右，他们就会把领悟到的确定性强加于不情愿的人们的头上，从而使后者的生活更加糟糕。这未必是政治强力的初衷，他们一直许诺，渡过目前的危机就进入社会至善的境地，但是事实上却往往陷入永久性的危机之中。

理性是人类最宝贵的财富，保守主义哲学基础中的怀疑主义中蕴含着真正的理性精神。因为受制于理性产生的基础、对象、主体、结果及其外部载体等因素，人的理性有其限度和边界。从理性的基础来看，作为人的特有享赋的理性并不是先验地完成的，而是既定社会历史环境的产物。"我们只能在我们时代的条件下去认识，而且这些条件达到什么程度，我们就认识到什么程度。"①

（三）传统主义

传统是"历经延传而持久存在或一再出现的东西"②。保守主义者不是信仰所有的传统，这也是传统主义与保守主义的区分所在。曼海姆定义的传统主义是"一种在每一个人那里都多少存在的形式的心理属性，而像保守主义者一样行事指的则是与一种客观存在的结构性环境相一致的行动"③。说保守主义尊奉传统，是指他们尊崇传统中沉淀下来的价值，而并不是传统本身。

希尔斯指出："人类所成就的所有精神范型，所有的信仰或者思维范型，所有已经形成的社会关系范型，所有的技术惯例，以及所有的物质制品或自然物质，在延传的过程中，都可以成为延传对象，成为传

---

① ［英］罗素. 西方哲学史（上卷）[M]. 何兆武，李约瑟译. 北京：商务印书馆，1963：93.

② ［美］爱德华·希尔斯. 论传统 [M]. 上海：上海世纪出版集团，2009：17.

③ ［德］卡尔·曼海姆. 保守主义 [M]. 李朝辉等译. 北京：译林出版社，2002：57.

统。"① 在这样的定义中，传统的范围被扩大，传统是人类文明中的一切沿袭下来的东西。但在政治哲学中的传统，是精神、信仰、思维、社会关系等固化下来的历史范型。也就是希尔斯所说的实质性传统，即崇尚过去的成就和智慧、崇尚蕴含传统的制度，并把从过去继承下来的行为模式视为有效指南的思想倾向。这些传统之所以为保守主义者所信仰，是因为他们认为传统具有一种神圣的克里斯玛（Charisma）特质，马克斯·韦伯在其最初所指的宗教超凡力量的基础上，赋予它更多内涵，那就是具有伟大感召能力的人物所具有的身体和精神的特质。在希尔斯看来，传统的克里斯玛特质更是"社会中一系列行动模式、角色、制度、象征符号、思想观念，人们相信他与终极的、决定秩序的力量相关联"②，从而才被人们推崇、继承、传递下去。这种定义更加接近传统主义者对传统的理解。

传统主义者笃信传统在人类思想和行为中的印记是最为深刻的。它于潜移默化中形成，又在诸多的环境因素作用下获得加深，再通过自身行为和思想获得表现。没有人可以脱离传统而存在，人类的政治也是在特定社会的历史中经受住时间考验的传统。这些传统之所以重要，因为"它是关于最有利于良善生活的政治安排的观点，在那种社会情境中，主要价值总体上由必要习俗保护，因此良善生活的最低要求已经得到满足"。③ 它促进着人们的忠诚，因为传统是良善生活必不可少的一部分。

（四）多元主义

人类可以有一种追求，但不可能只有一种需要。保守主义既反对

---

① ［美］爱德华·希尔斯.论传统［M］.上海：上海世纪出版集团，2009：17.
② ［美］爱德华·希尔斯.论传统［M］.上海：上海世纪出版集团，2009：2-3.
③ ［美］约翰·凯克斯.为保守主义辩护［M］.英奇，葛水林译.南京：江苏人民出版社，2003：231.

绝对主义又反对相对主义,他们是多元主义者。保守主义者相信多元价值,他们的多元主义立足对绝对主义和相对主义的批判上。保守主义者反对绝对主义的终极价值观,这是与他们对真理、知识和认知的理解密切相关的,也是自然而然的。绝对主义者认为,无论是在物质存在的层面还是在价值层面,社会的多元性仅仅是表象的东西,而在这些背后都有一个最高的价值存在,也就是主要价值,除此之外,所有的价值都是次要价值,都是根据他们对实现主要价值的贡献程度进行排序。一旦承认这种最高价值的存在,就会被当作圣物而争取,无论代价如何。这就会形成一种绝对权威和权力,这是保守主义者坚决抵触的。

相对主义者对多元价值信奉至深,以至于认为价值的多样性是实在的,有多少多元存在就有多少多元性的价值,而没有一种普遍性的价值可以统领它们。哪些东西具有价值,且具有怎样的价值,都要通过社会共识加以判断。所以,"价值就是在特殊语境中被珍视的东西,因此所有的价值都是依赖于语境的"①。保守主义也不赞同这样的相对主义的认识,因为他们认为价值的来源是基于社会中大多数的同意,或者说是"公意"。那么,如果社会上的大多数都合谋有一个邪恶的目的,这样的目的显然不是政治正义追求的目标。

保守主义者认为对多元性的认识体现在信念层面和社会、个人层面。在信念层面,他们认为社会存在普遍和客观的标准,但此种标准的适用性是具有限制的,它只能应用到某些价值上面。在社会和个人层面,允许次要价值的社会性、可变性和选择性,主要价值不足以实现良善生活,需要次要价值层面的践行,多元价值之间都是不可以化约的,都应该获得自身的存在空间。他们主张政治安排的多元化,也就是说,所有的政治安排都应该以它作为起点和终点,但它又不够普遍到足以应

---

① [美]约翰·凯克斯.为保守主义辩护[M].英奇,葛水林译.南京:江苏人民出版社,2003:34.

用到有助于达到良善社会的多种价值上，也就是说，"这种标准是最低限度的标准"①。

正确的政治安排也是保守主义者所追求的，毕竟它比邪恶的制度更能提供实现良善的可能。对于如何建立一个良善的社会，自由主义、社群主义都会按照自己的理解列出一些必要的条件。其中，有很多主张必然是重合的，比如平等、自由、安全、福利、宽容等，其间的差别往往在于对主要价值和次要价值的理解。价值的关键在于对他们所依赖的利益和伤害的理解。主要价值是所有良善生活都必须被当作主要的利益和伤害为基础的，次要价值则是随着社会和个人的条件变化而变化的利益和伤害。保守主义者主张多元主义，不是否认主要价值，而是否认主要价值对于次要价值不计后果的牺牲。这要求主要价值是一种底线性的，即不要求其他的价值为它作出什么牺牲而可以存在。比如，消极自由与积极自由相比，前者就更不会侵害到他人的权利。

三、保守主义政治主张

尽管人们对保守主义理解各异，核心的政治主张是为绝大多数讨论者所公认的，这被看作保守主义的内核。但即便明确了保守主义的政治思想主张，也并不意味着我们对什么是保守主义作出了正确判断。因为在政治主张背后，还具有更加深邃的价值归属。我们不能仅仅因为某人具有某种公认的保守主义思想而把他划归到保守主义之列。政治思想的核心价值，政治主张仅仅是核心价值的理论外延，或者说是对核心价

---

① ［美］约翰·凯克斯.为保守主义辩护［M］.英奇，葛水林译.南京：江苏人民出版社，2003：36.

值的下位性发展。比如，秩序是保守主义的主张之一，其他的政治思想也同样珍视秩序，保守主义与他们的区别在于他主张的是自发而成的秩序，而非其他。由此，自发的秩序可以被看作保守主义政治思想的核心构成之一，但并不是说持有此种观点的就是保守主义。比如，保守主义尊重传统，但是社群主义、社会主义者也重视传统，保守主义者与他们所尊重的传统也不同，所以我们也不可以把所有尊重传统价值的都列入保守主义之列。

因此，我们需要明确一点，那就是保守主义具有其核心价值主张，这些主张仅是其理论之树上的枝干，他们的存在为保守主义提供支撑，提供更多节点以构建保守主义政治思想网络，而位于网络中心的或者说作为智慧之树的主干是另有他物的。按照这样的逻辑，社群主义的主干是"社群"，社会主义的主干是"社会"，共和主义的主干是"民主"，那么，保守主义的主干是什么呢？是"自由"。

这就会引发另一个问题，"自由"是自由主义的核心价值，保守主义如果也以"自由"为灵魂，那与自由主义就混作一团了。在此仅作简单分析。"自由"是多义词，尤其体现在现代政治思想中，因为在人类社会已进入民主阶段，没有哪个政治学流派会反对自由，相反，几乎所有的政治哲学都会把自由视作核心追求之一。他们仅在语言表述上是一致的，都会以"自由"为名，而在"自由"内涵上却相去甚远。

共和主义者公共性至上的基本理念决定了他们理解的"自由"是公民参与国家公共生活的美德。卢梭说，"没有自由，国家便不可能存在；没有美德，自由便不可能存在"。① 自由主义力主个人价值，因此自由主义的自由必然是个人的自由，认为个人权利优先于一切。但自由主义者相信理性的绝对力量，认为只有通过理性设计和制度安排，才可以

---

① ［英］德里克·希特.何谓公民身份［M］.郭忠华译.长春：吉林出版集团有限责任公司，2007：51.

实现个人的自由。社群主义主张社群对自我和个人的优先性，个人的自由必然是在社群的价值、规范和目标约束下的自由。桑德尔特别强调指出，社群对于其参与者的自我构成性质，并通过成员资格及其蕴含来确定个人的权利和自由。

保守主义者所保守的自由与上述均有所区别，他们保守的是一种消极的自由，这与社群主义者有着明确的分界，因为后者主张个人的权利、自由来自社群，所以没有社群就无从谈及个人自由。在自由主义者那里，自由是个人的自由，是个人主义在政治上的诉求。这与保守主义者在哲学起点上是没有分歧的，但是在对自由内涵的确定上出现了差别，或者说是在对"自由"限定上出现了不同：一个秉承理性主义，一个信奉理性有限；一个以平等作为自由的必然品质，一个认为对平等的过分强调就损毁了自由；二者都主张对政府的限制，但是一个要求政府尽量小，一个主张对政府的塑造不仅是应该小而且有力。"如果说自由主义是以自由为本质特征的话，那么，自由主义和保守主义的区分在理论上或许只是一种文字游戏。"[1] 因为新旧自由主义者无不以"自由"作为理论的灵魂，因此如果以对"自由"的价值追求来衡量自由主义或者保守主义的话，"自由和保守主义几乎没什么区别，视保守主义为自由主义的组成部分亦无不可"[2]，那么如何理解二者的差别？吴春华从历史断代的视角对自由主义进行考察，认为在不同的历史时期，自由主义呈现出不同的面貌，保守主义与它的关系也应该在历史考量中进行分析。他认为，在具体的历史时期或者具体的政治主张中，二者存在某些对立；从宏观概貌上看，二者的理论体系具有相同的脉络；二者在不断的互动中也发生着位移。

本书理解的保守主义是保守自由的政治哲学流派，其理论主张都是

---

[1] 吴春华.当代西方自由主义[M].北京：中国社会科学出版社，2004：160.
[2] 吴春华.当代西方自由主义[M].北京：中国社会科学出版社，2004：160.

为"自由"提供支撑的,其政治思想也都是旨在使自由在人类社会中获得最大保全。保守主义的核心政治主张都是为保守主义的核心价值提供理论支撑,其核心的政治主张包括以下几个方面。

(一)社会权威

在政治学视域内,权威一词同样具有很大歧义。在激进分子和部分自由主义者眼中,权威是指国家和政府的权威,他们不认为传统和民间社会中也是同等重要的权威,"认为保守主义所维持的权威只是赤裸裸的政治权威,这是对保守主义的极大误解"[①]。有人认为权威与自由是保守主义与自由主义的差别所在,前者强调社会权威,后者看重个人自由。其实,二者的区别更体现在对社会权威的意义的认识上,保守主义者认为是权威把社会联系在一起,从而形成秩序,自由主义者认为权威不是社会的源头,社会秩序也不是权威的产物,这才是二者分歧所在。

权威分为两种:一种是社会权威,是家庭、社群、教会、行会等民间社会通过自身的自治而形成的权威;另一种是政治权威,政治权威不是政治权力。权威是合法的权力,政治权力未必是政治权威,权力常靠强制力要求人民服从,权威则是人们自愿服从的权力。保守主义者强调权威,并不是强调政治权威,而是更加看重社会权威,强调社会权威对政治权威的牵制作用。社会权威是非强制性的,它不使用暴力迫使人朝着某个方向前行,它不会威胁到个人的财产、自由。

社会权威之所以为保守主义所珍视,首先是因为社会权威的来源,社会权威是社会自发秩序形成过程中自发树立的权威,而政治权威是因为掌握权力而树立的,这种自发生成的权威,是文明生活的一部分,它

---

① 刘军宁.保守主义[M].天津:天津人民出版社,2007:154.

不会因政治更迭而有所改变。对于引导个体和公共行为都是可信的参考性，而政治权威受到尊崇主要是因为它掌握强制的工具，它未必具有引导人们走上良善生活的能力。这也是对权威（being an authority）和置身于权威（being in authority）的区分意义所在，前者因人们的自发认可而获得权威位置，后者因为身居权威之职位所以获得权威。

　　社会权威被珍视的第二个理由是他们认为不存在绝对权威，或者说不存在全能权威，即每一个领域都有自己的权威，这种权威的类别不同，性质和合法性也不同。一方面，一个权威仅仅应该在它的领域被看作权威，而不应该出现全能权威，即在诸多领域都具有权威作用。另一方面，权威之所以被遵循，也仅仅限于它所在领域内的人，而不应强制其他领域的人也信奉追随。正因为社会领域本身具有结构上的多元性，所以，不同领域都会形成自己的权威，正是因为社会权威是自发形成的，人们也不会迫于强制尊重其他领域的权威。相比较，政治权威太容易利用手中强权，而成为诸多领域的权威。

　　社会权威被珍视的第三个理由在于，遵循社会权威是个人自愿的。通常情况是：个人在面对困境和问题无能为力时，基于他们对权威的信任，自愿放弃自己的思考或者部分权利而求助社会权威，没有人强制他如此，一切都是他自我选择的结果。强制性的政治权威通常是强迫个人放弃自我决定、自我作为的权利，而取代个人成为他的主人或者代言人。这种强制性权威的作用终究会遭到反抗而不能成为自发秩序中的一部分："国家定义性标志是进行统治的权利。而个体的首要义务就是自主，是拒绝被他人统治……在个体尽可能地履行自己的义务、使自己成为自身的主人，他将会抵制国家的要求，拒绝权威的统治。"①

---

　　① [美]约翰·凯克斯.为保守主义辩护[M].英奇，葛水林译.南京：江苏人民出版社，2003：15-155.

（二）自发秩序

秩序是"一种事务状态，在这种事务状态中，各种各样的要素如此相关，以至于我们可以根据对整体中某个空间或者时间部分的认识，去形成对其余部分的正确预期，或者至少是有充分的机会被证明为正确的预期"[1]。秩序是任何一个社会发展存在的必要条件，也没有哪个政治思想流派会不承认秩序的意义。但是，不得不说保守主义者所提出的秩序是具有其独特性的。

哈耶克把秩序分为两种：一是人造秩序，二是自发秩序。人造秩序是由某个人把每个要素放在一个确定位置并指挥其活动形成的秩序，哈耶克称之为"外部秩序"，"自发秩序"与之不同，它是"人之行动的结果，但又不是人的设计的结果"[2]，这样的秩序也是构成秩序的多种因素，在"响应他们的实时环境时遵循某些规则的结果"[3]。自发秩序是保守主义者主张的秩序，因为这样的秩序是每个人在追求各自的目标中形成的，是不同的人实现各自目标的一般性条件，而不像人造秩序那样，人造秩序也是为了实施某个先定的具体目标而设计的集体工具。保守主义者赞赏此等秩序，因为这样的秩序不是强力推行的，而是以自由、竞争和一般规则为条件实现的，它又为自由的维护和发展提供了基础。之所以这样讲，是因为不同的秩序意味着不同的行为规则，人造秩序对应被组织者创造出来的组织规则，自发秩序对应的是不为特定目的服务的、自发而成的正当行为规则，既是理性构建的

---

[1] Hayek, F.A., *Law, Legislation and Liberty, Vol.1, Rules and Order* [M].Chicago, 1973: 36.

[2] Hayek, F.A., *Law, Legislation and Liberty, Vol.1, Rules and Order* [M].Chicago, 1973: 20.

[3] Hayek, F.A., *Law, Legislation and Liberty, Vol.1, Rules and Order* [M].Chicago, 1973: 43.

结果，也是有机体演化发展的结果。

这种演进性规则的形成，不是出自个人本能，而是通过本能和理性合力，借助传统、学习、模仿的结果。它也与共同目标没有关系，是调节个人行为、为个人追求自身目标而划定而成的一般性游戏规则，这些规则体现在社会生活的各个方面，如财产、贸易、交换、道德、忠诚等。这些规则去除了公共目标对个人行为的强制性约束，而赋予个人充分的自由——可以自由地追求自己的目标、自由地选择自己的方式、自由地进行各种尝试、自由地发展自身潜能，又从整体上促进秩序的扩展和文明的进步。

人的实践活动，很多时候并不是在充分的理性指导下进行的，有时，人们对自己的行为无法清楚地解释，但如果这样的行为给他们在生存过程中带来了好处或者规避了祸害，他们就会继续这样的行为，由此自然而然形成了秩序。所以与人造秩序相比，这样的演进秩序更具有实效性。

人造秩序结构简单，容易形成。如同柏克描述的那样，建设者把他们所发现的一切东西都当作垃圾给清除掉，然后像园丁一样，把一切都纳入精确的水平之上，来构建自己精心设计的秩序。他以法国大革命之后革命者试图以地域为基础建立法国立法机构的办法：全国按照18里格（旧时长度单位，约为3英里）见方的正方形标准，划分为83个规则地区。大的分区为省，下面再按照正方形的度量把省划分为1720个地区，是为公社，然后继续按照正方形标准划分而得到6400个区[①]。

市场是自发秩序的一个优势集中体。人自利的本性并非一定为害，通过市场秩序，它就是社会发展的主要动力。人人自利，但是一人不会强大到可以谋利于其他所有人而为所欲为；人人自利，也不会有一人甘愿自我牺牲而任人屠割。在市场中，人人不必接受被强加的某种共同的

---

① 陈志瑞，石斌主编. 埃德蒙·读本 [M]. 北京：中央编译出版社，2006：205.

目的和价值,只要他们遵循抽象的市场规则,他们就可以做到互惠互利,各自获得其所应得。保守主义者认为,个人的认识能力是十分有限的,如何配置社会资源,没有人能够清楚地知道。人的知识很大一部分是默会知识,它掌握在不同的人手中而很难集中或者分享,因此,人人运用自己的知识来参与这样的秩序的形成,远比依靠一种强制力量来规定好得多。

(三) 可传之统

保守主义对于传统的珍视来自对启蒙运动的批判,后者以理性主义为支撑,仇恨一切旧有制度和传统,认为经过启蒙人们的理性可以解决世间一切问题,从而把解救世界担为己任。最初的保守主义正是对此种狂妄心理作出的反应,蔑视传统就必然摧毁秩序,没有了秩序,社会个体也就无可依存。柏克说,"最浅薄的理解力、最粗笨的双手,便可以完成这项任务。暴怒和疯狂在半小时之内可以毁掉的东西,要比审慎、深思熟虑和远见在一百年才能建立起来的东西多得多"[①]。传统建立起来艰辛但是破坏起来相当容易。也正因如此,他们才更应该被珍视,才应该不轻易地被推翻。

但珍惜传统并不是固守一切旧有存在,他们所信奉的传统是可传之统,是有利于社会秩序和发展的政治文明沉淀下来的精华,是"传统是历经延传而持久存在或者一再出现的东西"[②]。传统不是行为,而是"指导行为的范型、追求的目标、人们对达到这些目的应采用何种合宜有效之手段的认识、行动所导致和维持的结构"[③],行为实施完毕就消失,但

---

① 陈志瑞,石斌主编. 埃德蒙·读本[M]. 北京: 中央编译出版社,2006: 200-201.
② [美]爱德华·希尔斯. 论传统[M]. 上海: 上海世纪出版集团,2009: 17.
③ [美]爱德华·希尔斯. 论传统[M]. 上海: 上海世纪出版集团,2009: 26.

是指导行为的这些范型，以及对结构的认识会得以流传下来。理性的判断不是传统，因为它是关于陈述的逻辑一致性，关于陈述和行动之间一致性的断言。

具体而言，保守主义信奉的是哪种传统呢？"保守主义作为缘起英美的意识形态和自由哲学，依据的是英美的特殊历史传统……，保守主义的基石是传统"①，并不是所有的传统都可以成为保守主义的基石。保守主义兴起于17世纪的英国，而英国的近代自由主义传统可以追溯到13世纪，所以，英国为保守主义者提供了可以保守的传统——自由。保守主义主张尊重传统，他们尊重的不是所有的传统，他们尊重的是可以用于捍卫"自由"的传统。传统是真理与知识的最重要来源，来自传统的知识要比来自理性的知识可靠得多。传统为现实奠基，"无论你多么痛恨它，多么想与它一刀两断，多么想把它连根拔除"②，我们都无法逃避开传统，它是我们的来源，已经渗透到我们存身其中的每一寸空间。

理性不是传统的敌人，尊敬传统并不是排斥理性，不是使传统作为压制理性的工具，而是要用传统作为理性的指南。这也是守旧和保守的区别，守旧维护一切过去的东西，用旧事物阻碍新生事物，保守主义只保守可以保护自由的传统，并用传统来为人类的有限理性提供更多的参考和指示。

（四）多元均衡

所谓均衡，在政治哲学上并没有一种明确而具象的定义，既包含分权、制约等手段上的内涵，也具有秩序、发展等目的上的意蕴。保守主义反对激进的表现之一就是对均衡的执着。这种执着既体现在社会权

---

① 刘军宁．保守主义[M]．天津：天津人民出版社，2007：138．
② 刘军宁．保守主义[M]．天津：天津人民出版社，2007：133．

威和政治权威的关系问题上，也体现在政治目的的确立和政治手段的运用方面。

在权威问题上，保守主义认为，由多样性的社会权威和社会组织构成的多元社会是自由存在的沃土。如果仅仅是社会权威被剥夺了存在的机会，那么政治权威独大的情况下必然发生专制。即便是社会权威存在，如果社会权威不够强大而沦为政治的附庸，权威与自由之间的平衡就不存在了，权威就成为披着权威外衣的强权，自由与权威的关系就难有调和余地，"自由也就必然沦为权威尖牙下的猎物，甚至你死我活的关系"①。

从政治目的层面来看，保守主义者极力地批判理性主义者高度膨胀的自信心，妄图通过理性设计出的宏伟蓝图实现一切所欲之事，在保守主义者看来是愚蠢而危险的。无论是对个体而言还是对集体来说，人类行为都无法达到完美的境地，任何现实的改变都有一个自身发展的进路，妄图通过强大外力干预而获得翻天覆地的改变不啻于一种破坏。当然，保守主义不固守现实而拒绝改变，它主张长远目的与当下问题的解决均衡获得考虑，既要思考问题的解决之道，又能够容忍其存在的不完善；既有等待的耐心，也有渐进的行动。

就实现社会变革推动社会进步的手段而言，保守主义极力主张政治强制与社会力量的均衡利用。如果人性完美，则政治权力的所有者就可以被完全相信，甚至根本就不需要政治强制。但事实上，人性的弱点决定了交付于政治权力绝对的信任，在公共事务上单独依赖政治权力就会形成专治、垄断和独裁，而这绝对不能解决问题；相反，却会导致公共境况的恶化。所以，多种手段并用，产生竞争、合作、弥补才是解决公共问题的途径。

保守主义对于均衡价值的主张，既可以归因为他们对于人性的认

---

① 刘军宁. 保守主义[M]. 天津：天津人民出版社，2007：155.

识，也有对人类理性的理解，更有在此基础上对权力集中的担心和对绝对理性的批判。均衡与权威、秩序和传统这些政治主张一起，合力形成了保守主义一系列的政治观念。

四、保守主义政治价值观

保守主义者对理性主义的反对决定了其对政治、正义、政府的看法。而这些看法几乎都可以从保守主义者的"人类有限理性"的认识论中找到根源所在。保守主义者与自由主义者的区别之一，或者说是政治思想差异的重要来源就是对于理性主义的态度。如果说保守主义是自由主义的一个分支，那么保守主义就是反对理性主义的一个自由主义支流；如果说保守主义是自由主义的对立面，那么保守主义者所反对的也仅是那些信奉绝对理性主义的那部分自由主义者。

奥克肖特说，理性主义者相信理性，相信理性在"决定一个事物的价值、一个观念的真实性和一个行为正当性时的力量"[1]。这种相信超出了合理的界限，除了理性之外不服从于其他任何权威。传统、惯例都被看作它的敌人。理性主义者既是怀疑主义者，又是乐观主义者。这种怀疑不同于保守主义者对于人类理性和绝对真理的怀疑，理性主义者怀疑任何观念、习惯、信仰，而这些恰恰是自发秩序发展的结果，他们怀疑这些，而相信自己的理性判断。

理性主义者也是专制的，因为他们在运用自己的理性思考得出其结论时，总是相信其他拥有理性的个人在面对同样的问题时，也必然得出与他相同的结论。如果结论不一致，那往往就是他人的理性不足，不足

---

[1] M. Oakeshott. *Rationalism in Politics* [M]. Methuen & Co.Ltd., 1962: 1-2.

以在认识上触及自己到达的地方。事实上，政治领域应该是一个远离理性主义的领域，因为传统和环境对于政治来说尤其重要，而政治面对的问题也是稍纵即逝的，无法用理性的规设提前予以准确预期。

正是对于过分信任自身理性的力量，理性主义者把事务的处理等同于对问题的解决。在问题解决中，他们把自己看作大脑中充满技术的工程师。政治对于他们来说，就是当他们感受到政治需要，他们会运用自己的知识对问题开始一厢情愿地处理，但是事实上，这些问题仅仅是由理性主义者自己感知到的，是他们理性运用的结果，他们也运用自身的理性去解决这些问题。对于理性主义者来说，"在每一代人，每一届政府面前，打开的都是一张有着无限可能性的白板"[1]。对于前人留下的东西，他们总是会努力地彻底清除，然后从头来过，如同伏尔泰所言，制定最好法律的唯一办法，就是把现存法律全部废除，一切从头开始。

对于理性主义者而言，他们还是完美政治的追求者，也是整齐划一政治的践行者。他们认为现实中存在的问题，只要找到一个合理的答案，那么这个答案就是完美可能不存在能够治愈所有政治疾病的普适性药方，但是"针对某一病症的药方却一定是具有普遍适用性的"[2]。

（一）保守主义政治观

1. 消极政治观

传统保守主义反对激进的法国大革命，是因为它高举理性至上的大旗，主张人类理性的力量足可以使得社会按照人类的理性设计的轨迹发展，从而使得理性主义在政治上形成一个权力巨大的政府。新保守主义

---

[1] M. Oakeshott. *Rationalism in Politics* [M]. Methuen & Co.Ltd., 1962: 4.
[2] M. Oakeshott. *Rationalism in Politics* [M]. Methuen & Co.Ltd., 1962: 6.

反对福利国家，也同样是因为福利国家意味着积极政治。无论其初衷如何，国家庞大的政治触角几乎覆盖了公民的所有生活领域，减损了个人自由的存在空间。

哈耶克说过，"对于一个自由人组成的大社会来说，一个政府能给予的而最美好的东西都是否定性的"[①]。最美好的东西之所以都是否定性的，是因为能够有权力指引人们行动的组织或机构，依旧是无法逃避无知的状态，这是一种无可变更的无知（unalterable ignorance）。所以政府所能保障的职能只能是在个人为了追求自己的目的而使用自己知识的行动过程中形成的那种秩序的抽象特性，而不是它的肯定性内容。这种理念在政治主张上的反映，首先就是消极政治。

消极政治不是寻求至善的政治，因为如果一个政治的理由被宣称为至善，政府就必然是以一种先知圣哲的身份出现，就会要求人们不惜一切代价换取其实现，因为这样的目标如此美好，所以我们作出牺牲也是值得的。保守主义者不认为政治权力必然在理性、知识、道德上高于个体，也不相信政府就必然有完全正确的选择，所以就不会赋予政治过高的权力。如同奥克肖特的观点，国家不应该是具有特定目标的事业联合体，而应该是没有自身理想与事业的公民联合体。国家的合法性不来自对自身价值的实现程度，而在于为公民实现自我的价值提供的有利条件。

消极政治要求避免权力的过度集中。权力越集中，政治越腐败，"大一统必然导致大衰败"[②]。政治权力只有在受到诸多约束的情况下才不会膨胀作恶，这种约束来自法律，所以保守主义者主张政治权力必须在法律允许范围内作用；这种约束来自社会，所以社会权威对于政治权力

---

① ［英］弗里德利希·冯·哈耶克.法律、立法与自由（第二、三卷）[M].邓正来等译.北京：中国大百科全书出版社，2002：460.

② 刘军宁.保守主义[M].天津：天津人民出版社，2007：63.

应该是此长彼消的,社会权威力量不足,就会使社会成为政治的附庸,而失去对自生秩序的维持和扩展的作用;这种约束还来自权力内部的分流,权力彼此间的制约。中央权力的适度下放,会使政治作用范围不至于无限度扩大而侵蚀人民自由的空间。

因此,保守主义形成了这样的政治,政府应该强大到如此地步以至于它有能力去做它应该做的事情,但是也不应该强大到危及个人自由。政府的职能应该被限定,限制政府权力的原则就是:社会可以完成的事情就不要由政府插手;民间可以用较小的成本完成的事情就不该动用政治力量。有些是两者都可以完成的,但是因看到政府作为带来的眼前利益而因此扩大政府权力,那些必须由政府来完成的事情,在整个过程中也必须受到大众的监督。

2. 不完美的政治

人性需求的多样性使政治不可能完备。人是世界上最复杂的生物,每个人对生活的期许也各不相同。没有任何一种政治安排能够符合所有人对理想生活的追求。如果有一种政治安排声称它是代表了所有人的意愿,并且掌握了通往这样的意愿的唯一捷径,那么持有这样信仰的人要么根本不懂得政治,要么靠阴谋利用政治谋求私益。政治是不完美的,就是因为它要面对的是复杂的人性需求、多元的价值冲击,认为掌握了绝对价值的政治是一种简单化的政治,而在这种简单思想控制下被简单化的政府,从根本上说,也是无效的,因为"当它为某些部分提供优良服务时,其余部分可能完全被忽略了,或者在物质上受到了伤害,因为它对中意的成员过分关心了"[①]。所以他们认为,"谁想在地球上建立天

---

① Edmund Burke. *The Works of the Right Honorable Edmund Burke*:3 voles [M]. Boston,1826:345.

堂，那他实际上在为他人准备一个非常体面的地狱"①。

人性的弱点使政治不可能绝对良善。人性除了复杂化还具有永远不可能被去除的弱点，凡人永远变不成天使。人类社会很难罪恶尽消、祸害根除而形成一个至善至美的世界，而政治作为无论多么努力也不会改变这一点。政治的作用仅仅在于调和矛盾、均衡利益、缓解紧张、减少祸害，尽管它的存在比没有它使人类生存得更好，但是政治绝对不意味着完美。它只是一个工具而已，没有任何一种工具可以应用到一切事情中去，满足所有人的所有目标。

追求完美的政治更易导致权力的集中。国家对于完美政治的追求必然是建立在对权力过度信任的基础上的，雷蒙·阿隆认为，国家权力的无限扩张形成了极权主义。他们会吞噬掉公民社会，会把国家要推行的主义变得教条，强迫知识分子和学校皈依信奉②。波普认为，理性主义者对于人类社会和未来历史的设计，是一种乌托邦式的猜想，它"假定历史预测是社会科学的主要目的，并且假设可以通过发现隐藏在历史演变下的'节律'或'模式'，'规律'或'倾向'来达到这个目的"③。"对进化过程的描述不是规律，而只是一个单称的历史命题"④。人类历史进程之所以不可以借助人类理性获得预测，一方面是因为历史的发展不是重复性的，不存在规律，同时还因为人类历史进程受人类知识增长的强烈影响，我们无法预测到未来我们将会掌握的知识，因此也就无从预测未

---

① [古罗马]达里奥·安蒂塞利.自由主义原则[M].王福生译.杭州：杭州出版社，2012：75.

② [法]雷蒙·阿隆.雷蒙·阿隆回忆录[M].杨祖功等译.北京：生活·读书·新知三联出版社，1992：195.

③ [英]波普尔.历史决定论的贫困[M].杜汝楫，邱仁宗译.北京：华夏出版社，1987：2.

④ [英]波普尔.历史决定论的贫困[M].杜汝楫，邱仁宗译.北京：华夏出版社，1987：86.

来的历史；另一方面是因为历史是一个动态的连续过程，"虽然任何实际存在的现象连续都是按照某种自然规律进行的，但是我们必须看到，三个或者三个以上的有因果联系的具体事件的连续都不是按照任何一个自然规律进行的"①，既然不存在连续规律，也就没有进化规律，没有绝对规律可循的政治也必须是审慎、消极的。

3. 必要的恶

休谟从人性论和财富增加两个方面论述政府出现的必要，并认为政府的存在是一个精巧的发明，"这个政府虽然也是由人类所有的缺点所支配的一些人组成的，可是它却借着最敬畏的、最巧妙的一种发明，成为在某种程度上免去了所有缺点的一个组织"②。政府的出现标志着人类进入文明社会，人们通过正义规则建立一个政府，并在政府的法律统治下产生一个维护公民基本权利的政治社会。但是政府并不停步于此，它会进一步扩展它的有益影响，但是这不是最终目的，政府会"促使他们（人民）订立那些协议，并强使他们合心同意地促进某种公共目的"③，借以实现最终目的：不断扩大自己的利益。

波普尔认为，人们需要国家，因为国家可以保护人们的自由，"但是国家是一种必要的恶，如无必要，它的权力不应该增加"④。他把类似于奥卡姆剃刀的原则称为"自由主义的剃刀"。国家存在的意义在于它具有个人不具备的权力。这种权力既可以调停人们间的冲突，以保障个人生存的权利而不至于被同类伤害，这样的权力也是所有人共同赋予它

---

① ［英］波普尔.历史决定论的贫困［M］.杜汝楫，邱仁宗译.北京：华夏出版社，1987：10.

② ［英］休谟.人性论［M］.关文运译.北京：商务印书馆，2010：579.

③ ［英］休谟.人性论［M］.关文运译.北京：商务印书馆，2010：544.

④ ［英］波普尔.猜想与反驳：科学知识的增长［M］.傅季重等译.上海：上海译文出版社，1986：466.

的，无论是政治上的权威性、法律上的强制性，还是对于因税收而形成的社会财富的使用和安排，它获具这样的权力，是基于人们期待它可以完成个人不可以完成而又是人人共需的一些事情。一旦它所具有的权力超出了约束，它就成为最危险的，因为它的力量如此巨大，以至于没有什么东西可以与之抗衡。只有当权力被限制在某个边界之内，才可以发挥工具的作用，而不至于伤害到制造并使用工具的人们。

（二）保守主义自由观

保守主义者多是多元主义者，政治价值和个人价值的多元性，确定了不同价值的合理性，也意味着人们的选择也是在不可通约的价值之间进行的。这是个体的选择，不是理性选择的结果。如果说是理性选择的结果，那也必然是个人运用其有限理性进行的。因此在众多个体的选择中，不存在一个所谓的合理标准。用一个标准去约束个人的选择，就是对这个人行为的干涉。自由就是"一个人能够不受别人干预地去活动的领域"[1]。这就是消极自由，它回答的是"一个主体——一个人或者一群人——可以或者应当保有什么样的领域，可以不被干涉地去做他可以做的事情，或者成为他能成为的人"。而积极自由是"什么东西或者什么人成为控制或者干涉的来源，来决定某人做某事，而不是其他，成为此种而非其他种人"[2]。对于消极自由的推崇并不意味着积极自由本身是邪恶的，积极自由的问题在于，尽管它试图满足人们想成为自己主人的愿望，它却更容易走向反面，即强制或者不自由。

这种逆转的途径有三条。第一条途径是通过对自我的区分走向强制。积极自由主张个人做自己的主人，而不是任何人的奴隶。但是这种

---

[1] Isaiah Berlin. *Four Essays on Liberty* [M].Oxford University Press，1984：122.

[2] Isaiah Berlin. *Four Essays on Liberty* [M].Oxford University Press，1984：120–123.

自我又很容易形成一体两面，也就是两个自我共同存在，一个是理智的、自主的、高尚的自我，一个是不理性的、他律的、贪婪的自我。为了使"高尚的自我"战胜"低等的自我"，就需要使我们受到一种限制，这种限制必然是外生的，因为如果个人有足够的理性克制自己，就不存在对这样限制的需求了。那么，这样的限制来自何处？通常是来自比个人更加广泛的群体，如部落、国家、"伟大社会"。如此一来，集体的意志就被强加在个人之上，所谓的"真实的自我"也会成为外力的代名词来左右个人的一切公共行为。

第二条途径是个人通过禁欲的方式形成的，也就是在个人目的无法实现的情况下，想成为个人主人的个体，只能选择"自我开解"的途径，泯灭自己的需求和欲望，从而使个人退回本体自身之中，以此躲避外力的干涉。这样的情形意味着自由就是控制自己的欲望。

第三条途径就是被理性主义所利用。理性主义者有四个基本假设。一是所有人有且只有一个真正目的，那就是理性的自我引导；二是所有人理性的目的都适用于一个普遍的模式，尽管有的人自己没有意识到，但是会有其他人比他们认识得更为深刻；三是所有的问题及冲突都是理性不足导致的，人类充分利用自身的理性就会避免这些矛盾；四是当每个人的理性都充分发挥作用时，他们的行为都必然符合那个完美的理性行为法则。个人的自由也就体现在对这些法则的遵守上。

上述三条途径都会导致对积极自由的追求发生性质上的改变，强制力量会借积极自由之名对个体进行限制和束缚。保守主义者认为的自由是个体间不平等的自由、更是消极的自由，同时也是个人责任下的自由。因为个体间的不平等、个人追求价值的不同，所以赋予每个人的自由仅限于消极自由的平等，而对于积极自由，个体间是无法也不应该实现平等的，而消极自由的合理性也意味着必须是个人自身，而不是政府或者他人为他的自由等负责，他的自由必须是个人责任下的自由，是不平等的积极自由，是消极的自由。

1. 不平等的积极自由

保守主义保守自由，自由主义信仰自由，二者之间是存在区别的。这种区别在曼海姆的《保守主义》中被这样形容：自由主义主张的自由，在经济领域表现为个体从国家和社会的约束中解放出来，在政治领域，自由意味着"个体根据自己的愿望和思想行动的权利，尤其是行使'人权'的可能性"，① 这种自由被认为是只受到伙伴公民的自由和平等的限制，它只要求人在政治和经济领域的竞争中是平等的。

保守主义理解的自由并不与它全然相同，保守主义者提出的自由是与革命派的自由理念相对的，曼海姆称它为"定性的自由概念"，主要是反对革命的平等主义。保守主义攻击革命的自由主义者就在于后者推崇的平等原则，因为保守主义者从内心认为人类之间是不平等的，而且自由应然意义是使一个人根据他内心的原则来实现唯独属于他自己的发展规律。如同亚当·米勒所说的，自由和平等是不相融合的，"没有什么东西，……比外在平等的概念更与自由相对立"②。因为这样是把自然物的多样性、所有独一无二的特殊性悬置起来而不予以充分考虑。

2. 消极的自由

保守主义者主张的自由是消极的自由，也就是个人免予他人干涉的自由，这样的自由观，在某些自由主义者那里也是如此。在另外一些自由者那里，自由是另一种内涵，伏尔泰强调"自由就是可以随心所欲"，边沁指出"法律即恶，因为每一条法律都是对于自由的侵犯"，罗素认为自由就是"不存在对我们实现自己冤枉的障碍"。保守主义所反对的是这样的自由，在这个层面上，保守主义不是和所有自由主义者相对立的。

消极自由是经验性的、非系统的，而保守主义者反对的是思辨的理

---

① [德]卡尔·曼海姆.保守主义[M].李朝辉等译.北京：译林出版社，2006：83.
② [德]卡尔·曼海姆.保守主义[M].李朝辉等译.北京：译林出版社，2006：84.

性主义的自由。前者的代表人物是休谟、亚当·斯密、贡斯当、托克维尔，他们并不是保守主义者的对手，相反，他们对于消极自由的理解是一致的。但是，另一种唯理主义者，如笛卡儿、卢梭、霍布斯之类。前者认为自由的本质在于事物的自生自发性和没有强制性，而后者的自由是在追求和获得绝对的、集体目的过程中实现的；前者主张的是渐进的、非刻意的、借助试验和试错的演进而得到的，后者主张的是严格按照理念和周全规划，在强制下得以实现的。

柏林比较了积极自由和消极自由的区别。消极自由的特征是：具有其内在价值，而不是实现其他价值的手段；关注个人权利和个人活动中心，而不是集体权利；只与政府的权力范围有关，和权力来源和政府形式无关。积极自由的特征是：是个人进行某种行为的权利和能力；是一种理性的自主；意味着集体自决。尽管有积极自由和消极自由的划分，但二者本质上并不是互相对立的，也不能用一方去彻底否定另一方的合理性。但问题的分歧是二者从起点出发驶向了不同的方向。保守主义者反对的并不是积极自由本身，因为国家在公共领域中的一些作为也是必要的，而是政府以积极自由之名，对个人权利和自由造成的危害。

（三）保守主义正义观

保守主义者不反对正义，正义是遵守正当行为的规则，是法律不可或缺的基础，也是对法律的限制和补充，以正义为基础的法律是个人自由的重要保障。正义"始终意味着某个人或某些人应当或者不应当采取某种行动；而所谓的应当（ought）反过来又预设了对于某些规则的承认：这些规则界定了一系列情势，而在这些情势中，某种特定的行为是被禁止的，或者是被要求采取的"[①]。所以正义问题是对正当行为规则

---

① ［英］弗里德利希·冯·哈耶克.法律、立法与自由（第二、三卷）[M].邓正来等译.北京：中国大百科全书出版社，2002：52.

的遵守问题。正当行为规则具备何种特征呢？第一，通常都是否定性规则，确定禁止性行为，而不是明确可以实施的行为；第二，它限定任何人都不可以干预的领域，来保证个人的自由和权利；第三，对于行为规则是否正当的判断，要应用一般化或者普遍化的标准进行检验，这种一般化的原则就是：用同样的规则对待所有人。对于正义问题，保守主义者首先认为社会正义是不存在的；其次，保守主义者认为实现所谓的分配正义只是一种幻想，过分追求这样的目标会导致对个人自由和社会进步的危害。

1. 社会正义不存在

保守主义者从根本上否定社会正义问题的意义，因为他们认为社会正义根本就不存在，这不是因为社会永远难以达到正义的地步，而是因为正义不是一个公共问题，个人的财产没有除了他自己之外的任何人可以染指，而公共领域的分配必然会涉及私有财产资源。对于私有资源的分配，没有人可以作为绝对的权威按照某个标准予以分配，所谓的分配正义也就无从谈起。

分配无论是按照平等原则、差别原则、福利原则、资源原则，还是按照应得原则，它们都是模式化的分配，是非历史性的分配。这样的分配是"按照每个人的（ ）给予每个人"或者是"按照每个人的（ ）从每个人的那里给出"[①]。这样的模式化分配把生产和分配看作两个独立的环节，后者只关心对于结果的占有，不问这些益物来自何处。这样的分配必然使得社会丧失发展动力，因为没有人会因为更多努力而获得与之相对应的回报，个人也不会因为懒惰到自弃的地步而被社会抛弃。

"分配正义的目的原则和模式化原则，确定了他人对于个人及其行

---

① [英]罗伯特·诺齐克.无政府、国家和乌托邦[M].何怀宏等译.北京：中国社会科学出版社，1991：161.

为和劳动成果的所有权。"① 这是从古典自由主义者的自我所有转向了对他人的部分所有，针对这样不合理的模式化、非历史性的分配正义，诺齐克提出"持有正义"三原则，即财产获得上的正义、财产转让与交易上的正义和对于上述环节中的不正义行为进行的矫正正义，他把自己的正义观概括为"拿走他自愿放弃的，给予他自己选择的"②，这也是保守主义者对社会正义问题理解的最好概括。

2. 分配正义是幻象

罗尔斯认为，正义是社会制度的首要价值，认为可以按照某种社会理想或分配模式，达到"分配正义"。人的天赋、才能和后天的机会、经验有所差别，故应根据"差别原则"或"牺牲原则"，对弱者提供补偿。保守主义者反对这种不平等，在实施这种偏向于弱者的分配时，看似是一种正义，但是，它对被剥夺了部分应得益品的群体是不正义的，因为弱势而被补偿和因为优势而被削弱，二者没有区别，均为不公正。如果试图以这样的分配正义来获得社会正义，那么这样的想法就是"海市蜃楼"，因为它会用虚幻的镜像吸引你，但是你终也难以到达他处，这也是一种"准宗教性质的迷信"，他们迷信的不是鬼神，而是同样掌握着超凡的权力的主体，那就是国家。他们对于国家具有主持正义的能力是迷信，因为国家根本就没有这样的魔力。这种对正义的追求也是一种"破坏性力量"，因为社会正义所要实现的不过就是结果上的，或者说是物质上的平等。这是与法律精神相背离的。法律保障的是人们在一般性规则上的平等，不会在具体社会善物的分配上要求平等。法律是一个社会的制度保障，如同罗尔斯所言，正义是制度的本质属性。这样的

---

① ［英］罗伯特·诺齐克.无政府、国家和乌托邦［M］.何怀宏等译.北京：中国社会科学出版社，1991：177.

② ［英］罗伯特·诺齐克.无政府、国家和乌托邦［M］.何怀宏等译.北京：中国社会科学出版社，1991：349.

削峰填谷式的分配就是与法律所保证的个人的权利和平等相对立的。也就是说，用正义之名，毁掉了他们所要追求的正义之实，因此，"任何旨在实现公平分配的重大理想的政策，必定会导致法治的破坏"①。斯克拉顿认为，社会正义是与自然正义为敌的。自然正义是"所有人在彼此交往过程中认识到（但并不总是服从）的一个内省的过程，没有这样的一个过程，人们就没有办法以友谊的精神来看待人类的交往"②。

3. 分配正义致害

保守主义者对各种试图"纠正"市场秩序的努力基本持否定态度，认为除非为了实施普遍的抽象性规则，否则这些努力必定会导致市场秩序的毁灭。哈耶克指出，"如果要使这些权利得到普遍化，那么就必须把整个社会转变成一个单一化的组织，也就是说，把整个社会变成一个十足的全权主义社会"③。

哈耶克说正义要有为之负责任的主体，也就是"唯有人的行为才能被称为是正义或者不正义的"④。把他的观点引申到极致会使他的意思更加明确，那就是"社会不该对正义负责，正如自然不该对幸福负责"⑤。哈耶克认为，当一种追求最终结果上的平等分配原则被强加到市场竞争机制中来，那么这种规则必然破坏了市场规则。个人的所得与他在市场中的能力和表现无关，个人不必承担市场的风险而可以从中获得自己想

---

① ［英］哈耶克.通往奴役之路［M］.王明毅等译.北京：中国社会科学出版社，1997：79.

② ［英］罗杰·斯克拉顿.保守主义的含义［M］.王皖强译.北京：中央编译出版社，2005：68.

③ 转引自马德普.个人自由与社会主义的冲突——哈耶克自由与正义思想述评［J］.孝感学院学报，2001（2）.

④ ［英］弗里德利希·冯·哈耶克.法律、立法与自由（第二、三卷）［M］.邓正来等译.北京：中国大百科全书出版社，2000：51.

⑤ 江怡.当代西方哲学演变史［M］.北京：人民出版社，2009：193.

要的东西。个人对于市场之外的这种力量就会越发依赖,也就是希望政府越来越多地进入分配领域,在这样的需求之下,政府也会不断加强自己的权力,因为没有任何一个民主政府会不在意民意,这样社会正义就从自由竞争中的程序公正转而追求一种结果上的平均。从而用这样的正义理念越来越把社会变成一个"全权性体制"①。

社会正义的倡导者创造出一种意识假设,那就是所有的财富,一切利益都属于单一的所有者(国家),而该所有者(出于某种无法对人说明的原因)有义务确保财富的分配。"在现代历史上,竭尽全力伸张正义的恰恰不是'自然正义',而是'社会正义'。后者提出了一种政治目标(社会平等的目标),前者只是把一项基本的社会原则转化为法律。两者不可避免地会发生冲突。"②

五、保守主义的相对镜像

尽管上文已经对保守主义政治哲学做了分析和概括,但因为保守主义本身具有的复杂性及多面性,也更是因为它与自由主义之间有着不可不说的关系,对于保守主义的理解还需要做进一步的厘清和概括。强调保守主义与自由主义的关系,是因为本研究中所理解的保守主义是"保守消极自由的政治哲学",而自由通常被理解为自由主义的核心价值,这样就很容易把二者混淆起来。因此,需要对保守主义做进一步的阐述,尤其需要通过与自由主义的比较获得说明。

---

① 朱丽丽.哈耶克思想的独创之处[J].邯郸师专学报,2004(1).
② [英]罗杰·斯克拉顿.保守主义的含义[M].王皖强译.北京:中央编译出版社,2005:73.

（一）保守主义与自由主义

几乎任何关于保守主义的研究都无法回避自由主义。避开自由主义就无法理解保守主义。保守主义从产生到发展，在不同国家、不同历史阶段、不同情境下呈现出的多样化形态，几乎都是以自由主义作为背景或者作为基础的。本书对于保守主义和自由主义的论述，还有一个重要的作用，那就是厘清保守主义在本书中的具体所指，明确为何一些被归为自由主义者门墙的思想家却在文中被冠以保守主义的名号。

对于保守主义与自由主义的关系，一种是认为二者是对立的。这表现在古典自由主义和传统保守主义之间的对立，也表现在新自由主义和新保守主义之间的对立。从前者来看，之所以有这样的理解，一部分原因在于保守主义的兴起源自对法国大革命的声讨中，法国大革命又被看作是自由主义思想主宰下的社会运动。而后反对法国大革命的柏克被尊为保守主义的开创者也更容易使人们把二者对立起来。在新自由主义与新保守主义者之间，同样被认为存在一种截然的对立。新自由主义推崇国家的积极作为，因为他们的自由已经从过去的消极自由转向了积极自由，个人的自我成就在现代社会必然遭遇诸多障碍，只有最大的权力主体——国家，才可以从整体上宏观地进行公共事业的建设，进行资源的正义分配，只有这样才可以保证人们获得真正的自由。当然这是在新自由主义者眼里的自由，新保守主义者恰恰否认这样的自由。他们认为这并不是真正的自由，认为把公民的权利过多让渡给政府，膨胀的权力不仅不会实现真正的自由，反而会成为自由最大的杀手。

保守主义和自由主义，"某些观点即使是核心观点的一致，也不意味着二者是一回事，二者的差别就这样轻易消解了"[①]。格雷概括了自由主义的四个特征：一是个人主义，否定社会集体，个人价值位于首位；

---

① 秦维红．从西方自由主义和保守主义派别的划分看二者的涵义和关系[J]．南京市行政学院学报，2006（2）．

二是平等主义，否认人在法律或者政治地位上的不平等；三是普遍主义，信仰理性认识寻求普世性价值的可能；四是社会向善主义，认为借助理性规划，人们可对未来做良性安排。

对照自由主义，保守主义的特点也被相应概括为四点。一是反对个人主义，强调秩序和稳定。社会有机体的发展，不是凭借理性规划，其最根本的动力是时间和自然，时间就是历史、就是传统，自然就是经验、就是既成秩序。理性和自由所指向的个人权利必然会使社会处于失序之中，阻碍其发展。二是秉持不平等主义。个人在出身、才能、社会身份等方面的不平等是自然生成的，这种差异性是符合社会规律的，这种差异构成秩序。创造机会上的平等，使个人都可以公平发展自己的天性就是公正，形成的就是社会良序。刻意寻求实质上的平等则是背离自然规律，既不可能实现，也必然危及社会的正常发展。三是信奉经验主义。人的理性和知识是有限的，任何对于社会发展的安排都必须是审慎的，审慎是一种态度。这种态度要通过什么来获得实现？答案就是历史经验。历史是一个历经不断试错的过程，经验是其正面所得，传统是其沉淀所在，故而，审慎面对现实和改变的做法就是重视传统和经验。四是相信社会发展的不确定性。他们对于人性的判定是人性为恶，故而对于理性建构的乌托邦式的构想遭遇人性必然会受挫，公权力也同样是具有人性弱点的，谋自身之利也必然导致他们对理想的利益的背离，从而成为不被信任的利益代表者。如此，个人幸福最可期望的只能是他自己，而不是他人。在每个人各自谋求自身自由发展的过程中形成的社会状态，才是最佳的选择。

另外，保守主义并不是反对自由主义，它反对的是激进主义。"保守主义者真正的敌人不是自由主义者，而是极端激进主义者，不管他支持哪种观念性意识形态。"[①] 这样的划分有效地避开了自由主义和保守主

---

① ［美］塞缪尔·亨廷顿.作为一种意识形态的保守主义[J].王敏译.政治思想史，2010（1）.

义的对立问题，事实上是把激进主义、保守主义，以及自由主义给予相同的身份。塞西尔也认为，二者绝不是截然对立的，保守主义也决不反对自由，"保护个人的权利这一保守主义的原则同时也是自由的灵魂"①，保守主义只是反对激进自由。二者都是西方个人主义价值在政治领域的体现，二者都是在为资本主义发展提供理论依据。自由主义产生在前，保守主义发生在后，"保守主义是对自由主义传统的保守，和与自由传统彻底割裂的激进主义、极权主义相对立"②。

也有人认为保守主义不是自由主义的对立物，而是自由主义的一个分支，把新保守主义看作对古典自由主义的回归，这显然是把保守主义归纳进自由主义的大传统当中。"保守主义的实质是自由主义，两者共同为资本主义制度服务"③。"无论从历史起源，还是从对自由、变革的态度来看，保守主义与自由主义都是密不可分的。"④"对传统与秩序的保守有可能是为了获致自由，而对自由的捍卫也往往要采取保守的形式。保守主义是守旧的，但是这种守旧却并不一般地反对自由主义的目标，相反，它常常认为它在捍卫自由主义的那些最基本的目标和原则，而反对那些过于激进和偏离基本原则太远的派别。"⑤

除此之外，还有一种看法是保守主义和自由主义在现代是趋同的，认为保守主义和自由主义经历了一个由对抗走向融合的过程，新自由主义和新保守主义也同样出现了许多重合。因为新保守主义所保守的就是凯恩斯主义等现代自由主义所抛弃的古典自由主义的自由传统，由此，新保守主义是以古典自由主义的自由传统为内核，加上保守主义的外衣

---

① 段微晓.埃德蒙·柏克政治思想研究[D].大连理工大学博士学位论文，2013：47.
② 郁永斌.传统与现代：保守主义的历史演变与特征[J].苏州铁道师范学院学报（社会科学版），2002（1）.
③ 易承志，朱晓鸣.保守主义探源：对象、实质与启示[J].东南学术，2006（4）.
④ 易承志，朱晓鸣.保守主义探源：对象、实质与启示[J].东南学术，2006（4）.
⑤ 刘军宁.保守主义[M].北京：中国社会科学出版社，1998：59.

而形成的。这也是为什么新保守主义者被划分为自由主义者的原因。由此得出"从20世纪中叶开始,新保守主义和新自由主义日益成为一个相同概念"[①]的结论。

本书认为,自由主义和保守主义是具有密切联系的,如果说古典自由主义是对自由的捍卫,那么传统保守主义也是保守的自由主义,在新自由主义和新保守主义这里,二者其实也同样是以"自由"作为自己的理论内核的。"此自由"非"彼自由"。一方是保守的理性的自由,另一方是秩序下的自由;一方是消极自由,另一方是积极自由。如果不对自由的内涵做一区分,那么二者都属于西方政治文明中的"大自由"传统。如果明确二者之间的区别,就可以发现二者之间存在着诸多差异。有序自由与理性自由、消极自由与积极自由这种较为明确的区别之后既包括哲学认识论上的不同,也包括政治哲学和政治科学的诸多分歧,所以二者的边界是彻底而清晰的。

(二)新保守主义与旧保守主义

旧保守主义其实就是所谓的古典保守主义,常被看作古典自由主义的对立面,新保守主义常被用于指代与新自由主义对立的政治流派,但新保守主义一般会被认为是对古典自由主义的回归。如此看来,新旧保守主义就陷入欲说还休、无法言说的尴尬境地。所以,常有"中和""转向""趋同"等词来描述保守主义内部婉转迂回,以及它与自由主义错综复杂的发展进路。

本书无意也不能奢望对保守主义做一定论,因为人文科学领域内根本也没有绝对知识,但为了研究之便,还必须要对保守主义予以边界上

---

① 马千里.20世纪自由主义与保守主义关系变化趋势分析[J].齐齐哈尔大学学报(哲学社会科学版),2009(7).

的澄清。本书认为，以柏克为代表的古典保守主义者，对立面是激进主义，而非自由主义，他们所保守的是英国的自由传统，以及由此衍生的分权体制和法治政治。在他们的政治价值观中，最要紧的是公民免予强制的自由与传统社会生成的自发秩序。而对于新保守主义者来说，他们恪守的是古典自由主义者消极自由的价值观，依旧主张自由和秩序，只是这种秩序更加倾向于市场形成的自发秩序。由此，古典保守主义和新保守主义才具有了相同的价值内核。他们才可以具有共享"保守主义"之名的自洽逻辑。当然，以此为界，对保守主义名下的人物进行梳理，有些需要从中拿去，有些需要从对面引入。综观保守主义的发展历程，保守主义可以做以下历时性划分。

形成于18世纪末的保守主义，有学者把它看作强调传统的价值，重视宗教和家庭的作用，反对把个人看作原子式的存在，反对迷信和理性，崇尚权威和秩序。保守主义在19世纪集中反对的是理性主义者。19世纪末20世纪初，严重的社会动荡也动摇了自由主义在西方政治世界中的主导地位，与自由主义在很多方面意见相反的保守主义才获得了自身发展的历史契机。综观这段历史，保守主义经历了三个发展时期。一是20世纪初到"二战"之前，这段历史依然是传统保守主义的时代。新自由主义者提倡消除社会贫困、增加国家权力，致力于不断改善公共福利。而保守主义依旧秉承反对国家干预、提倡自由放任、主张个人责任。米瑟斯是这一阶段的重要人物。二是"二战"结束后到20世纪60年代末，福利国家发展气势正劲，但哈耶克、弗里德曼等人大大地扩大了保守主义的影响力。三是福利国家遭受重挫之后，福利国家暴露出大国强权，福利滋生出的政府机构臃肿、办事效率低下、资源浪费严重、福利开支巨大、财政不堪重负等问题，以及高福利下损失的个人责任心和道德意识、信仰追求这些社会问题也使得人们转向保守主义寻求答案。诺齐克、萨托利、布坎南是这一阶段的代表人物。

（三）真保守主义与伪保守主义

在政治哲学的发展进程中，保守主义从来也没有清晰地面对呈现在热门面前，模糊与含混、偏颇与误见，市场伴随着对它的认识，所以承担其名的思想家也有并不是真正的保守主义者，本书中所指代的保守主义者又常在别处被冠以其标识。

首先，要把保守主义者的政治思想和保守主义政治思想区分开来。僵硬地把某个人物划归到一处，认为他的思想就是保守主义的观点，如此一来，一是会使保守主义的思想庞杂繁复而自己的特点变得模糊，二是这样的划分很难实现区分的目的。因为保守主义和自由主义无论是在理论发展上，还是在政治实践中，都是盘根错节、彼此影响的。保守主义者的思想会以自由主义者的一些认识作为基础，自由主义者也是在借鉴了保守主义的批评后提出新的主张的，所以以人物取代思想进行的划分是一件不可能完成的，或者说是一种不能够令人满意完成的任务。

其次，要充分认识到保守主义和自由主义观念上的重合之处。作为对政治行为的思考，任何两种政治思想都会有一些重合的部分。不会出现两种政治思想不具备任何共识。对于保守主义政治思想的研究，有的时候出现这种情况，一种观点以保守主义的名义提出来，也许会被质疑，这是自由主义的看法。但这不可以否认是保守主义的理论观点。19世纪与20世纪的一些重大历史发展对自由主义和保守主义都发生了重大的影响。一方面，自由主义在经历了其上升期后已成功地确立了其主导地位。随着每一次的成功，自由主义中激进、革命的一面就渐渐淡出，自由创业渐渐被自由守成取代，其自身也由变革主义演变成了保守主义。另一方面，若一味夸大自由主义与保守主义之间的分野，容易掩盖两者在根本上的相同之处。这两者的相同之处不是来自对共同敌人的仇视，而是来自对政治、社会、财产权、正义等的共同看法。

再次，要进一步对自由主义和保守主义思想进行辨别。对于二者的研究不可谓不多，不同理论视角对保守主义和自由主义也会冠以形形色色的名称，新自由主义、新的保守主义、平等自由主义、自由至上保守主义，以及对于左派、右派划分形成的分类，从而使得在陈述中会出现一些问题。因为此处所谓的保守主义也许在别处是自由主义，印证的自由主义的观点在别人处又会被用于批判他人的自由主义。如同哈耶克，也有人把他作为自由主义思想家，他自己也否认保守主义者的身份，但是更多的人还是把他当作新保守主义的杰出人物来看待。再如，奥克肖特的政治思想，被认为其关键词有两个：一个是连贯，另一个是平衡①。这两个关键词的得出，是源自奥克肖特对自由主义的批判。奥克肖特一方面对自由主义的核心价值是坚决拥护的，奥克肖特本人"以保守主义者自居，选举则投托利党的票，以之为最无可非议的选择，但他绝非流俗意义那种保守主义者或托利分子"②。然而，也有许多人不顾奥克肖特本人的意愿，将其归入自由主义阵营，认为他"显然也是个自由主义者"③。

最后，要注意区分保守主义与自由主义在哲学、政治思想和政治实践上的不同。如奥克肖特所言，哲学是研究整体经验的，科学、历史和实践不过是哲学的一种经验模式，三者倚重不同、特征不同。科学模式倚重于理性，如果不承认理性，也就没有科学研究的进行，历史研究凭借的是对于历史连贯性的分析，从而获得对于历史的解释，从而在历史研究中挖掘历史的沉淀——我们称之为传统的东西。在实践模式中，它

---

① 肖克，王彩波."自由的保守"还是"保守的自由"——奥克肖特政治思想分析［J］.河南社会科学，2010（5）.

② ［英］约翰·麦克里兰.西方政治思想史［M］.海口：海南出版社，2003：182.

③ W. H.Greenleaf, Oakeshott's Philosophical Politics, London: Longman's, 1966; Lee Auspitz, Individuality, Civility and Theory: The Philosophical Imagination of Michael Oakeshott, Political Theory, 1976, issue 4;［英］莱斯多夫.二十世纪的政治哲学家［M］.北京：商务印书馆，2001：147-289.

主要是针对人们需求、感受和价值判断，是以均衡为特征的。在奥克肖特看来，三者都是不完整的，政治哲学才是研究整体经验的。在哲学层面，保守主义与自由主义应该是具有较为明确的界限的，在实践和历史层面，保守主义与自由主义合力规定了西方现代政治文明的形态，而实践和历史又总是以过去作为基础，保守主义的实践不可以完全舍弃过去自由主义创设的客观条件，自由主义也不会彻底地摧毁保守主义社会成果而重新开始。所以，研究保守主义的政治思想，是要以保守主义的哲学为基础，辨别分析保守主义政治科学和政治实践中的思想内涵的。

对保守主义的研究，如同其他人文研究一样，是没有绝对真理可言的，我们做的研究也是有意无意地对它作出的一个小小的注脚，不应该因力有不及而止步于此。另外，对于保守主义范围的划定，很多时候取决于研究的立场。研究内容的选择往往就已经意味着一种立场，本书所研究的保守主义，也许会与其他有关保守主义的研究有不一致的地方。这是由于本研究对于保守主义的理解所决定的，我们要研究的不是单纯的一种理论研究，是产生在理论探究基础上，受实践思考的驱策，又促使我们回头对理论的一种反思。所以，与其说我们是在研究保守主义的教育福利思想，不如说是对教育福利问题的思考，恰恰是在某些政治理论那里寻找到了一些灵感，这些灵感使我们对于教育福利问题的思考更加清晰深入，这些政治理论通常被人们赋予一个术语——保守主义。

第二章　保守主义的义务教育福利观

阿兰强调指出，我们的观念是我们的眼镜。以保守主义视角对义务教育福利问题做审视，必然呈现出另一番镜像。保守主义者以消极自由作为政治思想的核心价值，主张个人免予他人干涉，强调公共生活中个人活动的自在空间和自由选择，与它相对应的是积极自由者，强调人的主动性和自主性，用个人在行为和获取资源上的能力作为衡量自由的尺度。

公共福利是国家为保障公民福利的制度安排。从本质上讲是国家权力对于社会资源的再次分配，旨在通过资源的配置对于个人的生活提供底线保障，并推动平等的实现，是积极自由在政治上的体现，这恰恰是保守主义者所谨慎警惕的。放眼当代政治哲学的浩瀚海洋，T.H.马歇尔的公民权利理论为福利国家提供了最好的理论支持，其伦理学巨著《正义论》使对弱势群体的分配倾斜获得广泛认可。阿玛蒂亚·森提出关注生活实际和现实，减少社会不公正，以可行能力作为衡量自由的标准。德沃金提出资源平等，试图以资源的平等来捍卫新自由主义者的自由理论，沃尔泽、桑德尔、麦金泰尔等社群主义者把个人自由依附于社群之下，认为只有公共利益才是人类最高的价值追求。这一切都指向国家的积极作为，指向国家权力的不断加强，强调国家作为对个人积极自由的意义。哈耶克、诺齐克、弗里德曼、奥克肖特等新保守主义者在对传统保守主义者如洪堡、斯宾塞等人的思想吸收借鉴基础上，在新的历史背景下形成了一股强大的政治冲击力，依然坚决捍卫他们一直珍惜的消极自由，反对国家的过度干预、资源配置和对于平等的追求。对他们来说，一个有利的历史条件就是，福利国家的失败从现实上为他们的理论进行了社会实践的验证。

"人类拥有一套品质和倾向，限制了我们的行动；同时为'我们应该做什么提供了建议方向'。"① 但是每个人、每一种政治安排都赋予"品质和倾向"不同的理解，也就决定了对于某一问题的不同思路。保守主义者对于人性、政治、国家、价值有着自己的理解，因此，对于义务教育福利问题，他们依据自己的政治品质和倾向，形成了自己的观念和主张。尽管保守主义者在政治问题上的理解存在分歧，但也有一个共性，那就是他们都致力于对现有政策的反思。这种反思旨在保存现有制度中的良善，但更倾向于发现其弊端，他们期待通过除恶而达到良善生活，而不是依靠对良善生活的理性设计。

在义务教育福利问题上，保守主义者需要花费更多的精力来完善自己的论证逻辑、充实自己的理论观点。与其他福利不同，义务教育福利因为教育的特殊作用、义务教育对象的特殊性，以及国家在教育中具备的特殊权力而更加复杂。消极自由与义务教育福利之间的关系，不可能轻而易举地形成定论。在教育福利与消极自由之间，有几个矛盾存在。一是作为福利安排的义务教育是建构理性的，而消极自由者是主张进化理性的；二是义务教育本身就是具有强制性的，是个人不得不接受的福利，而保守主义是尊重自由选择的，是希望个人免予外力干涉的；三是作为福利的义务教育应该以提高个人的自由为目的，而国家在此中的干预和权威会使得教育成为政治的奴役；四是义务教育福利是国家对全体适龄儿童进行的教育资源的分配，是用政治手段实现的分配正义，而保守主义者认为资源配置最好的途径是市场竞争，是资源的自发流动而不

---

① [英]艾伦·肯迪.福利视角[M].周薇等译.上海：上海人民出版社，2009：116.

是强制性配给。

　　保守主义对于义务教育福利的态度，体现为这几个矛盾关系的均衡和妥协。福利制度本身就是建构设计的产物，在这种设计中，应该最大限度地保留进化理性。在对义务教育福利的功能预设上，应该是消除障碍，而不是实现幸福；在福利实现的手段选择上，应该容忍不完美，而不是奢求伟大目标的实现；在福利的价值目标确定上，是保证基本的受教育机会，而不是对教育资源的统一分配。从福利供给途径上看，作为公共福利的义务教育，责任主体是政府，但应该通过教育福利产品的多元性、个人在获得教育福利中的选择自由，以及个人在教育福利产品设计中的主体性来保证义务教育福利供给环节中个人的自由权利。对国家在义务教育福利中的干预，保守主义的保守态度表现为有区别地对待教育需要，并不是一味地全部满足，通过政府福利责任的分权来防止垄断产生，通过制度安排来保证义务教育福利走向法治，摆脱人治的随意性和主观性。义务教育福利，并不排斥市场机制；相反，保守主义认为义务教育中的市场机制在产品供给的多样性、提供教育服务上的竞争性，以及配置资源的效率方面，远胜于政府的单一垄断，是义务教育福利供给的最有效途径。

一、义务教育福利的进化理性

　　任何一种制度的确立，本身就是理性建构的成果。保守主义者反对建构理性，但不否定建构理性的价值，他们只是反对把一切政治制度、社会安排都交付建构理性，而忽视进化理性的巨大作用。义务教育福利制度的建立本身是国家意志的体现，是通过国家权力对于义务教育福利作出的理性设计。弗里德曼通过对英美义务教育的发展历史和现状研究得出结论，即人们对义务教育存在一些误解。误解之一就是只有通过国家实施义务教育,才使得教育获得普及;误解之二就是通过义务教育的举办,可以使得那些种族性或者区域性的弱势儿童获得更好的教育;误解之三就是把上学等同于受教育。事实上,英美国家在实施义务教育的时候,国家已经基本上普及了基础教育。纵然没有政府的干预,发展到今天,基础教育的水平也不会逊色于现实的水平。实施义务教育的呼声并不是社会的真实需要,而是来自"教师、政府官员以及好心办了坏事的知识分子"[①]。其观点可归结为一句话,那就是义务教育制度不是进化秩序的产物,而是政治构建理性的结果。换句话说,义务教育的实施是政府的需要,而对于基础教育普及这个事情本身而言,并不需要政府的责任和参与。当然,在今天获得蓬勃发展且取得了显而易见的社会价值和教育价值,已经很少有人去质疑义务教育制度存在的合理性了,但这并不意味着在教育的价值规定、手段选择和目标设计上,人们可以忽视重视进化理性的意义。

(一)功能规设

用平白的话语解释福利,就是他人对个人需求的满足,或者说福利就是使个人获得幸福的工具和手段,义务教育福利的价值就在于它被认为是人们实现自身幸福的基础条件。保守主义者对福利的态度并不积极,他们不是否认此种行为的意义,只是担心福利的施行将会对个人自由造成威胁。以赛亚·柏林说过,积极自由本身没有任何错误,而且很多时候消极自由的实现还依赖于积极自由的保障,这也是教育福利的初衷。积极自由的危险在于它会超出人们的预期向前无限延伸,从对消极自由的辅助者变成了绑架者。

---

① [美]米尔顿·弗里德曼,罗丝·弗里德曼.自由选择[M].张琦译.北京:机械工业出版社,2013:154.

保守主义者都信仰个人主义。个人是一切行为出发点，也是最终目的所在。个人具有多样性，个人的多样性体现在需求的多样性上，同时也体现在感官的多样性上。个人需求的多样性，决定了很多时候人们很难找到能够满足所有人的不同需求的一种益物。另外，幸福是一种主观的感觉，感觉的差异性使同一个益物带给不同个体的幸福感也不同。这样看，福利就成了给予者一厢情愿的东西，由此，保守主义者从根本上就质疑公共福利存在的意义。

不破不立，在否定公共福利合法性的同时，保守主义也有其捍卫的价值，那就是自由。与幸福这样一个看似虚无的东西相比，他们更加相信自由的价值，因为在他们看来，这种不被他人干预的消极自由，才是一个人存在的根本，也是一切追求的必要保证。如果对幸福的追求要求以个人的自由为代价，保守主义者都会说不。保守者与理性至上者的区别就在于他们更看重实实在在的、切实可行的东西，而不是水中月、镜中花的"幸福"。

没有人不想得到幸福，也没有人不期待自己的国家是一个人民幸福的国度。保守主义者认为一个国家的幸福不在于国家对于幸福做的安排，而在于它为每个人创造各得其乐的条件，在实现幸福的途径上，他们认为要通过公民个体"各自为政""自行其是"，达到最终的"各得其乐"。这是一种自发的秩序规则，而不是通过国家设计安排的结果，也就是进化理性，而不是建构理性起作用。因为，一个幸福的国家，必然是个人普遍可以感觉到幸福，而不是国家感到幸福和满足。义务教育福利的价值不在于使人们获得某种"幸福"，而是在于其为个人创造实现幸福的机会。那么，这样的机会本质上是什么？那就是保守主义者最为珍惜的消极自由。

幸福与自由，二者分别体现了建构理性和进化理性的特征。幸福是人类社会一直追求的价值目标，但是永远也不会完全获得实现。试图用单一的范式对它作出定义、用统一的手段获得实现，这是一种对于人类理性的高估，对幸福的安排就是在建构一个梦想。这个梦想不是建立在现实之上,是人们的一厢情愿,并且认为绝对可以实现梦想的这种笃定,使得人们情愿付出巨大代价。一旦理想落空,人们就发现,作为代价牺牲掉的东西却是他们最宝贵的东西,这就是人类的自由。如果把消极自由这种最低限的权利诉求真正地落实在每个人头上,也许在当时情况改善得没那么迅速,有进步却不足以达到完美,而人类的生活永远是不可以用完美作为追求的,政治上更是如此。在这样的不完美中,幸福不是来自外界的,而是自己靠谋求获得的。个人按照其自身需求和满足需求的利己之心,充分使用一己之力,在实现自己目标的同时,也就是在推动整个社会的福利。

欧克肖特对于政府职能的一个观点就是,惩罚优先于预防。惩罚是对已经造成损害的行为进行惩罚,因为它侵害到他人的权利,为他人的"幸福"带来负面影响,政府的职能就体现在消除祸害,也就是提供消极福利,而不是进行"预防"。如果是从关心国民的角度出发,那一定是惩罚优先于预防。因为,"要预防某项行为就不可能不对更大范围内的行为进行控制,不可能不运用强大的权力"①。义务教育福利同时具有惩罚和预防两种职能。不过,因为福利要应对的并不是对个人造成伤害的他人,而是阻止个人发展的客观条件,因此"惩罚"应该用"修正"或者"补救"来代替。也就是说,义务教育福利一方面是克服那些已经出现的、阻碍儿童接受教育的负面因素,如贫穷、疾病、孱弱、住所偏远等;另一方面要预防儿童丧失受教育机会的因素发生,如没有学校、教师,以及缺少必要的教学设施、没有足够的财政支持等。政府在义务教育福利中的职能应该以补救为主,而不是以预防为主。预防意味着设计,意味着建构,容易用建构而成的"幸福"目标绑架教育、扭曲教育自身的价值。

---

① [英]迈克尔·欧克肖特.信念政治与怀疑论政治[M].张铭等译.上海:上海译文出版社,2009:55.

（二）手段选择

某一行动追求的结果被称为此行动的目的、目标或者意图，而用以实现任何目的的目标或者意图，通常都是指一种不适应的消解。手段则是指用以实现任何目的、目标或者意图的东西①。通常我们认为，福利就是达到幸福的一种手段。福利的这种性质也成为对其存在异议的一个原因。哈耶克说，对于福利问题的焦点所在，"与其说是政府行动的目标，不如说是政府行动的手段"②。目标善不意味着工具善，追求良序社会的目标也许会因为手段不当而造成秩序混乱的结果。手段有自发形成的，也有人为制造的，福利是国家用于祛除贫困、疾病、无知、不公的工具，对于这种手段的设计和运用，绝对不应该是纯粹由人为建构而来，要审慎渐进地改进手段，而不是因为追求理想而不惜一切代价。开放社会不会迷信剧烈社会改革的成效。它们不赞同通过全盘设计或者改革实现一个乌托邦式的完美社会。因为他们认为，"只有少数的社会构建是人们有意识地设计出来的，而绝大多数的社会构建只是'生长'出来的，是人类活动的未经设计的结果"。③因此，应该通过渐进的社会工程或者是零星工程实现对于社会的改进，而不是通过激进的、一揽子式的社会变革实现所谓的理性目标。渐进的社会工程是社会进步的手段，"最小痛苦原则"是其社会改革的原则，不是功利主义者的"最大多数人的自大幸福原则"。

在很多领域，人们很难说政府的福利安排没有道理，政府的很多

---

① ［奥地利］路德维希·冯·米塞斯.人的行动（上册）[M].上海：上海世纪出版集团，2006：103.

② ［英］弗里德里希·冯·哈耶克.自由秩序原理（下册）[M].邓正来译.北京：生活·读书·新知三联书店，1997：13.

③ ［英］波普.历史决定论的贫困[M].杜汝楫，邱仁宗译.北京：华夏出版社，1987：51.

作为似乎都是温和且不会造成什么损害的，从而使得国家的作为获得认可。但一旦对于这样的行为警惕放松之后，就会发现政府可以发挥作用的领域被迅速扩大了。"目的说明手段的正当性这个原则，在个人主义道德里面被认为是对一切道德的否定，但是在集体主义的道德里面却必然成为至高无上的准则。"①政府的行为很多时候指向的都是人们希望实现的目的。国家利用公共福利政策或者制度达到的效果，要比个人单独行动带来的后果好得多。尤其使反对者难堪的是，他们很难找到一般性的规则来说明政府这样的行为导致了对个人自由的侵害。那么，为什么保守主义者还对于国家举办福利事业和福利国家坚决反对，声称它会危及个人自由呢？反对国家大肆进行福利安排，主要是反对国家在实施福利过程中运用的手段。那么，国家会使用什么样的手段呢？

"福利国家的一些目标只能通过采用那些有损于自由的方法才可以实现，但是值得强调的是，福利国家所有的目标都可以通过采用这样的方法来追求。"②其危险在于一旦某个目标成为国家要致力实现的，国家就会把可以动用的一切资源集中起来，以期最迅速、最高效、最完美、最有把握地解决问题。这种手段就是用建构的人造秩序代替演进的自发秩序对社会生活作出的安排。这样的安排使问题在短时间之内获得解决，却牺牲了在自由状态下，个人通过不断试错获得更好或者同样好的解决办法。因此，很多可以更好或者不至于损害到个人自由的方案就没有被发现的机会。急功近利的手段在短时间内是奏效的，但很多问题的解决不是一蹴而就的，往往还需要后续的不断投入，那么这样的投入对政府来说无疑是一个巨大的挑战。在此种情况下，政

---

① ［英］弗里德里希·冯·哈耶克.通往奴役之路［M］.北京：中国社会科学出版社，1997：141.

② ［英］弗里德里希·冯·哈耶克.自由秩序原理（下册），邓正来译.北京：生活·读书·新知三联书店，1997：12.

府面对的选择只有两个：一是把原来的解决方案搁浅，等以后条件成熟了再继续；二是继续扩大自己的权力，从公民那里获得更多的权力转让——政治上的和经济上的，从而使政府可以继续在此问题的解决中发挥作用。

当初等教育成为义务教育，社会教育福利也就成了公共教育福利，即国家教育福利。福利国家的理论支持者 T.H. 马歇尔认为，国家实施初等教育是公民社会权确立的第一步，享受基础教育是儿童作为潜在的公民的权利，也是成年公民对于儿童成长为合格的公民所承担的义务，最重要的是，"一个社会为了维持社会性健康，需要对其成员进行教化"①，是"国家的意识形态装置"，教育是"国家为了创造新的想象的国民这一认同而灌输语言（国语）和历史（国史）的场所"②。福柯说过，提供教育的学校与医院、工厂、社会福利设施等多种"全景监视型设施"共同运作，才使国家对生活的世界的管理成为现实。这种情况下，人们的生活不仅受到监视，同时还在国家引导教化的作用下被重新范畴化。

对于教育的这种认识没有什么错误，但是这样以国家利益为出发点的教育观很容易形成对教育福利的极大投入热情。蒂特马斯信仰福利，因为它可以通过对于资源的再次分配、减少不平等，通过实现再分配可以推动社会整合，也会使得人际间的伙伴关系获得加强，它聚焦于"整合系统：促进个人身份、参与和社会感的过程、交易和制度"③。

为了实现福利的整合作用，福利必须具备两种属性：一是普及

---

① ［日］武川正吾.福利国家的社会学［M］.李莲花等译.北京：商务印书馆，2011：258.

② ［日］武川正吾.福利国家的社会学［M］.李莲花等译.北京：商务印书馆，2011：258-259.

③ Titmuss, R.M., *The Gift Relationship* [M]. London; George Allen @Unwin, 1997：224.

性；二是非判断性。对于普及性的要求否定了福利获得者的资格审查，在蒂特马斯看来，福利是支付给承担了社会改革成本的人的一种补偿，这些成本的付出是技术和工业变迁带来的。对于福利的这样的认识也必然需要社会有充足的财富作为支撑，保守主义者诺齐克指责福利是只关心对于蛋糕的分配，而不去思考蛋糕从何处来的问题。这样的问题在蒂特马斯那里不构成忧虑，他指出，在一个经济繁荣的时代，消费品的生产将成为西方社会的辅助性问题，而首要问题是分配，并且这种分配是以按需分配代替市场经济中的生产力和表现性的原则①。对于这样的福利而言，平等是重要的价值追求之一，因为"最强有力的平等是发展共同目标所必需的，缺乏了它的社会共同体就从根本上不再是共同体了"②。

显然，福利国家社会实践的失败已经说明了保守主义的担心绝不是多余的，国家在福利投入上并不吝啬，狂热地加大投入，使有限的经济供给捉襟见肘。义务教育福利，一方面基于国家利益角度对教育作用的重视；另一方面基于福利国家大行其道带来的影响，已经获得了相当大的政治重视和财政支持。很多时候，需要慎重思考的是如何理性选择福利实施的手段，而非不断增加"国家供给"这艘巨轮的负荷成本。

（三）价值取向

保守主义者"强烈地强调个人，大多数权利均为每一个人所固有的自由权（即不受国家或社会干预的负面权利或自由）"③。但福利并不是因

---

① Titmuss, R.M., *The Philosophy of Welfare* [M]. London: George Allen@Unwin, 1997: 124.
② Reisman, D.. *State and Welfare* [M]. London: Macmillan, 1982: 80.
③ ［美］托马斯·雅诺斯基.公民与文明社会［M］.柯雄译.沈阳：辽宁教育出版社，2000：24.

为个人寻求自由的主张而实现的,"在历史上,社会福利首先不是作为社会道德的要求被提出来的,而是作为政治的工具,被统治者或者政治家用于获取或者维系政治权力"①,所以"社会福利本身就是政治过程的副产品"②。即便教育是个人的需求所在,这种需要也必须是经历政治体系的过滤,才可以呈现出其现实镜像。奥菲在论福利国家的矛盾时说:"'要求'转化为政策的过程总是以政治体系为媒介,并通过它折射出来。政治体系决定了'需要'能否会被当作值得处理的议题。"③基础教育转变为义务教育而具备了福利属性,是一个国家公民的需要,但更大程度上是国家的需要,那国家对于义务教育福利的初衷,或者说价值追求是什么呢?

福利哲学的首要目标是再分配性质的,"教育、保健、事业保险等物品的个体供给本身既是实现平等也是减轻剥削的一种机制"④,是政府作为行动者如何使社会失灵得到有效的矫正,是通过集体行动对社会问题和公众福利进行干预⑤。如此看来,义务教育福利的价值就在于通过教育资源的再分配实现平等。保守主义者通常被认为是反对平等的,这也是对保守主义的误会。首先,他们反对的是为追求平等而牺牲自由;其次,他们尊重个人的差异,不是主张个体的不平等。保守主义者反对通过福利实现分配正义的观念,因为所谓的分配正义,就是追求结果上、实质上的平等。

---

① 钱宁.社会正义、公民权利和集体主义[M].北京:社会科学文献出版社,2007:58.

② [美]戴维·麦卡洛夫.社会福利:结构与实践[M].官有垣译.台湾双叶书廊有限公司,2000:140.

③ [德]克劳斯·奥菲.福利国家的矛盾[M].郭中华等译.长春:吉林人民出版社,2006:109.

④ [英]诺曼·巴里.福利[M].储建国译.长春:吉林人民出版社,2005:118.

⑤ Hill, Michael. Social Security Policy in Britain [M]. Brookfield VT: Elgar, 1996.

保守主义者以个人主义为哲学基础，他们把福利看作有关个人动机与需要的东西，因而反对为了平等和社会公正的目的而进行的福利安排。他们认为，如果把平等和公正作为政治追求，必然是使一部分人的利益被另一部分占有，结果导致他们在实际地位上的不平等[1]。这也决定了保守主义者对福利国家的反对态度，福利国家不同于国家福利，这并不仅仅在于一者的中心词是国家，另一者的中心词是福利，而是在于二者对于福利内在规定性不同。福利国家通常被认为是国家在福利供给领域权力过大干预过多的国家，国家福利就是国家提供的福利。因为国家的责任主体是通过政府来加以具体化的，政府是国家的行政机关，是代理国家行使管理经济、社会事务的机构。因此，"国家福利"也可以用"政府福利"的概念表述，即政府提供和实施的福利[2]。保守主义者反对的是国家过多干预的国家福利。

国家对于福利的过多干预，意味着夸大了国家在资源分配中的作用，也就是希望通过政治途径保证所谓的分配正义，或者说是对于分配不正义的矫正。福利必然涉及分配，福利的正当就是分配的正义。而分配正义恰恰是保守主义者所反对的。这不仅是因为他们看到了福利国家的失败，事实上，早在福利国家之前，保守主义者就反对国家在公共福利中的积极作为，反对的最主要理由就是国家的福利安排意味着对于私人财产的侵犯。因为福利的财政来源只能是国家税收，国家的过度福利必然使得国家加大征税力度，从而使得个人财产受到国家强力的破坏，在保守主义者看来，财产权是个人自由的最根本保障，当个人的财产得不到保护时，个人的自由也必然受到威胁或者名存实亡。

---

[1] 钱宁.社会正义、公民权利和集体主义[M].北京：社会科学文献出版社，2007：35.

[2] 周沛.福利国家和国家福利——兼论社会福利体系中的政府责任主体[J].社会科学战线，2008（2）.

"没有人看重以安排本身为目的的安排，安排所拥有的任何价值必须是他们在促进更一般的和有道德感召力的人类目标方面发挥作用的功能。"① 国家旨在通过再次分配实现社会正义，保守主义认为这种福利根本不可能实现这样的目标。因此，无论这样的制度安排是出于何等目的，其安排多么巧妙，如果公共福利并不能减少不正义，那么这样的福利安排就是没有意义的。

尽管对公共福利有如上抵触，但并非意味着国家的福利事业一无是处。保守主义者认为福利在一定程度上还是具备正当性的，一些纯粹的服务性活动，如健康、卫生和知识传播，政府不仅应该举办，也应该随着社会发展带来的财富增加，而不断获得提升。对于这些公共服务的提供，国家不会侵害到个人的自由。国家对不可以凭借自身力量来克服生存困境的人们提供必要帮助无可厚非，而且随着人们生活水平的提高，对于他们的帮助也相应增加，这也同样具有合理性。这些行为几乎没有造成某种威胁的可能，它们是对社会生活和个人生活的一种有益作为。国家举办福利在另一些领域也具有合理性，教育就是其中之一。与社会保障一样，教育领域也同样允许政府的作为，政府可以发挥某种作用甚至进行领导。

那么，这样的义务教育福利的意义何在？那就是提供人人共需的基本益品。尽管有些益品无法让所有人都获得幸福，其中也有一些是人人都需要的，比如安全、健康、自由。这些是个人获得幸福的保障，而无法通过个人能力获得。比如，个人可以不靠近危险获得安全，但是个人无法防止别人不伤害他，防止外力对自己的伤害，这是他需要获得帮助的地方，也是国家的力量应该获得体现的地方。

---

① ［英］诺曼·巴里.福利［M］.储建国译.长春：吉林人民出版社，2005：2.

二、义务教育福利的自由选择

自由与福利二者的关系依赖多种因素决定，对积极自由的迷信会使福利成为权力的工具，危及个人的自由，而对消极自由的固执又会使福利丧失其本来的善意。自由应是"自主＋福利"，或者表述为可以自主选择的福利。如果说一个人有或者没有挨饿的自由，或者割掉自己耳朵的自由，就是有悖于人性和理性的。所以，当说到个人有某种自由时，其隐含的前提之一就是这种自由对应着一种可能的、理性选择的目标。

如果说在保守主义思想发展初期，诸位保守主义者强烈反对的是社会济贫，那么到了现代，随着福利国家社会实践的失利，人们已经不再迷信国家在福利中的绝对责任，但作为益品的福利却一直具有强大的诱惑力，对亲身感受到它好处的公民来说，常常希望它不断增加，使得自己在越来越多的方面得到福利照顾。而对于国家经济财政上的困境，或者对于政治家关心的"不自由"，普通的民众不会关心太多。因此，福利的提高总会得到大多数选民的支持，而福利减少的政策主张总难获得理解和鼓励。这就使得福利内容一旦丰富起来，福利在生活中的空间一旦膨胀起来，再叫它回到过去，就很难了。因此尽管保守主义者反对国家在福利上的过多干预，但是世界已然发展到如此地步，它的反对也只能从现有基础出发。所以，当代保守主义者的政治思想中带有不同程度的社会国家的意味，福利安排都具备国家福利的品质，只不过是程度上差异的问题。

义务教育福利也是如此。最初，保守主义者把国家干预教育看作政治权力对于个人思想的辖制，认为其是对个人发展的约束。时至今日，义务教育作为一种福利制度已经建立起来了，针对其中的特殊儿童和弱势儿童，更是额外提供了物质和服务支持，也或多或少地对义务教育阶段的适龄儿童提供了诸如膳食营养、健康医疗、交通安全等多方面的福利支持。在此情况下，保守主义者所力争的已经不再是这些福利的供给与否的问题了,而是着眼于福利的具体内容,涉及提供途径、责任主体、价值追求等多个方面。

(一)多元供给

哈耶克在《自由秩序原理》一书中论述了教育问题,在涉及的相关章节结尾,他说,"我以为,冯·洪堡的精辟论断——百年前约翰·穆勒将其登录于《论自由》的篇首,最适合用作本书的结语,'本书所阐明的每一论点,都明确且直接趋向于这样一个首要的大原则,即人得到最为多样化的发展具有着绝对且本质的重要性'。"① 由此可见,多元性价值在珍惜自由的思想中多么受到推崇。保守主义者的多元论是针对长期统治西方思想传统的一元论提出的。一元论主张所有真正的问题都必然只有一个正确答案,此种答案的获得必然有一个可靠的途径,对于诸多问题的正确答案共同构成一个和谐整体。多元论者认为,在任何行为准则的范围内,人们无法找到一个合理的标准对人类一切行为进行判断,因为这些价值之间是不可通约的。即便是在同一价值内部,其构成要素也是复杂且多元的,要素之间也往往是不可以通约、比较的,某些时候甚至还是相互冲突的。不同价值间或者是同一价值内部的不可通约性,就意味着个人必须面对选择。这种选择常常是没有什么理性依据的,基本上只是一种意识活动。柏林把人所具有的选择能力,以及必须面对的各种选择看作人类存在的构成要素,是人与动物相区别的基本特征。

多元性是保守主义者珍视的政治价值之一。单一滋生垄断,垄断导向独裁,独裁招致奴役。公共福利本身是一种制度安排,作为制度本身来说,它是具有同一的规定性的,没有规定性就不能称为制度,但是这不否定制度品质中的多元性价值。在义务教育福利制度中,保守主义者

---

① [英]弗里德里希·冯·哈耶克.自由秩序原理(下册),邓正来译.北京:生活·读书·新知三联书店,1997:183.

极力主张这样的多元价值，提出福利应该是多元性的，这种多元性体现在诸多方面，主要包括教育福利供给者的多元化、教育产品的多元化，以及教育价值的多元化。

从教育福利供给者来看，公共福利是以国家为主体的福利安排，但是主体不意味着它具有完全负责的权力和义务。国家在义务教育福利中的责任最主要的是补救和矫正。所谓补救，针对的是无法从父母那里获得足够的支持来接受教育的儿童。在这种情况下，国家是应该积极作为的。所谓矫正，针对的是因为制度原因而丧失受教育机会的儿童，这也是体现政府责任的地方。除此之外，父母为儿童提供教育福利，在权利和责任上都是优先于政府的。保守主义者主张多元社会力量在福利供给中的作用。对于义务教育而言，他们认为家长是儿童福利的主要来源之一，没有人可以否认家长在养育、教育儿童中的权利和义务，也没有人可以剥夺家长这样的权力。

保守主义极其看重家庭在构建社会秩序中的作用。除了父母，在义务教育福利的供给者方面，民间社会是另一个主要的福利来源。义务教育福利不等同于义务教育，它还包括对于适龄儿童提供健康、医疗、膳食、交通等方面的内容，也包括为学生提供教育场所、教育设施、教育资金等内容。如果说社会不可以取代政府进行公民教育，那么，社会慈善力量对于教育福利的供给是不可被忽视的。

从教育产品上看，义务教育福利与其他福利一样，面对的是个体差异性很大的儿童。每个人的天性不同，成长环境也决定了他们希望在学校教育中获得满足的需要不同，个人或者家庭的意趣也决定了他们对教育或者自己的未来有不同的预期。福利在很多情况下被定义为国家权力对于公民需求的满足，或者说是国家为满足国民的公共需要而做的制度安排。也有人对福利如此定义，即福利就是使人获得幸福感的社会政策及其实践，而幸福就是个人的需求获得满足。这样看来，福利与需要或者需求是紧密联系在一起的，如果国家为某人提供了某种益品，但是此人对它没有需求，没有得到的欲望，也就谈不上因为得到此物而获得的满足，那么这样的福利仅仅可以从国家作为提供者的角度上，被称为公共福利。在这种情况下，此人就被排除在了公共福利之外。正如默里所言，政府的目标是为人们，包括所有人、各种性格特点及其不同才能的人，提供一种机制让他们可以获得幸福。但已有科学研究都表明，与人们需要食物和住房一样，人们也同样需要一种东西，那就是自我决定、自由计算、发挥自身能力的机会①。尽管"自我"的主体价值是一样的，但是每个人的"自我"都不同于他人。所以，教育福利产品必然是多样化的。

从教育价值来看，义务教育福利旨在帮助儿童实现其受教育权利，接受充分的基础教育。这种教育是泛指的教育，而不是一种狭隘意义上的教育，它不是国家统一规定下的教育。国家对教育的干预中，最不可以容忍的就是国家对于教育价值的强制干预。教育的价值可以体现在以下三个方面：一是获得学习能力；二是形成公共道德；三是构建个人价值观。

从学习能力上看，这本来是无可厚非的价值定位，但是学校教育通常是以知识为媒介来培养儿童的学习和认知能力，而在对知识选择上，没有人可以掌握绝对真理，掌握绝对知识，因此，教育中的知识在应然层面上是开放性的，因为国家也没有权力和能力对知识进行对错判断。

更为重要的一点是，在对儿童进行道德教化上，道德来自社会权威，社会是道德的来源、实践并获得检验的地方。国家是政治权威，但绝对不是道德权威，因此政治权力不可以左右学校教育中的道德培养。保守主义者最为警惕的是政府通过教育福利供给于儿童的价值观进行绑架，个人是自由的个体，他的思想仅属于他自己，只有他自己才可以作出选择、判断是非善恶。政治权力不代表绝对真知和良善，因此没有权

---

① Murray. *In Pursuit of Happiness and Good Government* [M]. New York: Touchstone Books, 1988: 51, 131.

力对教育中的价值问题作出强制安排。

国家对教育的干预就是确定教育的内容、手段、目标等,形成共同标准。这也是一种建构理性的作为,意在建构一种理想的教育,以期落实在每个儿童身上。公共教育来自国家,但是教育的萌生和发展都源于民生,它的根基并不是某种权力设计的结果,而在于人们对它的需要。教育的发展就是群体越来越多的教育需求获得满足。倘若不能够保证义务教育这种福利的多元性,教育必然会沦为一种庸俗教育,也就是用单一模式去塑造儿童。如同斯宾塞所言,以儿童做原料,以学校做工场,以教师作为操作者,通过教育过程,把儿童培养成为具有相同品质的教育产品。因此,保守主义者反对国家干预,其中就包括反对国家过度作用而导致的单一化教育福利。

(二)自由选择

鲍德温说过,公共事务中政治干预的目的如同对病人进行治疗,目的不是为病人决定他的生活,而是使他有可能独立做决定。这种态度也是保守主义对于政治干预的立场,他们反对建构秩序和宏伟的社会计划。义务教育福利本身就是建构理性的产物,也是一种宏观的社会计划。所以,保守主义并不信任国家计划和安排在义务教育福利中的有效性和正当性。

自发秩序与建构秩序并不是绝对对立的,建构秩序也有其可以发挥作用的所在,"在关系到较小的数目时,后者表现出更加优越的成就:所有的人造机器、人造机械技术,在其数量足够小的时候,都能够表现出这种优越性来"[①]。奥克肖特(也作欧克肖特)也是如此认为,他说计

---

① [英]迈克尔·博兰尼.自由的逻辑[M].冯银江等译.长春:吉林人民出版社,2002:169–170.

划本身没有错误，我们做事有计划总比没有计划好。但是，他反对的是对整个社会生活的计划，因为社会不是一台由无活力的部件组成的机器，社会是一个活的东西，其公共生活及实现取决于其成员自选目的非强制的一致。计划是不可能以全体为基础的，而只能以某种有限的理解为基础，而社会却是经验的全体①。教育福利并不是个"较小数目"，也不是"一台机器"，所以国家的建构性计划是存在很大缺陷的，由此需要在统一的安排中融入自由选择的因素。

雅赛在对自由主义进行重建时，曾经归纳了六个基本原则。其中包括个人原则、政治原则、无支配原则。这三个原则都是与选择密切相关的。雅赛之所以看重个人选择，是因为他认为，从最深刻的意义上看，选择问题是政治的基本问题，它就是讨论谁为谁选择什么的问题。个人主义原则是一切捍卫自由理论的出发点，个人主义原则的具体内涵包括四个方面的内容：一是个人是具有选择能力的，他们也就具有为自己的选择承担后果的责任，个人应该决定作何选择，而不是由社会、国家通过制度安排为他们作出选择；二是如果个人的选择是在外力强制的情况下作出的，那么个人就不应该对此选择承担责任，"没有强制才有责任，因为没有强制，个人的行为才可以保持完好无损"②；三是一切对于社会问题的研究必须是以个人为价值主体的，也就是针对个人的选择作出判断，而不是研究其他价值主体的选择；四是个人的选择免于强制干预，不受干预的选择未必就是合理的，个人作出的选择未必是他想到的最好的选择，但是作出何种选择是其个人的权利，不需要其他更加"高明"的主体进行干预。对选择的意义来说，它意味着个人能够选择，并且也只有个人才可以作出选择，从而明确选择的主体是个人而非集体。

---

① ［英］迈克尔·欧克肖特.信念政治与怀疑论政治［M］.张铭等译.上海：上海译文出版社，2009：39-40.

② ［匈］雅赛.重申自由主义［M］.陈茅译.北京：中国社会科学出版社，1997：77.

"以一劳永逸的共同利益或者某种实质上的共同追求作为制度建构的基础,实质上是对人的理性的僭越和对他人自由的侵犯。"[1] 公共福利的安排注定是不可以满足所有人的需要的,如同法律、公共规则一样,他们只可以对一类行为作出判断和约束,而绝不可以针对任何具体行为。义务教育中个人的自主和国家的权力是此消彼长的关系,保守主义者认为,国家在个人生活中迈进一步,个人的自由空间就少了一些,因此在享受教育福利中,保守主义者主张个人具有选择自由的权利。

自由选择的原因之一,在于国家不能满足个人的全部需要。国家作为公共福利的提供者,尽管代表公共利益,但是公共并非人人。不是每个人的利益都可以被公共利益代表。在提供公共福利的时候,无论这样的福利多么多样性、多么细致丰富,总会有一些人的需求不能获得满足,因为幸福本身是一个主观性的感受,没有人可以代替他人感受。这就需要国家在义务教育中负责提供规则性的东西或者制度性的东西,为义务教育的实施提供一个发展的环境,但这个环境只保障教育行为得以正常进行,而不规定教育如何进行。学校向学生提供哪些内容,采用什么样的途径进行教育、教育中承载着一种什么样的学校风格,或者体现着什么样的社区关怀,只要不违反社会的基本道德共识和价值取向,就都是被允许的。如果国家的干预渗透到义务教育的各个角落,那么教育必然被固化,就算政府试图多提供一些教育选项,他们也无法满足受教育儿童的多元需求,因为当国家成为绝对管理者时,它需要考虑的是选民的态度,而不是消费者的需求。选民未必是教育的亲自经历者,他们的感受不代表受教育者的感受,因此满足了选民对于教育的期待,未必可以满足受教育者的需要。何况政府作用的途径是计划和干预,而非通过市场的自发调节,它也不会像市场那样能够作出及时而适切的改变来满足多元需求。

---

[1] 资琳.制度何以为凭?[J].西北政法学院学报,2006(4).

自由选择的原因之二，在于强制是保守主义者的天敌。保守主义者通常被认为是反对福利国家的。福利国家通常被认为"是指一个国家采取有意识和系统的政策，来保证所有公民享有至少是最低生活标准，并促进机会平等的制度和政策"①。福利国家通常体现的是集体主义和平均主义的社会思潮，被定性为是普遍性和全面性的两种思潮②，在应然层面，具备这样四个主要特征：一是国家或政府介入市场经济；二是福利被给予是源于公民权利，而非出自慈善；三是保障国民最基本的需求满足；四是福利是国家提供的，具有强制性、集体性与非差别性，旨在直接满足公民需求③。所以，这样的强制是对自由最大的威胁，是必须警惕的。另外，福利是针对短期需要、物质需要的满足，而对更高层次的需要，必须要通过个人的自由选择才可以获得实现。艾伦·肯迪指出，为了满足自身的潜在需要，人们应有自由的决定权，而且他们也要考虑这样决定的各种可能结果。无论哪种形式，国家福利总会限制自由④。保守主义者主张的政治是消极政治，政府的福利责任在于除恶而非致善，在除恶层面，人们对于祸害的认识是基本一致的，但对于"善"的个人标准不同。因此，国家在教育福利中要做的就是消除祸害而不是实现福祉，个人的自由选择获得保护，才不至于使个人成为"被强迫幸福的奴隶"，才得以捍卫自己的自由，也才可能追求更多。

自由选择的理由之三，在于缺乏了选择的自由，个人也就容易迷失自己的身份。福利国家在对公民权利的保护和实现过程中，产生了一个副产品，那就是在同化主义的作用下，公民的个体身份的差异性被泯灭了。为什么有此种结果呢？保守主义者认为，福利国家的福利政策和举

---

① 钱宁.社会正义、公民权利和集体主义[M].北京：社会科学文献出版社，2007：60.
② [英]艾伦·肯迪.福利视角[M].周薇等译.上海：上海人民出版社，2011：4.
③ 林万亿.福利国家历史比较的分析[M].台北：巨流图书公司，1994：13.
④ [英]艾伦·肯迪.福利视角[M].周薇等译.上海：上海人民出版社，2011：124.

措是以公民理论为支撑的，公民理论主张要在全体国民范围内实现公民间的对内平等化，这种平等化追求体现在制度安排上，就是要用单一均质的资格赋予每个公民权利。在这种普遍主义的作用之下，公民获得了平等的对待，不同个体被强迫地按入一个同质的铸模，在受到平等对待的时候，迷失了自己，淡漠了自己与他人的不同，这也造就成个人付了的巨大代价。所以，有人提出，以公民权利为支撑的福利国家导致了一个内在矛盾的产生：公民权利要借助国家主义才可以获得实现，但是国家主义却又从根本上损害了公民权利。这也就是哈贝马斯所说的，福利国家的目的——生之充盈，与手段——生之压抑——之间的矛盾①。

"自由的一个重要方面，是让不同的个人、不同的群体根据各自的知识和技能自由地追求不同的目标。要想做到这一点，我们不仅要分别支配各种生产资料，而且还需要……认识经过批准的转移这种支配权的方法"②。教育福利中的选择自由恰恰主张个人的价值，彰显个人与他人之间的差异，使个人不至于在享受教育福利的过程中，以及在接受学校教育过程中迷失了自我，同时也丧失了对外界的判断力，这也就是从根本上否认了个人价值。

（三）教育自主

如果说个人选择要求个人在已有的可能性中有足够的选择权力，那么个人自主就是要求个人有为自己作出决定的权力，或者说选择是在别人设立的选项中选择。而自主是自己为自己设立选项，并承担相应的责任。在义务教育体制已经确立起来的当代，保守主义者不会再主张国家

---

① [日] 武川正吾. 福利国家的社会学 [M]. 李莲花等译. 北京：商务印书馆，2011：269.
② [英] 弗里德利希·冯·哈耶克. 不幸的观念 [M]. 刘戟锋，张来举译. 北京：东方出版社，1991：12.

从公共教育领域中退出去,但他们希望国家在义务教育中的影响范围可以缩小。对于提供普惠性教育福利,他们认为政府的责任应该减少,更应该突出个人在教育福利中的自主性和责任感。

布坎南曾经提出对于制度判断的标准,只要人们在行使自由权利追求某个特定目标时,因为财富、教育机会等条件的不平等造成了权利效果上的悬殊差别,那么制度安排就应该尽其所能地减少这种权利效果上的差别[1]。义务教育福利制度的建立就是出于这样的考虑,在此之前的教育福利,多属于补救福利或者是来自社会途径的教育福利,基础教育阶段的支持主要是给予那些来自贫困家庭或者身体处于特殊不利状况中的儿童。义务教育的实施就把教育福利的受益群体扩大化,这是教育福利从补救型向普及型的发展。后者就是福利国家所热衷的行动,保守主义者是谨慎和警惕的,或者说是反对的。因为如果说补救型福利是国家为少数人作出的生活安排和选择,且通常认为这样的安排没有损害到当事人的权利,也没有侵犯到他人的财产。尽管这样的财产也是来自纳税者,但是基于道德和人性,几乎没有人反对从自己的税收中拿出很小的一部分去帮助弱者。对于普惠型的福利安排,是国家意在对所有人作出的安排,包括要实现的目标、使用的手段、通过的途径,而一切都是有代价的。这种代价就是把个人在这些领域中自主抉择的权利都交给了国家,并且为获得这样的服务还要出让自己更多的财富。

难道这样出于好意的帮助错了吗?为什么保守主义者宁愿个人更多地从家庭、亲友、社会中获得支持而不愿意接受来自国家的好处呢?二者有区别吗?二者的区别在于权力会膨胀、作恶、失控。"希望政府像一位嘘寒问暖的朋友、亲戚、邻居或者教会组织一样,在提供帮助的同时监督人们对其行为负责。政府却不能这样做,他们尝试过,但从未成

---

[1] Allen Buchanan, Driving Welfare Rights from Libertarian Rights [M] //Carl Wellman (ed), Welfare Rights and Duties of Charity, New York/London: Routledge, 2002: 111.

功。倒是他们尝试越多,就变得越极权。"①

责任就意味着自主,一个不能自主的人无从担负责任,而承担责任的前提就是个人可以成为自己的主人。罗伯特·古丁曾经从两个维度划分社会责任:一是个人和大众的维度;二是正义和人道的维度。个人和大众,指的是责任的主体,人道和正义指的是责任的性质。两两结合就成了四种组合方式,也就意味着四种不同的责任。从个人角度来看,个人对于正义肩负的责任就是个人遵守社会规则而不是去破坏它,由此不会造成对他人的伤害。个人肩负的人道责任就是个人、家庭,或者其他志愿者机构对于大众所提供的支持和帮助。从大众的维度来看,它在正义上的责任在于通过法律保证每个人平等的公民权利,包括自由、人身和财产的安全等。它在人道上的责任则是通过社会制度安排为大众提供给社会益品,增进他们的福祉。在义务教育领域,国家担负的责任过多,个人,包括儿童、家长、亲友、邻里就缺失了责任空间。古丁说的所谓的大众,就是国家权力。国家权力在于通过法律对于公民基本权利的保证,而不是直接向他们提供福利产品。通过消极作为保证一定社会中的安全与秩序也是一种福利,与积极福利相比,它是一种消极福利。积极福利会有越界成害的危险,而消极福利则永远都是每个人都需要的。

三、义务教育福利中的国家干预

(一)满足需要

福利是根据需要而界定的幸福状态,"需要"则视历史与文化的变

---

① Murray, C., It Is not Fair to The Children [J]. *New Republic*, 1986 (6), October, p.2.

迁而有所不同，因此福利的概念也有历史变异性，但它涵盖的范围还是有共核存在的，通常包括维持人们基本生活所需的食物、住宅、健康、教育与工作机会等内容①。其根本目的是帮助有困难的社会成员维持其基本的物质和精神文化生活；提高全体社会成员的生活水平和质量，增进全民的社会福祉。为达到这一目标，不仅需要物品、资金方面的保障，还需要由专业人员提供相关的服务。

由于福利通常着眼于对个体基本需要的满足，所以提供福利产品常获得最大的民众支持，而反对福利支持的呼声总处在被动寡助的情形之下。奥菲在论及福利国家的矛盾时说过，"福利国家令人尴尬的秘密在于：尽管它对资本主义积累的影响很可能是破坏性的（如保守主义分析所着重强调的那样），然而废除福利国家所带来的影响简直将是毁灭性的（这一事实则为保守主义分析所系统地忽视）"②。"福利国家大规模提供了住房补贴、公共教育、医疗服务……在缺乏这些方面的条件下，干预经济的运转根本是不可想象的。"③ 其实保守主义者反对福利国家，不是反对国家福利，也不是反对国家通过福利制度对于个人需要的满足，甚至很多时候保守主义者认为国家在这方面的责任是不可推卸的。但是福利实施需要有资源作支持，判断资源与需要之间的关系，才可以明确福利应该呈现出何种状态。当然，义务教育福利也是如此。

第一种情形是一种纯理想状态，资源足够充裕，可以满足所有人的需要。对于第一种情况，或者是这样的资源确实够充足，允许我们按需获得，也或者是这样的资源太过于重要，如果不满足个人的需要，个人就无法生存，可供饮用的水、可以呼吸而不至于致命的空气就是如此。

---

① 闵凡祥.英国社会福利研究中的几个概念问题[J].英国研究，2011（9）.

② [德]克劳斯·奥菲.福利国家的矛盾[M].郭中华等译.长春：吉林人民出版社，2006：7.

③ [德]克劳斯·奥菲.福利国家的矛盾[M].郭中华等译.长春：吉林人民出版社，2006：7.

除了此种情况，社会资源足够丰富到可以使人们按需分配的情况就几乎不存在了，如果总是处在资源足够充裕的情况下，就没有必要谈论分配的正义问题了。并且人的欲望总是会不断增加的，资源也很难充裕到可以满足人们不断膨胀的欲望的地步。教育资源不属于前者，所以试图通过社会的发展或者政策的设计满足一切人的教育福利需要，是乌托邦的梦境。尽管义务教育福利制度在安排之初未必会以此作为目标，但是不断加大投入，试图不断满足人们日益增长的福利需要，这是很常见的，也是保守主义者尤为担心的。保守主义者认为理想化的福利目标是没有现实意义的，只会把国家和社会拉进福利的泥潭。

第二种情况是资源不充裕，但可以在合理范围内满足人们需要。保守主义是以消极福利作为政治思考出发点的，在这种情况下，"不合理"状态之一就是有些人在绝大多数人的需要都可以获得满足的时候，自己获得的资源远远少于他人，而不能满足自己的基本需要，这种情况是需要国家进行补救的。个体间的巨大差距必然会影响社会秩序和他人的安全，此时，国家就应该通过福利进行再次分配。"不合理"状态之二是资源足够充裕，人们的基本需求没有获得满足。这不是针对个体，而是针对全体而言。社会的发展必然产生新的变化，也意味着新的挑战和困难，有些挑战和困难不是个人能力可以应对的，只要国家的资源能够应付，国家就应该在这样的领域有所作为。有的国家涉及种族儿童的教育问题，我国当下出现的农民工随迁子女的教育问题就属于此类。在人口流动不大的时候，这些问题还不成为问题，一旦这个群体壮大起来，个人需要就成了公共问题，这种情况下就需要福利倾斜。

第三种情况是资源稀缺，仅可以满足某种必要的需要。所谓必要，就是对于某个标准而言是必不可少的，但如何确定标准，确定何种标准来衡量这种需求，就成为一个有争议的问题，到底是按照国家的需要定义标准还是以个人的需要定义标准，以长远需要还是以即时需要？以经济需要还是政治需要？再就是以社会稳定为需要还是以个人自由为需要作为定义标准？可见，标准是具有很大的变数的。义务教育从执行之初到现在，几乎是一个不断提升的状态，国家对于义务教育中"需要"的标准不断提高。保守主义者认为不是个人的任何需要都应该获得满足，或者，更恰当地说，是不应该都由国家通过福利进行满足的。国家掌握的资源总归是有限的，对于一些高于某个"标准"的需求，国家是不应该去回应的，国家的福利和权力应该出现在更需要它的地方。

如上文所言，在社会资源处于不同的丰富状态下，国家在满足个体需要方面会承担不同的福利责任。保守主义从根本上是反对无限制扩大公共福利的，即便他们也认同国家的此种责任，却对福利的内容另有理解。公共福利与个人需要紧密相连，福利的供给总是基于个人存在的某种社会性需求，这种群体的、普遍性的需求会上升为所谓的"普遍利益"。社会民主主义者、社群主义者，甚至自由主义者都会认为国家应该提供此种公共服务，而保守主义者认为，这种所谓的普遍利益是具有很大欺骗性的。

首先，每个人所提出的需要会共享一名，但是通常会有多样之实。人们都要求获得幸福，对幸福的理解却必定不同。如果政府以满足公民的幸福需求为责任，那么他所提供的必然不会是人人所需的，他只能满足一部分人的需求，所以也就谈不上普遍利益。其次，如果说有普遍利益的话，那么普遍利益应该是"对某些条件的保障，而不是对任何特定需要的直接满足"①。哈耶克说，我们决不能把公众的主要关注点引向特定且已知的需求，而必须将其指向那些维护自生自发秩序所需要的条件。直接对于普遍利益的满足就是国家动用权力建构新的政治秩序和社会秩序，而这是破坏社会发展进程、扭曲自然规律的行为。再次，要特别谨慎地对待"普遍利益"，也就是不能轻易且急躁地把某些需求划归到普遍利益范畴之内，有些需求是无法一一满足的，有些需求假以时日

---

① [英] 弗里德利希·冯·哈耶克.法律、立法与自由：第2卷[M].邓正来译.北京：中国大百科全书出版社，2000：2.

是会得到满足的，还有一部分需求是可以动用政治权力之外的手段获得满足的。保守主义之所以如此忌惮普遍利益，在于人们通常认为，"只有在实现普遍利益或者公共利益所必需的时候，才能允许对个人施以强制"①。所以，普遍利益确认得越多，政府施行强力的机会越多，个人受到的强制也就越多。最后，还有一个理由，那就是所谓的"普遍"，永远也不意味着全部，顶多代表着多数，所以普遍利益只能是多数人的需要，对普遍利益的回应，必然是迎合了多数人的要求，从而导致政治行为只是使一部人（多数）获益，也就是实施了不平等的对待。这是有失公允的，因为没有平等地对待每一个人，只是对特定群体集体利益的满足。

（二）权力分散

国家在福利提供中的责任并非不断地把福利负担施加在自己身上，把权力进行下放和分散也是国家作用的体现。毕竟国家掌握着最大权力，没有它的授权和认可，就谈不上权力的分散。福利涉及资源的供给和配置，福利领域的权力分散就意味着两个层面的内容：一是在资源筹集环节，应该把权力下放给地方政府；二是在资源分配环节，应该把权力交给市场。

从地方分权的角度来看，保守主义者尊重权威，但是从来不主张绝对权力，除了前面所论述的绝对权力生成垄断和独裁，还有一个理由，那就是"把政府的大多数服务型活动重新交给较小的单位进行管理，很可能就会促使那种因集权而在很大程度上蒙遭扼杀的公共精神得到复

---

① ［英］弗里德利希·冯·哈耶克.法律、立法与自由：第2卷［M］.邓正来译.北京：中国大百科全书出版社，2000：2.

兴"①。哈耶克认为,这种中央集权包揽一切的行为,在很大程度上剥夺了现代人参与营造他们所处环境的决策机会。福利是一个宏大的社会工程,单凭中央政府,既会造成政府负荷过重,也会剥夺地方政府的作为空间和公民社会的参与可能。这无论是出于眼下的财政考虑还是从长远的公共精神层面考虑,都是应该实施的。

另外,在福利资源的分配上,保守主义主张把资源配置权力分流给市场,当然,并不是彻底剥夺政府对资源的处置权,但是政府决不能成为分配权的主要掌握者。"在市场和社会提供的商品和服务之间并不存在绝对界限"②。所谓社会市场下的福利,是基于对基本人权、弱势群体、社会稳定等问题的考虑,政府和慈善机构向有需求者提供的服务,这与他们的支付能力无关,仅仅决定于其客观存在的需求。经济市场是针对消费者提供的有偿商品和服务,消费者必须具备这样的需求并同时具有这样的消费能力,才有可能获得此种益品。经济市场中,有两种因素决定了是否会产生需求:一是经济能力;二是机会成本。所谓的经济能力,就是个人获得这样社会益品的现实基础,机会成本是指个人获得此种益品需要付出的代价。二者没有本质上的区别,都是个人根据自身经济状况获得此种益品的可能性。对于义务教育福利而言,如果获得此种教育服务的代价在一个家庭中所占比例很小,在父母认识到教育重要性的前提下,其子女获得教育的机会就是很大的,如果一个家庭也可以支付这样的消费,但是负担较重,儿童获得此种教育的可能性就会大大减少,因为其受教育的机会成本足够大,以至于教育显得没那么重要了。

在二者之外,还有一种福利产品的供给方式,那就是混合市场。混合市场就是经济市场和社会市场二者的结合,社会市场作为支付方,经

---

① [英]弗里德利希·冯·哈耶克.法律、立法与自由:第2卷[M].邓正来译.北京:中国大百科全书出版社,2000:220.

② 库少雄.社会福利政策分析与选择[M].武汉:华中科技大学出版社,2006:144.

济市场作为供方，由受益者选择享受何种服务。许多反对福利国家的人会支持这样的做法，因为既然国家必须要提供这样的福利，那与其由国家直接提供，不如把选择的权利交给个人，这样的话，国家承担了必要的公共福利责任，个人的需要获得了较为充分的满足，还可以使市场组织获益。义务教育中的教育券制度便是这样的做法：把国家、个人、学校三方共同连接在福利供给的过程中，其中个人的选择、国家的责任、学校的竞争力都通过这样的做法获得提升，极大地避免了由国家直接供给带来的学校积极性不高、教育产品质量不佳、国家干预个人的教育自由等问题。

（三）制度保障

保守主义者反对人治，主张法治。奥克肖特认为，政治就是国家依照法律安排进行的活动[①]，而"治理是一个特殊有限的活动，即规定和保护一般的行为规则，这些规则不是被理解为加强实质活动的计划，而是使人们能以最小的挫折从事他们自己选择的活动的工具"[②]。对于通常意义上法律的看重，源于保守主义者对于人性和权力的怀疑，以及对于秩序的看重，法律意味着约束和限制，也意味着对于秩序的维护；对于哈耶克所说的一般规则上的"法律"，则凸显对于个人自由的尊重。如果"法律"明确规定一个行为该如何实施，那么个人的意义就体现为一种工具性价值，如果"法律"只是固定一般性原则，把实施的权力交给个人，那么个人只要在不违背这样的原则前提下就是可以自由行事的。

为了免予受到权力执行者的主观影响，某些政治活动应该获得一种保障机制，这种保障首先来自法律。保守主义者主张法律的约束，他们

---

① ［英］奥克肖特.政治中的理性主义［M］.上海：上海译文出版社，2003：59-60.
② ［英］奥克肖特.政治中的理性主义［M］.上海：上海译文出版社，2003：147.

说权利是法律中的权利，法律是保障权利的法律。权利不是因为法律规定才成为权利，但权利必须通过法律保证才是真正的权利。福利是为了权利的实现，对于福利的实施同样需要制度上的规定。在西方自由主义传统之下，国家的法治就是旨在保证个人自由、保护个人权利、保护自发秩序的法治。

这种对于法律的重视也同样可见于哈耶克的主张，"每个人的存在和活动，若要获致一安全和自由的领域，须确立某种看不见的界限，然而此界限的确立又须依凭某种规则，这种规则就是法律"①。哈耶克所说的"法律"并不是通常意义上的法律，而是法治之法，是真正的法，是一般且抽象的规则②。通常意义上的法律，被哈耶克比作"具体命令"，而他说的"法律"是一般性的抽象规则，二者的差异在于，"指导一项特定行动的目标和知识，究竟是由权威来把握，还是由该行动的实施者和权威者共同来把握"③。一般性行为规则的目的，不在于"为特定的人提供特定且可以预见的利益，而是作为那些'多种目的之工具'而发生作用的——这种'多目的之工具'乃是人们在对某些种类的情势进行调适的过程中发展起来的，因为它有助于人们应对某些种类的情势"④。哈耶克举例说明何为"多种目的之工具"。一个准备外出徒步旅行的人，会随身携带一把小刀。很多时候，这把小刀并不是为了某一特定且可以预见的用途做准备的，而只是对各种可能发生的意外情况做准备。

---

① ［英］弗里德里希·冯·哈耶克.自由秩序原理（上）[M].邓正来译.北京：生活·读书·新知三联书店，1997：183.

② ［英］弗里德里希·冯·哈耶克.自由秩序原理（上）[M].邓正来译.北京：生活·读书·新知三联书店，1997：183.

③ ［英］弗里德里希·冯·哈耶克.自由秩序原理（上）[M].邓正来译.北京：生活·读书·新知三联书店，1997：186.

④ ［英］弗里德利希·冯·哈耶克.法律、立法与自由[M].邓正来等译.北京：中国大百科全书出版社，2000：6.

制度保障的要求也同样体现在保守主义者对义务教育福利问题的认识上。首先，关于福利应该是具有明确的制度保障。它不是政府的肆意为之，而是具体的、明确的，从而可以叫个人明白自己可以从福利中期待什么，从而决定自己的行为和生活。其次，在福利供给上，即便国家作为福利供给的责任主体，提供资金，这也仅仅是确定了一般规则，其余的应该交给市场。市场如何运行不必受到政府干预，只要市场充分实现福利的初衷就好。保守主义者一方面主张福利获得制度的保障而不至于人为主观决定空间过大，另外，更希望用"一般性规则"代替国家的政令强制。政策制度毕竟还是理性设计的结果，更多体现的是政府意志，而未必是现实需要。那么，最能体现"一般规则"的是什么样的制度呢？可以说，市场机制是最好的选择。

四、义务教育福利中的市场机制

在对自由的捍卫中，私有制和自由竞争尤其受到保守主义者青睐。哈耶克说私有制是自由的最重要保障，他认为，只有私有制的存在才意味着没有一个人或者集团掌握一个领域的全部权力，个人才具有选择的空间。只要权力落在一人之手，无论是君主还是社会，个人都生活在一种独裁之下。对于个人所具有的财产，哈耶克并不去关注个人拥有的财产的多少与自由的关系。他认为最关键的是社会财产，也就是经济权力分散，只有保证这种财产的分散，才会有自由竞争，个人得到了自由，也才有了容身之地。私有财产制度是真正自由的交换和市场的保障，没有自由的交换和市场，人们就没办法凭借自己的理解对各种稀缺资源进行合理估价，而没有这样的估价行为，稀缺资源就不会得到人们有效的利用。"竞争的资本主义——通过在自由市场上发挥作用的私有企业来执行我们的部分经济活动——是一个经济自由制度，并且是政治自由的一个必要条件。"① 弗里德曼认为，自由主义者的主要目的是把伦理问题让每个人自己来处理。因此，两种自由意义重大：一是人与人的关系中的自由；二是个人利用其自由的自由。这两种自由通过市场机制获得了最好的结合，市场机制下每个人承担不同的社会分工，每个人都是平等的参与者，每个人都拥有充分的自由，通过市场机制，每个人的自由都获得最大程度的实现和保障。

在市场机制之外，与自由密切相关的就是政治权力。政治自由的最大敌人就是政治上的强权压制。摆脱这样的压制，就只能用强制来抵制强制。抵制政府权力的力量来自何处？那就是宪法。宪法对于政府权力的限制遵循两个原则：一是限定政府的职能范围；二是对政府权力进行分权。但是弗里德曼指出，宪法这两个原则都受到了破坏。如何保证这两个原则的实施呢？限制政府权力就是在最大可能范围内避免权力的集中，主要是使经济活动摆脱政治控制，也就是通过市场限制政府权力。第二个途径就是分散政府权力，防止政府权力集中在一个权力主体手里。他尤其强调前者，"假如经济力量中融入了政治力量，那么权力集中就无可避免。如果经济力量和政治力量掌握在不同的主体手里，那么，经济力量就可以作为政治力量的牵制物和抗衡物。"②

（一）产品供给

对于政府的职能问题，米塞斯说，判断它合理与否，并不能依赖于逻辑上的论证，推理论证是理性主义的手段，诸如国家、政府、正义的

---

① ［美］米尔顿·弗里德曼.资本主义与自由［M］.张瑞玉译.北京：商务印书馆，1986：6.

② ［美］米尔顿·弗里德曼.资本主义与自由［M］.张瑞玉译.北京：商务印书馆，1986：17.

这些概念，"不过是推理的工具，不能成为行为方式的指导原则"[①]。那对于政府干预和作为的判断应该以什么为标准呢？米塞斯指出，这并不在于如何界定政府的功能，而在于审视干预主义制度如何运作，它是否可以实现人们对它的那些期望？在教育福利中，政府被期待做什么呢？那就是合理分配福利资源。显然，保守主义认为国家在这方面是失败的。保守主义者认为福利国家进行资源分配的主要根据是经济需求、依赖性、利他情感、社会义务、慈善动机和对公共保障的希望，这同市场的分配依据——个人进取心、才能、生产能力和利润追求——完全不同[②]。当义务教育通过国家的拨款或者其他财政直接分配给学校，那么学校就是一个被动的角色。这种被动不仅仅体现在获得这种财政支持上的被动，也意味着它在对学生输送教育服务中的被动。

那如果政府的职能不应如此，那么又应该是什么呢？布坎南认为存在两种不同的政府概念：一是政府的有机体或整体概念；二是把政府看作人们借此作出集体决策的一套机构。政府不是为实现所谓的社会福利而替人们做决策的实体，而是作为价值评估唯一源泉的个人的行动工具。作为决策主体，则事无巨细地需要政府抉择，无论决策如何，都要依据强力执行，从而成为一种专制的全能政府。作为人的行动工具的政府，才是正当的政府，才是以人而非自身作为目的的。这种工具属性，决定了政府不是在任何领域、任何时候都可以代替个人作出抉择的，只可以在"公益"所属的领域才可以作为，但其职能是有限的，在私益所属的地方，显然是一个个人应该可以自由抉择的地方。

这种自由抉择的可能是由政府之外的另一种重要资源分配手段提供的，这就是市场。保守主义者认为政府和市场是具有不同的分工的，政

---

① ［奥地利］路德维希·冯·米塞斯.人的行动（下册）[M].余晖译.上海：上海世纪出版集团，2013：740.

② 闵凡祥.英国社会福利研究中的几个概念问题[J].英国研究，2011（9）.

府负责制定规则,而市场负责予以实施;政府的规则是对具体行为的一般性规定,而通过市场才够把福利落实到个人。如果政府从更加宏观层面进入具体的管理和实施环节,它就既不能胜任一般性规则的制定,也做不好具体的实施工作。因此他们主张,义务教育福利应该是通过政府之外的力量予以供给,也就是国家负责资金的供给,而具体福利产品的提供交给市场。

市场机制是教育福利资源配置的优先选择,政治途径是其补充。如果说义务教育资源是通过福利的形式获得分配,那么从效率上看,应该优先选择的是市场机制,政府途径只是作为市场机制的补充。"福利的核心功能是,以从市场拿走商品和服务的方式代替市场,或在某些方面控制和调整它的运作以便产生它自身不能产生的结果。"① 如果优先使用政府机制,那么就是在两种资源配置手段上的本末倒置了。

这种本末倒置的结果就是对"自由"的消极影响。保守主义者认为,只有在社会制度的框架中,"自由"一词才有意义,在这个框架内,自由指的是一种选择范围,也就是说,个人在被允许选择目标及其实现手段时,才是自由的。求生自由不是在一杯水和一杯毒药之间的选择,教育自由也不是在成为文盲和接受强制教育之间的选择。个人作为的自由必须是拥有多种可供选择的产品,这种选择越多元,个人就越自由,就越能体现个人意志,就越接近个人的理想期待。这也是多元的教育产品供给对于教育自由的意义所在。

(二)市场规则

市场是各色人等在分工合作互动行动所肇发的,市场过程是人的

---

① T. H.Marshall. Value Problems of Welfare Capitalism [J]. *Journal of Social Policy*, 1972, 1(1): 19-20.

行动的结果,每一个市场现象都是社会成员某些确定的选择,市场体现了每个参与其中的个人的意志,每一个人都用自己的行为和选择决定着市场的样子。市场是反对政府干预而主张自由放任的,否则市场就不是它自身了。米塞斯分别对二者进行了内涵上的界定和澄清,他认为干预"是由政府通过强制行政机构,直接或者间接发出命令强迫实行的"[1]。他说,政府的干预总归是一种暴力行动或者暴力威胁,政府的权力垄断,人们不能够去抗拒,政府干预越多,就意味着强迫更多,意味着自由更少。但米塞斯不否认政府的适度干预的合理性,因为任何目的的实现都必须借助一定的手段,要求人们为此付出代价。政府为了维持正常的社会秩序,就必然要采用一些手段来实现这一目的。他指出,"面对当今把国家和政府奉为神圣的趋势,我们最好时刻提醒自己:与其把上帝的一切属性皆归之于国家,还不如像古罗马人那样——一束棍子围绕着一柄斧头来象征国家,显得更为实际。"[2]

对于自由放任,米塞斯首先澄清人们对自由放任的偏见,他说自由放任在很多时候被政府干预主义者用"自发力"来代替。而《牛津词典》中对于"自发"的解释是"无意识的、低智的、机械的",《韦氏大辞典》的解释是"不受意志支配的,未经主动思考的,没有预期目的和方向的"。这不是自由放任的意义所在,自由放任的真正意思是,"让普通人自己选择,自我行动;不要强迫他服从独裁者"[3]。

保守主义者对干预与自由的放任态度,决定了在福利供给中的态度,那就是按照市场秩序下的市场规则来实现资源的配给。市场在提供

---

[1] [奥地利] 路德维希·冯·米塞斯. 人的行动(下册)[M]. 余晖译. 上海:上海世纪出版集团,2013:740.

[2] [奥地利] 路德维希·冯·米塞斯. 人的行动(下册)[M]. 余晖译. 上海:上海世纪出版集团,2013:740.

[3] [奥地利] 路德维希·冯·米塞斯. 人的行动(下册)[M]. 余晖译. 上海:上海世纪出版集团,2013:750.

义务教育福利中，遵循着不同于政府对资源的配给原则。政府的配给是由上及下的，类似于一种行政指令。为了享受这样的恩泽，学校就要服从上级的命令，从而使得学校最需要关心的是来自上级的政策，而不是儿童和家长对教育的需要，这些也不是与他们利益最相关的东西。市场机制下义务教育福利产品的提供和消费，直接取决于教育消费者的选择，市场规则是优胜劣汰、自我调整、平等竞争，这些都更有益于教育福利的提供和输送。

竞争是市场经济的必然产物，是市场经济之所以残酷的根由，也恰恰是其活力的源泉，而垄断则是竞争的敌人。在米塞斯看来，垄断有多种含义，但主旨都是绝对性地控制人们生存条件的一种，垄断形成之后，个体除了接受垄断者的奴役之外，别无选择，只能通过不公平的交换或者对权势者的谄媚来满足自己的需要。国家权力在某一领域内的绝对垄断是个人在此领域内自由的天敌，"只有在其权限范围合理局限于保护经济时，政府才是自由的守护者并与自由相容"[①]。

市场机制遵循优胜劣汰、适者生存的原则，而政府直接对资源的分配是均一的，是按照人头进行资源配给。事实上，个人从学校处享受到的教育福利产品品质并不一样，政治手段下进行的福利分配就抹杀了这些不平等，市场机制下福利的分配则是赋予每个人平等的选择权利，根据自己的需要和喜好选择教育产品，学校教育的差异，意味着他从学生那里获得不同的奖赏和评价，教育福利品质的不同意味着福利供给者的不同发展境遇，因此在市场机制下，学校成为教育产品的提供者，就必然对个人的需要负责，通过获得认可而得以生存和发展。

市场是一直在自我调整的，通过调整才可以使得供给与需求相契合，这是国家进行福利分配所不具备的优势。在谈到是否可以通过监督

---

① ［奥地利］路德维希·冯·米塞斯. 人的行动（下册）[M]. 余晖译, 上海：上海世纪出版集团, 2013：312.

来提高和改善国家提供的福利产品的质量时，哈耶克认为，这"纯属幻想"。这种监督主体如果是公民个体的话，是没有什么力度的，但如果用公民集体所具有的力量——通常体现为法律，可以奏效吗？在哈耶克看来，这不过是幼稚的想法罢了，可以维护个人自由的是立法机构，它仅仅是规定"应当"，也就是应然状态下该当如何，那么它所对抗的是什么？是掌握着排他性权力、具有切实干预力量的行政机构。如果在集权国家，权力的分立只是被用于划分各种领域的事物，而不是作为彼此约束的机制，那么用法律对抗实权，无异于令一个人用左手痛击其右手，可想而知这样的规范督导到底有没有效用了。与之相比，市场则不需要任何外力强制就会自发作出调整。

（三）评判标准

从经济效率上看，义务教育通常被人们理解为公共产品或者准公共产品，排他性差，规模效应好，国家统一承办可以获得较好的经济收益。保守主义者的看法恰恰相反。柏克人认为，向人们提供生活必需品不是政府权力所及的，政府的责任在于制约邪恶。他反对政府对市场的干预，反对政府通过各种形式控制社会需求。哈耶克认为自由市场是配置资源的高效率途径。政府的不当干预破坏了"自由的原则"，从而破坏了市场机制中的机会平等。机会平等不是使每个人拥有相同的购买力，而是指每个人都在市场竞争中享有同样的参与机会、获胜机会和被挑选的机会。

笃信市场机制、反对垄断的保守主义者认为，由单一的权力机构垄断一种福利的供给，就是违背了市场规律。市场机制在资源配置上效率最高，它对于市场需求的敏感使得资源很快流向最需要的地方，追求利益最大化的市场规则也使得资源的回报远远高于缺乏竞争动力的政府供给。通过政府途径进行的资源配置，要通过层级众多的教育行政组织才可以到达学校。这个过程被斯宾塞形容为把公民的财产通过税收上缴到政府，再由政府层层下放，最后再转变为福利回到公民的手里。每通过一个行政环节，就意味着这笔税收有一部分用于行政性支出，从而在福利分配的终端，个人所得的福利总和远远小于纳税人的缴税总额。

  与此相对的市场机制则不然，它省去了中间环节，直接由公民出资购买自己满意的教育产品，这有利于公平，是保守主义者推崇市场的另一个原因。保守主义者通常会质疑福利的代表性，"福利政策制定的兴趣与福利受益者无关，其兴趣来自那些非贫困者"。在针对贫困者的福利政治中，贫困者在政治领域没有自己的利益代表，这是一个受助者的真空地带，填补这个空白的是那些声称为贫困者代言的人，或者是拥有专门技术，或者是了解功能性福利体制的人。在个人不在场的情况下进行福利分配就很难保证公平。弗里德曼通过研究发现：来自低收入家庭的黑人儿童所接受的教育质量最为低下，他们甚至根本无法接受教育，这可以说是公共教育最大的败笔。按照政府一贯秉持的本意来说，贫困和受压迫的人群应该是公共教育的最大受益者，然而实际情况却恰恰相反，对于国家和穷人来说，却都是悲剧[①]。因为即便儿童接受了教育，家长也根本无法掌控学生接受何种的教育，既不可以通过选择付费还是拒绝来实现自己的选择，也无法通过参与地方或者学校的活动对教育制度和行为予以干预。

  弗里德曼指出，在学校的市场化中，问题的关键不是教育活动和其他经济活动的区别存不存在或者存在的差异有多大，而是在于教育制度上的安排，也就是在教育的市场经济中，是消费者真正可以做到自由选择还是由生产者做主，决定提供何种产品。他得出的结论是，"政府在资助和管理学校方面的作用不断加大，不仅导致了纳税人金钱的巨大浪费，也导致了比资源合作继续起较大作用所能产生的教育制度远为落后

---

① ［美］米尔顿·弗里德曼，罗丝·弗里德曼.自由选择［M］.张琦译.北京：机械工业出版社，2013：151.

的制度"①，所以市场中的教育福利供给才是公平的。

　　尊重自由与平等、尊重个人发展的共同需求、尊重多元的价值体系、尊重社会的群体凝聚力，这些都体现在义务教育福利的目的性中。但看似美好的诸多愿望彼此之间却并不是惺惺相惜的，福利的很多属性会侵害到个人的自由，使得共同需求与个人愿望相悖，凝聚力与多元性形成矛盾，这也是公共福利和个人权利的矛盾所在。福利的本质诉求在于保障个人合法权利的实现，而自由是个人的权利的根本，没有自由就无法奢谈其他的权利。因此，义务教育作为福利，或者附着在义务教育中的其他儿童福利，与个人的自由是手段和目的的逻辑关系。福利国家被诟病的地方，用比较世俗的眼光看，它是对于公共资源的滥用，它的投入并没有收到预期的成效。如果用比较高尚和深邃的眼光去看，福利国家就是国家过多作为，伤害到了个人最可宝贵的自由，因此教育福利在保障机会平等的同时必须免予对教育的辖制。

---

① ［美］米尔顿·弗里德曼，罗丝·弗里德曼.自由选择［M］.张琦译.北京：机械工业出版社，2013：186.

第三章 保守主义公民受教育权利观

保守主义以个人主义基础，个人的权利具有绝对的优先性。保守主义的重要代表人物诺齐克的政治哲学就被研究者称为"逻辑在先"的个人权利。"逻辑在先"不同于"时间在先"。"时间在先"是根据经验事实，陈述"一物先于另一物而存在"，它表明的是一种因果关系，而"逻辑在先"是描述事物之间在逻辑上的优先地位，它描述的是事物之间决定与被决定、解释与被解释的关系，它是一种前提与结论的关系[1]。诺齐克的权利理论被认为是逻辑在先的权利理论，是指在政治建构和实践中权利是具有优先性的，个人权利优先于国家而获得考虑，个人权利是国家行为合法性的来源。不仅是诺齐克，保守主义都是主张赋予个人权利绝对的意义，但是保守主义与其他政治哲学不同，那就是他们对于权利并不是彻底的神圣化。保守主义者认为个人在现代社会中，如果依然主张在自然状态下所具有的权利，那就是荒谬可笑的。权利是现实的，人们主张的权利是一个在现实条件约束下的权利，而不是虚无缥缈、高不可及的。

保守主义反对的还有新自由主义者和社群主义者的权利观，因为他们主张的权利是经过外力干涉下所实现的所谓平等的权利，在这种情况

---

[1] 文长春.逻辑在先的个人权利——诺齐克的政治哲学[M].北京：中央编译出版社，2006：3.

下，个人得到的权利是以某些事物、材料和行为为基础，而这些东西很有可能在之前已经为他人所拥有。那么，为了一些人的权利而对另一些人的权利进行强制性处置，就造成了最初权利拥有者的权利。所以，保守主义者反对为了所谓的权利而进行分配，因为这样的分配是没有正义可言的。诺齐克就此提出了权利的持有正义理论，以此代替分配正义，持有正义包括最初获得上的正义、交换上的正义和矫正上的正义。他认为，只要一物在最初被某人获得是正义的，在转让环节是正义的，而且权力拥有者能够对前两个环节中的不正义情形予以矫正，那么个人对某物的持有就是正义的，如果每个人的持有都是正义的，那在社会整体范围内，持有就是正义的。

　　诺齐克正是从这样的权利观出发，得出最小国家存在合理性的结论。按照这种逻辑的推演，国家不必花费多大代价去实现分配正义，国家就不必具有那么多的权力。所以，权利尽管是诺齐克政治哲学的逻辑起点，"但是他并不把权利作为一种目的"[①]，权利是"附着在所有行为之上，对行为本身提出的约束，即在任何行为中都不应该违反这一约束"[②]。诺齐克的权利理论不要求权利应该达到什么目的、符合什么要求，只要它不违背什么、不侵犯什么就是正当的，这样看来，这种权利主张是基本性的。从另一个角度看，这样的要求也是很难获得满足的，因为它不允许用任何主张来验证权利的正当性，如功利、福利、好处等。没有什么理由能够使权利的范围变得更大，无论这样的理由多么高尚。

　　虽然这是诺齐克的权利主张，但代表了大多数保守主义者的观点，消极政治、最小政府、消极自由等价值都在这里得到了很好的诠释。以他们对于权利的理解，可以推测他们对于公民受教育权利的主张，就是

---

① 欧阳英.走进西方政治哲学——历史、模式与解构[M].北京：中央编译出版社，2006：361.

② 欧阳英.走进西方政治哲学——历史、模式与解构[M].北京：中央编译出版社，2006：361.

一种消极的受教育权利，也就是国家尽可能少受权力干预的受教育权利。但这只是保守主义受教育权的一个重要组成部分，因为如果一味地要求国家不作为，那么义务教育也就不存在了。只要涉及公共教育，就必然意味着国家的积极作为。那么，对政府主张的积极权利又包括哪些呢？既是受教育机会方面的诉求，也是对公民所接受到教育的要求。尽管在保守主义的价值谱系上，自由优先于平等，但这不意味着保守主义不赞同平等。只不过在他们那里，平等的价值次于自由，并且这样的平等必须是机会平等，而非结果上的平等。如果说，免予政府过度干涉的消极教育权利是个人-国家关系上的主张，那么需要政府作为的积极教育权利是个人对他人关系上对国家的要求。除此之外，个人具有另一个权利诉求，那就是指向教育的。前两种权利是在教育领域之外的权利，而它是在教育领域内部个人具有的权利。因此，消极的受教育权利、教育机会均等的权利和享受真正教育的权利就构成了保守主义的公民教育权利观。

一、消极的受教育权利

权利是法律对于个人正当行为的规定，它可以通过肯定形式明确个人行动的边界，也可以通过否定形式明确别人不可侵害的领域，从而说明权利的内涵。保守主义者主张的就是此种否定性规则，一来是这样的规则禁止而非要求采取某些特定种类的行动，其目的在于对特定的领域提供保护，在这些获得保护的领域内，每个人都可以自由地按照自己意愿行事；二来因为这种否定性的特质使权利获得一个能够被检验的标准。受教育权利，在保守主义者看来，也同样应该是以否定的形式获得确立。这种权利的确立与其说是为了获得国家权力的保护，毋宁说是为了防止国家权力的侵害。

在公民权利中，保守主义尤其重视财产权、自由权和平等权。保守主义者认为，"经济自由是最为重要的自由，财产权是最重要的权利。没有经济自由，其他的自由就无从获得保证；没有财产权，其他的权利也就会落空，而平等权永远只能是权利上的平等"[①]。保守主义在教育上主张的消极权利，就是要求政府在举办公共教育时对最为根本的这三项公民权利不过度干涉、不造成侵害。

（一）受教育权与财产权

教育是一种资源，但这种资源不是从天而来的。个人享受教育带来的好处，也需要为它买单。这是无可厚非的。但是如果受教育权利以危害到个人的财产权威为代价，那么这样的教育权利就没有诱人之处了。

对于保守主义者来说，财产权意义非凡。保守主义者对财产权的态度可以用一句话来概括无财产的地方无公正。斯科拉顿认为，财产是自我实现的一种形式和权利自身的一种证明。私有财产权意味着个人在社会范围内自治的正当性，个人财产安全得不到保障，自由也就得不到保障，财产权是个人获得自由和自治的必要条件[②]。奥克肖特认为财产权受到充分的保证，意味着"允许社会的每一个成年成员有平等的权利去享有个人能力的所有权和任何别的通过社会承认的获得方法得到的东西"[③]。财产权之所以被赋予如此重要的地位，是因为保守主义最为珍惜的自由，要以财产权为基础。他们甚至认为，财产权甚至比生命权更为重要，因为生命是原始的天成之物，只是我们作为现代人的生物基础而

[①] 刘军宁.保守主义[M].天津：天津人民出版社，2007：85.

[②] ［英］罗杰·斯科拉顿.保守主义的含义[M].王皖强译.北京：中央编译出版社，2005：89.

[③] ［英］迈克尔·欧克肖特.政治中的理性主义[M].张汝伦译.上海：上海译文出版社，2004：113.

已，而财产权才能把人的占有与动物的占有区分开来。"生命、自由、幸福的价值都取决于人们能否享受到充分保障的财产权。"①

公民有接受义务教育的权利，但是与财产权相比，它还不具有同样的重要性。为举办公共教育，向公民征税是必然的。当国家义务教育尚未成为政治思想和实践的主流认识时，与自由主义不同的是，保守主义者从一开始就反对国家举办公共教育。斯宾塞等人态度尤其强烈，是传统保守主义者的代表人物。他们反对的理由之一就是，国家举办这样的公共事业，不过是把人们的财产以税收的形式拿走，而后再以公共服务的形式返还到人们手里。在这个过程中，必然出现浪费和贪污。因此，国家举办公共教育，尤其是义务教育，就是没什么重要性的。当然，这是传统主义者在19世纪的看法了，现在看来就不合时宜了。

但即便是当义务教育已经获得广泛认同之后，保守主义者对国家办教育依然不乐观，这不是因为他们不重视教育，而是源自他们对政府的不信任。如同积极自由没有过失一样，公共教育也没有过错，公共教育之所以被警惕，就是因为它会成为政府滥用权力、扩大职权范围的借口。一旦国家在举办义务教育上的责任越来越大、权力覆盖下的人群越来越大，那也就意味着公民的财产会更多地交给政府。

当教育被福利国家当作一种福利，以义务教育的形式提供给公民时，保守主义者的态度就更加明确了，那就是国家要减少在义务教育中的提供责任。这不意味着要减少在义务教育中的投入，而是要通过其他的途径进行投入，如原来由国家向适龄儿童提供衣、食、住、行等方面的福利，转而交给父母负责。尽管是从国家的福利转变成了父母的责任或者义务，公民似乎在此承担了更多责任，但事实上这是减少了政府对于个人财产的染指，使个人获得了更多的财产支配权。

所以，保守主义者认为国家可以举办教育，但是，国家权力应该受

---

① 刘军宁.保守主义［M］.天津：天津人民出版社，2007：88.

到限制，只要可以由其他主体提供的资源，政府就应该退出。因为，税收总是意味着强制，税收多一些，财产就少一些；强制多一些，自由就少一些。

（二）受教育权与自由权

自由，是个人最珍贵的基本权利之一。"我们不能丧失我们的自由权利，我们只能抛弃那些损毁人类尊严的东西。我指的是滥用或弃置我们的理性能力，以及刺激我们作恶施暴、毁弃我们的社会属性、把我们沦为暴烈的禽兽的野性。"[①]强制是一种恶，因为在强制状态之下，人成了实现他人目标的工具。自由却也未必就一定是善，它不意味着自由赋予人类的一切都是好的。自由不保证人们一定获得某些特定的机会，只是允许人们自己决定如何处理或者运用他们所面对的问题和情势，让人们"自己决定如何利用我们自己发现的机会"[②]。

受教育权利，是为了保证个人更好地保护和使用自己的自由，但是如果以牺牲自由为代价来接受教育，那么这样的权利就没有了价值，或者说已经不再是权利了。贡斯当在论述古代人自由和现代人自由时指出，古代人的自由是个人在公共事务中的作为主权者的自由，是以集体方式直接行使的自由。他们可以共同决定自己国家的战争与和平，决定与外国政府是否缔约结盟，可以决定是否通过法律或者豁免执政官，但是他们在私人领域是没有自由的，他们所缺乏的就是这现代人的自由。对于现代人来说，"自由是只受法律制约，而不因某个人或者若干人的专断意志受到某种方式的逮捕、拘禁、处死、虐待的权利，它是每个人

---

① ［英］埃德蒙·柏克. 自由与传统［M］. 蒋庆等译. 北京：商务印书馆，2001：105.

② ［英］弗里德里希·奥古斯特·哈耶克. 自由宪章［M］. 杨玉生等译. 北京：中国社会科学出版社，1999：40.

表达意见、选择并从事某一职业，甚至滥用自己财产的权利"。① 两者相比，古代人的自由是公民间分享社会权利，而现代人的目标是享受有保障的私人快乐；他们把这些私人快乐的制度保障称为自由。而个人自由才是真正的现代自由，政治自由是个人自由的保障，也是不可或缺的，但是像古代人那样，"为了政治自由而牺牲所有个人自由，则必然会剥夺他们的个人自由，而一旦实现了这一结果，剥夺他们的政治自由也就是轻而易举的了。"② 如果接受教育是单纯为了参与公共生活，为了政治自由，而对于个人的幸福没有提升，那么这样的教育权利对于个人来说，其意义是有限的。"个人独立是现代的人的第一需要，因此，任何人决不能要求现代人做出任何牺牲，以实现政治自由。"③

博兰尼把自由分为私人自由和公共自由。公共自由是指"人们有权自由处置自由的时间与人身，也有权按照自己的判断，选择对他自己最为相宜且有利的事情"④。公共自由的范围标志着一个社会的自由程度。按照公共自由的定义，应然的教育是属于公共自由范围之内的，也就是个人有自我安排、自我决定的自由，但是如果教育受到极权主义权力的控制，教育就没有了意义。教育的作用在于，"没有人是生而为人的，每个人都是学而为人的"⑤。理想的教育应该挖掘个人天赋，使之能够理解自我，成为自由的人。对于奥克肖特而言，个人对于自我的理解正确

---

① [法] 邦雅曼·贡斯当. 古代人的自由和现代人的自由 [M]. 阎克文等译. 上海：上海人民出版社，2003：34.

② [法] 邦雅曼·贡斯当. 古代人的自由和现代人的自由 [M]. 阎克文等译. 上海：上海人民出版社，2003：45-46.

③ [法] 邦雅曼·贡斯当. 古代人的自由和现代人的自由 [M]. 阎克文等译. 上海：上海人民出版社，2003：43.

④ [英] 迈克尔·博兰尼. 自由的逻辑 [M]. 冯银江等译. 长春：吉林人民出版社，2002：169-170.

⑤ Michael Oakeshott. The Voice of Liberal Learning：Michael Oakeshott on Education，2001：6.

抑或错误并不是最重要的，重要的是个人能够自由地拥有对自身的理解和认识。此外，奥克肖特同其他的保守主义者一样，也重视教育中的多样性价值，"教育绝不能仅仅提供给一种声音，学生在各种声音之间分辨和选择才是至关重要的"[①]。只有允许个人自由的教育，才会培养出具有"独立精神、自信、具有个人进取心、小范围的责任感，对自愿行动的坚持不懈的偏爱、对他人私生活的尊重、对异议者和怪人的忍耐，对道德和传统的遵循以及对权力和权威的正当怀疑"[②]，反之，个人就不会成为一个具有判断力的生灵，只能成为一个其他人实现目的的纯粹工具。所以，个人理应获得自由发展的权利、掌握自己命运的权利，以及自由的选择和责任。

（三）受教育权与平等权

平等和权利似乎是天然要联系在一起的，但很多时候，这只是我们的想当然而已，因为无论权利还是平等，都是很难解释清楚的概念，每个人对它们的理解都不一样，并且在不同领域，权利平等也意义不同，所以权利的平等也内涵不一。保守主义者认为权利是优先考虑个人自由的产物，当对自由的约束降到最低，权利才能意味着被所有的个体始终如一地行使、最全面的一套可共存的平等的自由。

保守主义反对实质平等或者结果平等，他们对平等的主张仅仅指向权利。如果受教育权利的平等意味着每个人受到相同的教育、每个人都获得相同的教育结果，那么受教育的权利就不值得保护了。这种要求获得结果上的平等，也是一种乌托邦式的幻想。这是不可能实现

---

① 赵波. 奥克肖特的公民联合体理论研究 [M]. 北京：中国传媒大学出版社，2011：205.

② ［德］格尔哈德·帕普克. 知识自由与秩序 [M]. 黄冰源等译. 北京：中国社会科学出版社，2000：147.

的，即便实现了，带来的问题远远超出人们的想象。这在诺齐克那里，是为他所批判的"传统的乌托邦"，针对这点，他提出了自己的"理想"乌托邦。

他认为传统的乌托邦被人们理解为唯一的、终极的、前设的、超验的，这都是保守主义者所反对的。诺齐克描述了他理想中的乌托邦，这样的乌托邦是多元的、探索的、后设的和实践的。在论证自己的乌托邦理想时，他列出了三条论证。一是人们是存在巨大差异的，没有某一个共同体可以满足不同人的不同期待。因此，乌托邦应该是一个允许各种各样共同体存在的社会，禁止强加任何价值意志。二是如果所有的善不能够同时出现，那就必须使它们具有相等的实现机会，即不同的共同体都应该被允许作为选项出现在社会中。三是人是高度复杂的动物，因此人们所形成的共同体也品性不一、良莠不齐。个人如何确定什么样的共同体适应自己呢？通常通过"设计"和"过滤"来确定，也就是赋予个人参与不同共同体的机会，通过尝试获得自己适合的归属。

诺齐克将自己的乌托邦思想归纳为，"乌托邦是一个结构，是一个人们可以自由联合起来、在理想共同体中追求和实现他们自己认为好的生活观念的地方，但在那里，任何人都不可以把自己的乌托邦观念强加给别人。"① 在这样的论述中，存在三个核心的价值载体，即个人、共同体、乌托邦。个人是权利和自由的载体，是共同体和乌托邦的核心，是一切政治设计的出发点；共同体是个人权利和自由获得实现的方式，是追求共同价值的人们自愿组成的；乌托邦是诺齐克主张的"最弱意义的国家"。

这样的乌托邦理想同样反映了保守主义对于教育领域中个人与学校、国家的关系的理解。因为学校本身就是一个共同体，个人正是通过

---

① ［美］罗伯特·诺齐克.无政府、国家与乌托邦［M］.姚大志译.北京：中国社会科学出版社，2008：317.

加入这个共同体来实现自己对教育价值的追求。那么，按照这样的思路，个人、学校和国家在公民受教育权利问题上应该分别扮演哪种角色、相互关系如何、各自活动的规则如何，就较为清楚了。这些因素汇合在一起，就是个人平等的受教育权利。

二、均等的受教育机会

想要理解保守主义者赞同的均等受教育机会，首先需要厘清保守主义对机会的理解与其他人的不同之处。通常理解的机会是一种可能性，对这种可能性的考量着眼于各种各样的"不能"，在政策制度层面的体现就是试图通过外界的弥补，使个体具有与别人同样的获胜可能。

保守主义者并不避讳机会，"它是社会成员寻找与开发自身发展前景的可能性，是社会成员生存与发展的可能性空间与余地"[①]。波普尔在论及开放社会时指出，开放社会就是向未来开放的社会，向可能性开放的社会，它与封闭社会的区别就在于，一者是变化中的，一者是僵化的；一者中的个人是自由的、作为目的的，一者中的个人是被工具化的、被束缚在一处的。开放社会就必然是一个为个人提供机会的社会，并且每个人都具有平等的机会，如果仅仅是一部分人拥有机会，那就是封闭社会的特征。这就说明机会并不是保守主义者完全排斥的，但是他们对机会的理解是有很大保留的，哈耶克认为，政府对机会的一切干预必然要求对人们置身其中的自然环境和人文环境予以控制，努力为所有人提供尽可能相等的机遇。但结果往往是政府越努力越成功，为个人创造的机会平等越多，个人要求政府消除的不平等也越多。如

---

① 李海青.公民、权利与正义[M].北京：知识产权出版社，2011：107.

此下去，最终局面就是政府控制了一个人发展的全部情势，而且政府也因被赋予太多功能而压力巨大。所以，哈耶克认为，"机会平等的主张将会变成一种完全虚幻的理想，而且任何一种力图切实实现它的努力，都极易酿成一场噩梦"①。同时，哈耶克也指出，我们有颇多理由去赞成政府在平等的基础上为那些尚未具有完全责任能力的未成年人提供教育经费，尽管在我们是否应当允许政府支配并控制教育这个问题上仍然存有巨大的疑问②。所以，保守主义者通常对教育机会的平等是有所保留、有所迟疑的，因此机会平等是受到限制的平等，仅在于保障特殊群体的受教育机会。

教育是保证机会平等的重要措施之一，布坎南指出，"教育的效力能减少而不是增加——出发地位的差距。从这个意义上讲，教育起到与转让税相同的作用。"③教育对于个人的生存和发展可以起到推动机会平等的作用。而在教育领域，同样具有对教育机会平等的追求。

专制和平均主义是自由社会的最大敌人。保证教育机会平等是教育福利的根本目的，但机会不等于能力，平等不是平均。把机会平等等同为个人获得的占有社会利益的能力，这是乌托邦式的追求。平等也不意味着每个人获得同量、同质的福利内容，只是意味着存在一个分配权威在对教育这种益物在群体范围内按照绝对标准进行分割和支配。保守主义者理解机会平等最主要的是针对弱势儿童的福利支持。国家过多干预的目的是使人们之间更加平等。这种平等，更倾向于一种"相同"，或者"平均"，它是社会结果上的平等，而不是法律、道德和政治上的平

---

① ［英］弗里德利希·冯·哈耶克.法律、立法与自由［M］.邓正来等译.北京：中国大百科全书出版社，2000：148.

② ［英］弗里德利希·冯·哈耶克.法律、立法与自由［M］.邓正来等译.北京：中国大百科全书出版社，2000：148.

③ ［美］詹姆斯·布坎南.自由、市场和国家［M］.北京：北京经济学院出版社，1988：136.

等。这种平等的害处就在于它使建立在个体差异上的社会秩序失去了平衡,表现在经济上就是财产的平均,表现在文化上就是平庸。这样,所谓的"大众的崛起"就会使社会大乱。拉吉罗也认为,"平等原则刻板愚蠢地运用,倾向于阉割自由必然带来的不平等与分化,不仅使平庸扩散,也同时扩散着对于平庸的喜爱。"① 他们"理直气壮地伸张平庸的权利,并且把这样的权利诉求强加到自己触角所及的一切地方"②,这样的社会在他看来是一个"大锅饭的时代"③。

由国家来统一出资兴办义务教育,初衷之一就是为来自不同家庭背景、不同社会阶层和不同民族血统的一国适龄儿童提供同样的基础教育,以此来保障他们获得平等的受教育机会和获得个人发展必备资格的机会。保守主义会怀疑国家承办义务教育的初衷,因为他们不赞同国家在提供福利过程中束缚个人的自由,但他们不否定国家在义务教育阶段中作为福利主体的责任。这样的责任,尤其是保障适龄儿童受教育权利的责任,仅仅应该从以下几个方面获得体现,而不需要做太多。

(一)弱势儿童的受教育机会

对于一些贫困家庭的儿童,以及因为自身有其他的条件限制而不能正常地与其他儿童一样享受到必要基础教育的适龄儿童,国家应该给他们提供足够的福利保障,这属于补救型福利。

传统的保守主义者,如斯宾塞,是反对国家济贫的。他强调国家不

---

① [意]圭多·德·拉吉罗. 欧洲自由主义史 [M]. 长春:吉林人民出版社,2001:354.

② Jose Ortaga Y.Gasset, *The Revolt of the Masses* [M]. University of Notre Dame Press, 1985:10.

③ Jose Ortaga Y.Gasset, *The Revolt of the Masses* [M]. University of Notre Dame Press, 1985:18.

应用错误伦理代替自由竞争，必须坚持家庭准则和国家准则的区别。他反对"父亲似的政府"，家庭可以因为幼体的未成熟而养育他，国家则不能同样像家庭一样养育无能的个体。他认为国家对于社会上处于经济弱势的群体给予的保障只能加大他们的惰性，既不利于他们个体的发展，也不利于社会有机体的发展。

但是他并不是彻底地冷漠地对待弱势者，他主张区分个人所处的劣势环境，是由于个人的品行行为所致，还是其他不可以抵制的因素造成，如果是后者，他并不否定政府作为的合理性。他提出了国家在此的作用，"虽然政府不能改变个人必须承受的不公正的总量，它仍然可以改变不公正的分配……由于它的帮助，人们在相当大的程度上把他们必须忍受的不幸均等化了——把它比较一致地散布到整个社区，散布到每个公民的生活中"①。没有政府的干涉，一切人容易遭受一些摧毁性的伤害，在政府的作用下，"代替它的，是一种政治组织以一种比较温和的形式犯下的普遍性的侵害。以前损害是偶尔发生，却是毁灭性的，现在则是不停息地发生，却是可以忍受的"②。所以，对于这些社会边缘人群来说，政府的作用就是使他们遭遇的祸害可以被分担一些，而不至于把他们的存在和生活摧毁。尽管国家的干预也是一种"温和的侵害"，但是，远好过对于个人的摧毁性灾难带来的恶果。

对于什么是国家，什么是正义，波普尔认为这是个本质主义的问题，讨论这些问题如同自然科学家讨论分子、原子，而不去注意事物的表现一样，对于解释问题并没多大意义。因此，他不去关注国家是什么，或者什么是正义这样的问题，这样的问题很难有答案，人们总是会把自己找的答案当作本质性的解答，但即便是真正的知识也仅仅可以接

---

① ［英］赫伯特·斯宾塞.社会静力学［M］.张雄武译.北京：商务印书馆，2009：115.

② ［英］赫伯特·斯宾塞.社会静力学［M］.张雄武译.北京：商务印书馆，2009：115.

近真理，而绝不可以等同为真理。如果人们也同样认为自己可以找到政治领域这些问题的绝对知识和正确答案，那就只会导致权威主义，导致信仰和蒙昧。

那么，对于国家问题，波普尔有兴趣的是什么呢？他指出，"我们宁可提出这样的问题：我们对国家要求的是什么，我们应当把什么作为国家活动的正当目的"。① 那么，对于国家应该做何要求呢？波普尔的回答是"尽量减去苦难"，与功利主义者"最大多数人的最大幸福"是不同的。政府的目的应该是前者，而不是后者，为什么最大多数人的最大幸福不可以作为国家的目的呢？

首先，不同的人对幸福的理解不同，无法达到统一的认识。如果政府为了个人幸福所给予的，并不是个人所欲求的，那么它只能给个人带来痛苦和负担。其次，政府以为有助于实现个人幸福的作为，却不是个人所选择的，国家笃信自己的绝对认识，就必然会强迫个人如此做，这就会侵害到个人的自由。"功利主义者的最大幸福原则能够很容易地当作一种仁慈专政的借口"②，功利主义认为减少痛苦就是增加幸福，其实二者是不一样的，无法将痛苦的程度测定为快乐的否定程度。对于痛苦，波普尔认为可以列出一个很长的清单，比如贫困、失业、疾病、歧视、战争、严格的阶级差异、缺乏教育机会，这些往往成为政府承担起绝对责任的理由，但依照波普尔的理解，政府并不能在以上问题中获得行使权力的合法性。这种对国家责任的理解，看似是对功利主义的反对，其实二者并不是彻底地对立，只是在程度上有所差异。保守主义者希望国家的管理范围退让到合理范围以内，使得国家可以制止邪恶、减少痛苦，使个人在自由不受到侵害的条件下可以去追求幸福。

---

① ［英］卡尔·波普尔.开放社会和他的敌人［M］.第 2 卷.陆衡等译.北京：中国社会科学出版社，1999：109.

② ［英］卡尔·波普尔.猜想与反驳：科学知识的增长［M］.傅季重译.上海：上海译文出版社，1986：492–493.

当然，这种对于公共权力必要性的认识，也随着社会的推进而在保守主义阵营中呈现出支持政府作为空间增大的趋势。比如哈耶克，在此问题上，他更倾向于政府作为。"自由社会不但是守法的社会，而且在现实也一直以救助病弱和受压迫者为目标的一切伟大的人到运动的发祥地。"① "没有理由认为在一个达到了像我们这样的普遍的富裕水平的社会中，不应向所有人保证提供第一种保障……毫无疑问的是，在足够保持健康和工作能力的、衣食住方面的最低限度条件上，可向每个人提供保证。"② 来自贫困家庭的儿童因家庭经济条件的限制而不能享受到作为必要生活条件的基础教育，这就需要有外力来帮助克服这样的障碍。在过去，社会的慈善以及基于亲情的关照会弥补这样的不足，但当今，大型社会网络已经取代了过去休戚相关、利益与共的共同体性质的小型社会，"个人已不再是他所真正关心和十分熟悉的某个小社会的成员，这给他带来了更多的独立性，但同时也剥夺了邻里之间的人身联系和友好关心所提供的安全感。现在，人们越来越多地要求从国家的非个人权力那里获得保护和安全，这无疑在很大程度上是那些利害相关的小社会消失的结果。"③

为保证每个适龄儿童都可以获得基本教育，义务教育福利化就成为政府的首要责任。没有这样的机会保证，有些人就失去了与他人同样的公平的成长环境，也就缺失了与他人共同竞争和生活的必要资本，因为家庭劣势带来的弱者地位必然会延续到其成年生活中。如果说国家对公共福利的过多干预会侵害自由的话，那么这样的补救型的扶持也与自由

---

① [英] 弗里德利希·冯·哈耶克.经济、科学与政治——哈耶克思想精粹 [M].冯克利译.南京：江苏人民出版社，2000：62.

② [英] 弗里德里希·奥古斯特·哈耶克.通往奴役之路 [M].王明毅等译.北京：中国社会科学出版社，1997：117.

③ [英] 弗里德里希·奥古斯特·哈耶克.自由宪章 [M].杨玉生等译.北京：中国社会科学出版社，1999：123.

的侵害不相关,恰恰相反,这是一个人声张自由的基础。所以,政府提供此种教育福利是没有什么可以质疑的,且是其必须承担的责任。这种福利思想在英、美的教育实践中也获得了充分的体现:在义务教育实施之初,儿童被强迫进入学校接受教育,但是很多家庭还不能保证儿童有充足的衣食给养,英国政府提供的免费早餐、免费牛奶就是此种福利属性的。

(二)差异性个体的受教育机会

无论是作为普遍性福利的公共教育补给,还是本身就是一种福利的义务教育,归根结底都是为了保证每个儿童享有平等的受教育机会,但个体差异决定了这种机会必须具备多元内涵,才可以使每个儿童借此获得自身发展。基础教育需要体现的就是这种差异平等,每个个体无论存在多大的先天差异,无论在后天条件上具备何样的差距,每个人都应该平等享受教育,又因为个体的差异性存在,每个人都应该获得适合自己的教育。个体的多样性和差异性决定了教育不应该是整齐划一的,必须是多元性的。

国家举办的教育不同于私人教育,它必然比民间力量办学具有更多模式化、规定性的内涵,这是公共教育的特征之一。在同一责任主体承办的教育,必然具有很多共性所在,这样,公共教育就很难关注每个个体的教育需求。当然,即便是私人教育,也不可以使得个体获得最适合他、最有利于其发展的教育,但公共教育在满足个体需求上,也同样可以通过改进使差异性获得尽可能多的平等对待。途径之一就是国家的放权,国家在教育领域把权力交给地方、学校和市场;途径之二就是给予个人选择的权利。国家的放权是条件和基础,没有它就无从为多样性的个人提供多样性的教育。

教育权力越下放,个人具有的选择权越大。一个人如果对于此处的教育不满意就可以选择他处,个人具有的选择方案更为多元化。而如果教育的权力上移,则提供给个人的差异性选择就会减少。权力下放给学校,同样意味学校拥有更多的自治权力,可以按照自己的教育意图进行规划和设计,增加受教育者的教育选择项。市场机制也同样可以满足个体的差异性需求。在市场机制下,个人作为消费者,就有权利按照自己的需求选择教育。即便个人无法通过市场找到他理想化的教育,但他可以从中选择最优者,这绝对比强制的单一的教育产品更加符合他的要求。对于学校而言,通过市场获得需求信息,当信息显示对某种教育产品的需求足够多了,足可以鼓励他们作出改变或者调整去迎合这样的需求,学校自发作出的改变更能适用于个体的差异性。

诺齐克说,根本就不存在社会统一体,存在的只是个人,一些不同的人[①]。因此不同的人都应该获得的权利是平等的,但应该是平等的差异权。只有在多元的教育产品中,个人差异平等权利才可以获得实现。

(三)自由选择的受教育机会

保守主义者认为,自由是免予强制,自由是强制的对立物。何谓强制呢?柏林认为"强制并不完全等同于'不能'"[②]。个人不能做的未必就是强制,"强制是在个体可以自由活动的领域受到他人处心积虑地干涉而不能自由的行为"[③]。这是强制的存在前提,即在个人可以自由行为的领域设置障碍。就强制实施的方式来看,强制不是一个偶然性的行为,也不是转瞬即逝的行为。柏林等所说的强制是体系化、制度性的干预,柏林认为这才是强制的可怕之处,因为一旦制度性的强制发挥作用,个人为捍卫自由的行为就成了对抗整个社会制度的行为。

---

① 吴玉章.论自由主义权利观[M].北京:中国人民公安大学出版社,1997:163.
② 转引自吴玉章.论自由主义权利观[M].北京:中国人民公安大学出版社,1997:76.
③ 吴玉章.论自由主义权利观[M].北京:中国人民公安大学出版社,1997:76.

所以对公民可以接受到何样的教育，是一个需要谨慎对待的事情，因为当它以制度的形式确定下来后，个人可以反抗说"不"的机会就很少了。

个人可以在多大范围内保持自由，取决于他对别人的干扰和侵害的范围，而这样的自由边界并不取决于具有决策权力的某个人或某个机构。义务教育中的情况也是如此，如果说义务教育是为了保障个人接受必要的基础教育，那么这样的教育并不应该对于教育的内容和价值做过多的要求。教育的作用，仅仅在于培养自由的人，使他们具有更多的自由。所以作为权利的义务教育，仅仅是提供给自由的个人以发展自由的机会，而不是其他。密尔曾经说，人类有悖于动物，主要是因为他是一个能够选择的存在。教育权利必须是个人可以自由选择的权利，教育机会也必然是自己可以作出抉择的机会。在这一点上，保守主义者的态度体现了他们对公共教育行为的过度防范。

首先，在他们看来，如果由国家提供多种教育机会，其预设就是教育由国家来负责，国家赋予教育多元化的特征，个人可以从中作出选择。如果国家提供的义务教育是单一形式的、统一内容的，并且按照同一的标准衡量教育是否合适，那么国家提供多个教育选择项，这显然是教育自由的进步。但只要这些教育是国家管理监控的，那么背后的价值标准就只有一个，所给出的选择也仅是在一定范围内的改变，个人从根本上依然是被束缚的，唯一不同的是选择这种束缚还是另一种。因此，义务教育如果是作为福利而不是作为国家教育权力的体现，那么教育的自由就应走得更远，国家应该更加退后。

其次，这种自由选择是在社会范围内的选择，也就是说个人是在多种教育形式和内容中的选择，这涉及自由的选项，毕竟不可以使每个人都获得完全针对他个人的教育。但这样的教育提供应该是在社会力量的场域下进行的，这种社会力量包括地方政府、私立学校、自主管理规划的学校，总之，是多元主体的多元教育价值在教育中的多元化呈现。

最后，国家对于这些自由的选项不是没有约束，但是这样的约束仅仅应该是底线性质的，而非以国家作为价值主体或者以国家作为衡量标准的限制。国家在基础教育领域的责任决定于其管理职能，而不是其道德权威性、知识权威性或者教育权威性。因此，如果说政府在教育中的作用是保证共同的社会价值和责任感的培养，那么对于共同信仰和行为模式的干预就越界了。

三、享受真正教育的权利

教育可以提升国民的素质，进而改善国家的状况。既然国家的改善依赖于对国民的教育，那么国家完全置身于教育之外就是不可能的，但保守主义者又坚持国家不能干预教育，那么，国家到底能够为教育做些什么呢？洪堡认为，国家应该提倡一种真正的教育①，就是国家通过保障国民自由，让所有国民在自由中塑造自己的一种普通教育。同样的反对者还包括斯宾塞，他除了不信任国家比父母更知道儿童需要什么之外，他还否认政府对教育有更高明的理解。在他看来，国家声称个人需要教育，理由是为了公共生活就需要好公民。但什么是好公民？如何培养？评判者都是政府，是按照政府的标准塑造儿童，"自己先形成一个明确的典型公民的概念；这样做了之后，人们必须精心搞出一套似乎最适合按照这个典型培养公民的训练制度，政府也必须尽力推行这个训练制度"，否则，"人们成为不同于它认为应该变成的人，因而也就不能履行它承担的责任"。②

---

① 王燕晓，吴练达.洪堡关于国家与教育关系的思想研究[J].现代大学教育,2008(5).
② [英]赫伯特·斯宾塞.斯宾塞教育论著选[J].胡毅,王承绪译,北京：人民教育出版社，2007：176.

"正是那种高度集权化的且由政府支配的教育制度，将控制人们心智的巨大权力置于了权力机构的操握之中。"① 这样的教育在满足国家迫切的政治经济需求的同时可能要付出很高的代价。哈耶克认为，尽管国家有责任举办义务教育，但义务教育一旦由国家举办就容易导致教育权力被垄断，教育所传递的价值观从多元的存在被局限为单一的存在。他意识到"在国家教育制度下，所有基础教育都有可能被某一特定的群体所持有的理论观点所支配，亦即那种想当然地以为其拥有着解决那些问题的科学答案的群体"②。保守主义者得出结论，这种对自身知识和理性的狂傲，必然会借助国家对教育绝对话语权的确立，改变着教育的内核和灵魂，从内里毁坏掉一个国家的教育发展。

（一）成就自我的教育

教育是对人进行培养的过程，教育的目标就是使个体成为更加完善的存在。正如同密尔所言，人类的目标是使他的各种能力得到最高级、最和谐的发展，从而成为一个完整而一致的整体。这种目标的实现取决于两个重要因素：一是自由；二是情境的变化性。二者结合才能形成"个体活动和多变性"，形成个体的"原创性"，个人也由此获得成就其自己的可能和机会。

除了自由对个人发展的重要意义所在之外，个体的理性是保守主义者教育主张中的另一个论据。保守主义者认为个人的有限理性使得他们能够对自己的行为负责、对自己的发展负责，而不必把自己全部依赖于一个理性共同体——国家，从而也就否定国家为个人设计的理性之路

---

① ［英］弗里德利希·冯·哈耶克.自由秩序原理［M］.邓正来译.北京：生活·读书·新知三联书店，1997：162.

② ［英］弗里德利希·冯·哈耶克.自由秩序原理［M］.邓正来译.北京：生活·读书·新知三联书店，1997：171.

具有绝对权威性,个人的多样性从而获得合理性。"人性不是一架机器,不能按照一个模型铸造出来,并且开动它按部就班地去作为它规定好的工作,它毋宁是一棵树,需要按照使它成为活物的内在力量的趋向生长,并在各方面发展起来。"① 个人对自由的需要及个人对自由的掌控能力使个人有权获得这些而发展自身,只要不涉及他人,个性就有维持自身和自由发展的权利。

洪堡的《政府的责任和范围》中,有两个主题一再被强调:一是主张建立最低限度的国家,二是强调塑造人性和自我发展的价值,二者密切相关。国家受到限制,才会留给个人更多的空间和机会。在教育中,一旦国家规定过多,那么体现的就是国家的强制力,而留给个人的自由空间和选择机会就必然减少,这就是保守主义者反对国家在教育领域过多作为的原因。密尔曾经说,"唯一实称其名的自由,就是按照我们自己的道路去追求我们自己的好处的自由"②,这种消极自由是保守主义者所赞赏的。因此,个人的教育权利首先是一种可以获得自我实现的权利,在一定程度上,或者在某些方面,它是必须免予外力强制的。斯宾塞认为与社会一样,个人也是一个有机体,而有机体各种器官的机能也是通过磨砺获得实现的。没有人一生下来,双手就可以运用自如,必须经过后天的练习,没有人的大脑不经过教育就会思考,但是个人接受恰当教育的权利,并不是代替他的双手去劳作,而是为他树立榜样,提供练习的机会。教育也不是硬性地把他认为正确的东西灌输给儿童,而是教会他如何思考。因此,受教育权利必须是可以为儿童提供自我发展、自我成就机会的权利,而不是被他人约束起来、丧失自我发展的可能。

自由是个人受教育的条件,一个身份与别人平等,不具备与他人同

---

① [英]密尔.论自由[M].顾肃译.北京:译林出版社,2010:59.
② [英]密尔.论自由[M].顾肃译.北京:译林出版社,2010:14.

样的尊严和人格的个人如何在受教育过程中享受到平等和与他人同样的自由呢？教育中的自由首先是应该以公民个人生活中的自由为条件，国家应该是实施教育的手段，而不是教育的目的，也就是说，"国家机构的设置本身并非目的，而仅仅是培养教育人的手段"①。国家的作用，通常是一种规范作用，不应该被诉诸宗教、风俗等方面，但国家的这种作用往往会渗透到教育中来。因为与风俗、道德相比，对于国家而言，教育的存在，尤其是在政治意义上的存在具有极大的重要性，这是出于政治利益考虑而对教育的约束。还有一种约束，来自对教育本身的误解，那就是认为国家需要在教育中承担引导的作用，但是，"集所有因素于一体的教育最终不是抽象的范畴，而是要求个人以其自身的意志努力增进自身的所有力量。它与各种束缚和限制人能力的关系作斗争，支持对世界现状的了解和对他人的理解，并且使得人们自行负起责任"②。这样的结论就是，个人可以通过自由的教育达到自我完善，可以具备明确是非善恶的能力，国家的干预只会适得其反。

　　洪堡的结论有些极端，但却凸显了保守主义者对公共教育的态度：国家没有必要干涉公民的教育，只需要为公民的教育提供条件，只要国家为公民的教育提供了条件，富有创造力和责任感的公民自然会涌现，国家的富强和国民的团结也会因此而得到实现。"所有为人类进步所作的努力，如果不是从个体的塑造出发，都将是一种毫无成效的幻想"③。如果国家试图干预教育，那么就可能培育一批没有责任感的公民。如果个人自由受到限制，无论这种限制是哪方面的，都会减弱个体

---

　　① ［德］威廉·冯·洪堡.论国家的作用［M］.林荣远，冯兴元译.北京：中国社会科学出版社，1998：88.

　　② ［德］威廉·冯·洪堡.论国家的作用［M］.林荣远，冯兴元译.北京：中国社会科学出版社，1998：10.

　　③ 王燕晓，吴练达.洪堡关于国家与教育关系的思想研究［J］.现代大学教育，2008（5）.

的责任心,并使得个体产生依赖心理,"最终导致国家利益、民族利益受损"①。蒙台梭利认为,好的教育是能培养出自由人性的教育,是培养自由人格的教育,经由它,个体的知识、感官、记忆、感觉、肌肉与意志、身体与心灵等都在一个完整的生物体内产生功能上的一致性,从而他们可以对自己的生活作出理性而自由的选择,个体特征获得发展和突显。也如爱因斯坦所说,"自由行动和自我负责的教育,比起那种依赖训练、外界权威和追名逐利的教育来,是多么优越啊!"②

(二)接近真理的知识

在保守主义者看来,教育的重建过程也是政府通过"真理"和"知识"这类教育产品去运用,或者强行使用其权力的过程。这种知识不是真正的知识,也不是教育理应承载的知识,"教育是人类灵魂的教育,不是理性知识的堆积"③。这种知识不是"死"的知识,不是以凝固状态存在的知识,也不是靠凝固的心智和个体就能习得的知识。这种知识必须是通过个体的理性思维进行理解和甄别的知识。

人类社会中存在多种价值观念,它们都是平等的,因此不存在可以确定谁是谁非的终极裁判,而强制性的、计划性的、统一化的标准就意味着以自身作为取舍的绝对权威,为了实现在真理上的共识,甚至为了把其他人的错误转换成"真理",而这绝对不是教育所应该承载的。

知识是教育内容的一部分,也是实施教育的载体之一。知识无限,因此教育必须面临对知识的选择。国家在教育中具有权威性,这种权威

---

① 王燕晓,吴练达.洪堡关于国家与教育关系的思想研究[M].现代大学教育,2008(5).

② [德]爱因斯坦.自述片段,爱因斯坦文集(第一卷)[G].许良英等译,北京:商务印书馆,1976:43.

③ [英]雅斯贝尔斯.什么是教育[M].北京:生活·读书·新知三联书店,1991:4.

性在于它具有举办教育的能力且可以使人们服从于其教育安排，但是政治上的权威不意味着是真理的掌握者，或者知识的来源。尽管国家举办公共教育必然要保证一个国家和社会的公共价值，但是"公共"与"价值"是两个没有明确边界的概念，不同的政治制度对于它们都有各自的理解。

选择将哪些知识纳入国家教育的范围之内，起关键作用的因素有两个：一是国家如何要求公民；二是国家如何看待知识，也就是国家对于知识的态度。知识是处在一个动态的变化过程中的，没有哪种知识可以不受时间的挑战和人类智慧的挑战而一直保持它被人们掌握的原初状态。个人受教育的过程是一个获得掌握知识的能力的过程，而不是对某些知识的简单获取。求知的过程也是一个试错的过程，没有知识可以作为绝对知识被灌输给儿童，因此在教育中，知识是开放性的知识，对于知识的获取应该是允许试错的。承认知识的开放性、赞同通过试错来获取知识，其实就是不要把政府的政治权威演变成为教育中的威权，即用政治权力绑架知识和教育。除此之外，决定何种知识进入教育领域的另一个因素是国家对公民的要求。国家与公民之间无论是明显还是隐讳，都存在一个工具和目的的关系。崇尚个人价值的政治文明尤其是珍视个人自由的保守主义者，必然要求政府作为个人自我实现的手段而存在。教育是一个这样的过程，但是必须有一个前提，那就是教育本身也是自由的，教育中传递的知识理念和认识手段也都是有利于培养人们的自由意识、对自由负责的能力。

开放性、多样性是选择教育内容的基本准则。哈耶克指出，就像我们肯定不会希望政府在发布或传播新闻方面占据某种支配性地位一样，我们也不希望政府在教育传递的内容方面占据支配性地位。在决定教育机构教授什么内容这个问题上，整齐划一的做法是保守主义者所反对的。但有一点也是不容忽视和否认的，国家举办公共教育的一个重要目的在于促进个人发展和社会共同价值的培养，因此，在教育内容的选择上，必须有一个底线的要求，那就是不至于冲击到共同的社会价值和生活秩序，不至于因为这样的知识和理念的传播而对于他人的权利和自由造成威胁。因此，国家在教育内容上的作用是在两者之间寻求均衡。

教育内容的客观性是保证教育自由的一个重要条件。确定教育内容的主体应该是谁，是以知识还是技能作为教育内容，对于这两个问题的答案勾勒出保守主义者对学校教育内容的认识。

首先，从确定教育权威上来看，保守主义尊重权威，信仰权威，权威是人们心甘情愿服从的权力，而非强制性的力量。教育必然涉及教育内容的问题，教育内容首先面临对知识的选择。知识是形成能力的媒介，是教育过程中不可或缺的元素。那么，谁决定把什么知识纳入教育内容中去呢？这就需要确定谁是教育权威。

知识的分工特性意味着个人是知识拥有主体，而不是个人的集体，也就是说不存在一致性的知识。保守主义认可多元知识的合理性，否认政府在掌握知识上的权威性。如果政府并不必然掌握绝对知识，那么政府也不必然比个人更具有理性判断的能力，那么政府就没有资格成为教育权威，替个人决定何样的知识是"真正的知识"，抑或是他们愿意相信的知识。也就是说，政府与个人相比，他不是教育权威，真正懂得教育，明白儿童需要何种教育的权威及其来自何处。由于儿童没有成熟的心智，他们自己不能替自己作出决定，那么和他关系最密切的父母、社区，以及以后他要生存于其中的社会，是最可以替他们作出决定的主体。这些主体与儿童关系密切，对教育未必了解太多，那么还得求助真正的教育权威，就是学校和教师。因此，在保守主义者看来，儿童接受何样的知识，不应该由政府来决定，而是由和他关系最密切、最可以代表他利益的父母、社区，以及更加了解教育的学校和教师来决定。

其次，从对教育活动中知识和技能的作用来看，保守主义者会追问教育到底要教给儿童什么，哈耶克的答案是获取知识的技术。这些技术为个人获得知识提供最基本的条件，个人可以通过教育而获得。这种观点倒并不是出于他们对教育的理解，而是出于对知识的理解及对政治权力的防范。所谓对知识的理解，是说保守主义不迷信人类掌握知识的能力。他们笃信，没有哪些知识可以被确定无疑地贴上真理的标签，因此，以知识为中心的教育就会存在风险：本来是启蒙心智的活动，却冒着蒙昧个人的风险。而技能则不同，它是一种能力，是一种工具，可以使得儿童在今后用它去做自己想做的事情。所谓对政治权力的防范，是说保守主义者警惕国家权力对于教育内容的干涉。一旦知识成为主要教育内容，就为政治力量施加影响提供了机会。这样，教育内容就偏离了它应该具有的中立价值。如同贡斯当论及教育时提到的那样，随着儿童接受教育的增加，他们的心智自然也会不断丰富起来。但是我们仅仅需要权威"给我们一些他们能够提供的一般性指导手段。我们将像旅行者那样接受权威提供的主要线路图，而不必由他们告诉我们该走哪条路"①。知识起到的作用就如同明确的道路指引，而技术或者能力，则是使儿童可以到达他们自己选定目的地的工具。

（三）教育中的个人自主

博兰尼在论述自由问题时提出，"虽然人们有极为强硬的理由支持政府资助教育的做法，至少是支持政府资助普通教育的做法，但是这却并不意味着这种教育就应当由政府来管理，更不意味着政府应当对这种教育享有垄断权。"② 这种垄断一旦形成，国家必然是按照自己的利益需要设计教育的目标。针对此，保守主义者都会要求在教育中能够给个人自主的空间。

同样的想法还见于弗里德曼，他认为权力约束越少，越容易为多样性存在创造条件，而多样性无论是科学研究还是文学创造，所有的文明

---

① ［法］邦雅曼·贡斯当.古代人的自由和现代人的自由［M］.阎克文等译.上海：上海人民出版社，2003：45.

② ［英］弗里德利希·冯·哈耶克.法律、立法与自由［M］.邓正来等译.北京：中国大百科全书出版社，2000：358.

创造都离不开多样性的主体的自由活动空间，而不是在政府权力辖制下取得的。学校教育，如果被政府权力剥夺了自由，代之以统一设置的标准，一方面会在某些方面有所提高，但另一方面，停滞会代替进步，统一的平庸状态取代了更为可贵的多样性。

雅斯贝尔斯也认为，如果国家掌握对教育的支配权，国家可以按照自己的目标去塑造人格，但代价是"精神自由"的丧失，这种教育的共同点就是按照标准化的模式塑造人。群众既可以意识到国家暴力强加的统一性，也会意识到漫无目标的多样化，但是在教育发展路径上的探究，不存在任何简单的处方。这种态度也就催生了一种近乎极端的看法："国家的权力不能创造出任何东西，它所能做的只是保护或摧毁。"[①]

个人的自主体现了个人独立于强制力的自由，"凡对权力的敬畏心最大的地方就是对个人自由侵犯最严重的地方，这多少是一种自明之理"[②]。在对儿童的教育中，"教育自身就是儿童的积极权利"[③]。之所以这样说，是因为在受教育的过程中，儿童在身体和心智上都未成熟，无论是身体还是心智，都必须经由学校的积极作为才可以获得提升。当然，学校是教育行为的直接实施者，背后是地方当局或者中央政府，但无论从哪个层面来看，儿童的受教育权利都是一种积极权利，要求他人积极作为以保证自己权利。这样的积极权利存在一定的危险，因为当这样的积极权利超出其合理边界时，会威胁到儿童的自由。另外，儿童在享受积极权利的同时，他们也同样具有消极权利。他们的消极权利与成年人的消极权利有所不同，不同之处有以下两点。

一是他们的消极权利很多时候通过作为代理人的父母来实现，也就是父母在儿童教育问题上具有的自主权利。这种自主不是父母的权利，

---

① ［德］卡尔·雅斯贝尔斯.时代的精神状况［M］.王德峰译.上海：上海世纪出版集团，2005：72.

② ［英］赫伯特·斯宾塞.社会静力学［M］.北京：商务印书馆，2009：237.

③ 王本宇.教育与权利［M］.福州：福建教育出版社，2012：53.

而是他们作为儿童监护者的权利，表现为对学校教育的参与管理和监督，包括提出自己的建议和意见，包括使自己的话语可以通过有效途径在不同程度上影响到教育实践或者政策。

二是他们不具备成年人的责任能力和知识水平，他们要通过教育来获得这些。也正是在这样的环节中，他们的消极权利应该获得重视。这体现为在儿童接受教育的过程中，教育权威或者政治权威在教育内容、手段、目的和方式上的诸多安排，都不应该干涉儿童的自由。当然，这样的自由不是对儿童的放任，因为他们没有承担责任的能力，必须受到一定约束。但这种约束必须具备自己的底线，那就是所做的一切安排有助于儿童获取自己实践自由的能力。如果接受教育是为了更好地保证他们今后的自由，而在受教育的过程中，他们是教育的奴隶，那么可想而知，受过这样教育的儿童很难成长为一个自由、自主、自立的现代人。受教育权利与思想自由二者有一个共同之处，它都是推动人们发现真理和人类进步的关键。受教育的权利是为了教会儿童如何思考、如何具有自己的思想、如何使其思想深刻丰盈起来。思想的主体是个人，没有人可以用自己的思想去取代他人，没有人可以用自己的思考替别人作出决定，也没有人可以认为自己的思想更加高尚而强迫他人接受。个人通过教育必须获得思想的自由。密尔说过，个人的思想自由并不是要使个人成为伟大的思想家，只是为了提高个人自身的精神境界，从根本上说，就是人们完善自身的需要①。一旦教育被权力绑架，个人的思想自由被剥夺，那么教育也就是失去了其本质意义。

---

① ［英］密尔．论自由［M］．程崇华译．北京：商务印书馆，1996：34.

第四章　保守主义的国家教育权力观

18世纪前后，以工业主义为基本制度框架的国家在经济上依赖文化的同质化、大众识字和一个相对单一的教育体系，整个人口的普及通行的思考方式和信仰方式成为必需，所以欧洲国家在建立国家机器系统的同时，也开始在教育领域的统一构建，国家开始向学校提供经费，通过出台法令规定教育目标和课程。一方面为国家统治下的重要机构输入受过训练的人员；另一方面承担着为国家建设政治制度、道德文化的重要职责。在国家教育权力形成并迅速扩张的背景下，保守主义者通过经济发展的社会需要，对国家的教育权力更为警惕。

霍布斯说，没有权力就难以有社会秩序，但对于权力真面目的揭示又常令人心有余悸，权力"不是谁剥削谁或者以谁为代价而受益的问题，而是谁控制谁的问题"①。马克斯·韦伯说："权力就是一个人或者若干人在社会活动中即使遇到参与该活动的其他人的抵制，仍能有机会实现他们自己意愿的能力。"②权力的控制本性必然要求它必须与强制为伍，所以它才成为一种使人产生恐惧的物质性力量，这种恐惧不仅仅来自

---

① Mamadi Corra. Separation and Exclusion: Distinctly Modern Conditions of Power? The Canadian Journal of Sociology, Vol.30, No.1, 2005: 48.

② [美]汉斯·格恩，赖特·米尔斯.马克斯·韦伯文选[M].伦敦：牛津大学出版社，1946: 180.

权力所欲的控制带来的恶果,也来源于对权力的后盾——暴力——的恐惧。一方面,人们赖以存活的秩序需要通过权力来维护;另一方面,权力的利爪一旦向前一步难免会伤害无辜。所以,对于权力边界的设定就成了一个事关人类生死存活的问题。保守主义对权力的边界尤为敏感,对教育领域的国家权力,保守主义变得更加严苛,仅为国家权力留有极其有限的存在空间。一方面是出于他们对权力的恐惧,另一方面是因为他们对包括思想自由、精神自由、选择自由、个人自主在内的教育过程的重视,唯恐一旦放松警惕,教育就会被政治强权所奴隶,个人获得的所谓权利成了束缚其自由的枷锁。二者合力为之,使保守主义更加坚决地要划清国家在教育领域的权力空间。在他们对国家的性质和责任的理解上,处处体现出这样的立场。

麦基弗从社会职能的角度考察国家现象,认为国家是人类为了达到某个目的而组织形成的一种服务性职能团体,它与教会、政党、公司、俱乐部都是平行的,它不是万能的,也不享有绝对权力。它的权力来源于它的服务职能,它不可能满足人们的所有需要,它的服务职能不可能遍布每个领域,它的职能也必然是有限的。麦基弗有一句名言:它给予,所以它索取;它服务,所以它拥有。那么,国家在哪些事情面前是该罢手止步的呢?

首先是属于公民自己的内部事务,如思想、情感、意志,国家不可以干涉公民思想、信仰、言论的自由。其次,国家不可以干涉社会的风俗时尚,即便国家可以通过改变它们以产生外部环境,却不可以改变风俗本身。因为这些是一个时代精神的体现,它是超出国家管理范围,不在国家控制之中的。最后,国家不应该干涉属于其他社会团体的工作,但单纯关注外界的约束会使得消极自由狭隘得令人无法忍受。如果消极自由仅仅强调免予外界约束,那么节制欲望就算是扩大自由,从而习惯于被奴役,成为心满意足的奴隶,显然这不是保守主义所欲所求。

那么,国家在哪些方面需要有作为呢?那就是"外部事物"。维持秩序就是其中之一,我们可以将建立并维持秩序当作国家的一个重要任务。在全国范围内保持一个普遍的秩序，是国家应做的最明显的事儿，并且这在任何时候都是国家的一项特殊使命①。但秩序并不是国家的目的本身，国家如果仅为秩序而维持秩序，则无异于警察。国家维持秩序是为了行使另一个责任，就是保护，包括对人民生命、财产的保护，不仅保护强者，也要保护社会中的弱者，还要逐渐担负起保障人民生活的职责，使得人们不会因为意外失去生活保障。保护的任务进一步扩大，就是它的第三个职能，那就是保存与发展，即保存和发展社会资源的责任。一是开发利用资源以发展社会经济，二是人力资源的开发。"虽然国家应该谨慎从事以免伤害个人的内在创造力，但仍应做一些有益的事，为个人潜能的发挥提供服务。"②

国家的责任有其"为"与"不为"的边界。当然，对这种边界的理解存在很大的差异。对于教育而言，一方面它属于内在事务，事关一个人的思想心智；另一方面，它又属于外部事务，因为对于维持社会秩序、提供保护、推进个人的生存和发展，教育的重要性无可怀疑。这也决定了教育既体现为个人权利，也体现为国家权力。由此，在权利和权力之间，必然具有对抗性和冲突性，但是在冲突和对抗之中，权利和权力都具有对彼此的约束，尽管程度不同，但到最后必然形成一种固化下来的教育体制，这就是二者博弈产生的后果。

在对国家教育责任的理解上，霍布豪斯说因为教育是个人无力兴办或者不愿意兴办的公共事业，因此需要国家承担。哈罗德·拉斯基认为，国家举办教育是因为国家具有最大限度实现社会福利的责任，教育是其中之一③。卡尔·多伊奇认为国家有两种职能：一是强制性的，二是

---

① 转引自邹永平等.现代西方国家学说[M].福州：福建人民出版社，1993：330.
② 转引自邹永平等.现代西方国家学说[M].福州：福建人民出版社，1993：331.
③ [英]哈罗德·拉斯基.国家的理论与实践[M].伦敦：伦敦出版公司，1935：22—23.

服务性的，教育就属于后者。约翰斯顿①将其归纳为六种国家职能，意味着国家承担的六种不同身份：一是履行警察职能的保护者；二是处理冲突和纠纷的仲裁者；三是通过意识形态促进社会一致的聚合力量；四是作为社会经济基础设施的提供者；五是作为经济文化教育上的投资者；六是作为存在自身利益的官僚机构。其中，第二种、第三种和第四种国家职能都与教育有关。

　　自由主义者和保守主义者在保守自由这个方面是一致的。国家本身不是目的，人在国家里处于中心的位置，国家的基本任务就是保障个人的自由。国家主要的——如果不是唯一的——任务是关心公民的"负面的福利"，即保障公民的权利不受外敌的侵犯和不受公民之间的相互侵犯②。国家有且仅有此职能而已。斯宾塞所认可的政府角色包括两个：一是作为保护者，把人们约束在社会状态之内；二是作为审判者，制止危及该状态的行为，若超出这个范围，它就变成了侵略者，即便是民主选择的政府，也会侵害公民的生活。也就是说，要把政府的权力限制在一定范围之内，如同贡斯当所说，"当权者的节制是其最严格的职责之一"③。奥克肖特曾经举例说明政府的权力应该具有何样的作用，"政府就像烹饪中使用的大蒜一样，只有在人们注意到它的缺少时，才能够审慎地加以使用"。他同时指出，即便对于政府权力十分警惕的怀疑论者，也不用怀疑，"政府的缺席是会被注意到的"④。也就是说，人们在需要政

---

① ［捷］卡尔·多伊奇.政府的神经［M］.草拌荷叶译.纽约：纽约自由出版社，1963：64.

② ［德］威廉·冯·洪堡.论国家的作用［M］.林荣远，冯兴元译.北京：中国社会科学出版社，1998：8.

③ ［法］邦雅曼·贡斯当.古代人的自由和现代人的自由［M］.阎克文等译.上海：上海人民出版社，2003：46.

④ ［英］迈克尔·博兰尼.自由的逻辑［M］.冯银江等译.长春：吉林人民出版社，2002：55.

府的时候，自然会想到政府的职能所在。

国家要保护公民的财产和自由，但个人自由和权利并不需要国家来确认。斯宾塞把社会契约解释为一种公民与其政府间达成的协定，斯宾塞的社会契约的重点在于政府的责任而不是公民的义务，"做不好"是政府责任履行不力，而不是公民没有尽到义务。在生物有机体中，部分必须为整体牺牲，而在社会有机体中，政府或者国家这个整体本身是没有目的和意义的，它们的意义就在于保障实现个人权利。国家和社会有机体都是为了保障个人的权利有存在价值的，政府必须保障个人权利，而不是个人为政府作出牺牲。

但国家拥有的权力很多时候不能恪守自己的边界，它总会利用自己的优势有意无意地扩大自己的影响范围。"有权力的人们使用权力直到遇到有界限的地方才休止"①，"不断扩展政府的职能和权力范围是政府内在的刚性趋向，现实社会生活对政府的某种需要更为强烈"②。

在教育领域，对国家的责任边界争论得尤为激烈。保守主义者对政府的理解和期待，充分体现在戴维·奥斯本的《再造政府》一书中，他提出"再造政府的十条原则"：起催化作用的政府，要掌舵而不是划桨；社区拥有的政府，是授权而不是服务；竞争型的政府，要将竞争机制注入提供服务中去；顾客驱使的政府，满足顾客而不是官僚制度的需要；分权的政府，从等级制到参与和协作；市场导向的政府，通过市场力量进行变革；等等。

在国家的教育责任定位上，保守主义者认为国家有责任承办教育，但是不应该干涉教育，应该保证个人的受教育权利，但是不应该干涉个人的受教育自由。

"只有国民才能以不事先加以规定的方式提高人民的教育水平，才

---

① ［法］孟德斯鸠.论法的精神［M］.张雁深译.北京：商务印书馆，1961：154.
② 徐邦友.政府的逻辑［M］.上海：上海人民出版社，2011：131.

能培养民族自尊心并且为改革注入后劲。"① 国民的创造能力的发挥，国民教育水平直接关系到国家的整体力量和发展水平，关系到整个民族的发展，国民的创造力的发挥是建立在独立自主、自由的基础之上的。

一、国家教育权力的合法性

家庭教育尽管对个人和社会也产生很大的影响，但正规教育抑或说是公共教育更能影响整个社会和国家以及社会内部特定个人和家庭、社会的利益和需求。不同的思想者对国家在公共教育中在多大范围、多深程度上发挥作用的问题上争论不休，但国家在教育中的作用通常是被认可的。"我认为为了保护个人的权利和公共利益，国家可以确定正规教育内容必须满足最低条件；可以执行必要的监督作用以保证学校符合这些条件，并且可以且应该使用公共经费使每个社会成员能够得到适当的途径去接受有益于大家的一定水平和程度的正规教育。"② 曾经对国家举办教育颇有微词的洪堡也认为国家是一个为人的教育开辟道路的不可或缺的手段和条件。保守主义对国家在教育中的责任的正当性论述，表现在以下几个方面。

（一）教育的特殊需要

作为一种特殊的社会实践活动，教育有其特殊的需要，也就是接受

---

① ［德］威廉·冯·洪堡.论国家的作用［M］.林荣远，冯兴元译.北京：中国社会科学出版社，1998：13.
② ［澳］布莱恩·克里滕登.父母、国家与教育权［M］.秦惠民等译.北京：教育科学出版社，2009：95.

教育的群体的特殊需要。具体体现在三个方面：一是个体实践技能的需要，没有它们，个体的生存就越发困难，丧失基本的生存资本，也就无从追求更多；二是确认群体成员资格的需要，个人需要通过类似的社会化过程实现同一群体成员身份上的互认，为与他人的共存创造条件；三是国家出于社会团结和政府控制的管理需要，同化和驯化是实现安定和控制的必要手段。

教育可以使人获得知识、信息，以及获得知识和信息的能力，也可以提高他们利用已掌握知识、信息的效能。这是教育的价值所在。但是"那些既不占有信息也未受过教育的人却往往不知道得到信息和接受教育会对他们有什么益处"[①]。不仅儿童，即使是成年人也不都是能很好地处理长期利益和短期利益的关系，由此，他们不容易主动地进入提供知识的教育市场中来。尽管市场是推动知识传播的最好途径，但是，对于没有意识到知识价值的人来说，他们是处于市场之外的。

所以，在市场之外，知识和信息的传播还需要一种力量，这种力量是一种有意的努力，它可以大大地增加知识的利用，而这种有意的努力——把知识给予那些没有动力去寻求知识或作出牺牲去得到知识的人，是符合整个社会利益的。这种努力，就是国家在基础教育方面应该担负的责任。当他们明白这些东西的价值所在，对于其他人是有益处的。这体现在个人在掌握这些知识之后，会更自觉地遵守法律，也意味着他们在民主政治活动中更具参与能力，这些都是有助于他人的。从保守主义者最珍视的市场机制角度来看，教育与信息的传播也会使市场过程的运行变得更加有效。

从教育的对象来看，儿童还不是有责任能力的公民，也就不能假定他们知道自己需要什么东西，他们也没有可以用以获得教育的财产，家

---

① [英]弗里德利希·冯·哈耶克.法律、立法与自由[M].邓正来等译.北京：中国大百科全书出版社，2000：357.

长并不总是愿意或者总是有能力为教育投入足够多的资本。另一个重要的理由在于，通过教育个人可以认识到他们原先并没有认识到的各种能力。在论及教育需要政府的作为这个观点时，斯密也提出了类似的理由：虽然个人有选择最适合自己的手段的自由，但是当他不能很好地鉴别其目的的时候，就应该由政府提供帮助。所以，给尽可能多的人提供受教育机会，将为其未来发展奠定基础，提供给他们更多的可能。个体的发展不仅影响到周围人群，更会通过此类影响的合力推进社会发展。

（二）家长主义的关怀需要

自由不仅是一个关于机遇的概念，也是一个关于实际应用的概念；个人的自由不仅取决于主体可以得到选项的数量，也取决于现有选项的质量。人们在教育产品中的自由选择也要求教育产品具备一定的质量保障和提高。这种要求需要稳定持久不断的财力、物力投入，这种行为最为有力的实施主体往往是政府。

弗里德曼在亚当·斯密对政府三项职能论述的基础上，提出了政府的第四项职能，就是"政府根据家长主义理由而采取的行动"。能承担责任的人，才可以被赋予自由；对于那些不能承担责任的人，就不应该给予他们全部的自由，需要由家庭和政府共同为他们负责。这样的职能在保守主义者看来，也同样是存在危险的，家长主义下的政府干预也同样容易使得政府权力被滥用。

对于接受义务教育的儿童而言，他们的生活需要家长的照料。他们自身没有辨别自己真正需求的能力，其私人生活中的父母也未必就愿意或者能够为他们的一种必然需要——教育，提供足够的投入，"亦即足够到使这种无形资本的回报能够相当于那些有形资本的回报"[①]。这就需

---

① ［英］弗里德利希·冯·哈耶克.法律、立法与自由［M］.邓正来等译.北京：中国大百科全书出版社，2000：358.

要儿童在公共领域获得另外一种家长式的爱护,即"对孩子们和其他对自己行动不负责的个人的家长主义关怀"①。

针对另一部分适龄儿童,其先天的特殊身体不利或者家庭恶劣条件导致家长不足以使他们接受到与其他孩子同样的教育。除了家长,他们也许可以从其他亲属或者社会慈善力量中获得一定的支持,但是这种途径毕竟没有办法形成常发的、持续的、有保障的支持,因此这种不可或缺的支持也必然落在政府的头上。对于这样的群体,国家同样应该从家长主义关怀角度出发,向他们提供必要的基础教育服务。

对于国家代替家长和儿童作出关于教育的决定,其中的一个理由是儿童没有自行决定是否接受教育的能力,甚至也不具备自行决定受教育的条件。他们对教育实践的内容没有了解,因此谈论他们的选择权就没有意义。但这仅仅是原因之一,另一个原因就是在当代社会的经济和政治条件下,一定的教育是个人生存的基本需求,它很大程度上影响着每个人的总体生活质量。"即使教育不被视为一项福利权利,所有儿童也应该接受足够的教育"②,这有助于他们的长远利益,也有助于培养他们参与社会生活的必要美德。

保守主义者珍惜消极自由,但他们并不否定积极自由的意义。积极自由本身没有过失,它和消极自由也没有多大的逻辑关系,它之所以需要被警惕对待,是因为它容易成为强制的理由,它会朝着与否定自由不同的方向发展。另外,积极自由并不是没有意义,相反没有积极自由,消极自由也容易受到挤压,且人们也容易失去一种实现幸福的方式。积极自由的首要价值在于它对消极自由的保护,不加限制的放任也会导致对消极自由的侵害,对于社会中不可以自食其力、不能

---

① [美]弗里德曼.资本主义与自由[M].北京:商务印书馆,2004:93.
② [澳]布莱恩·克里滕登.父母、国家与教育权[M].秦惠民等译.北京:教育科学出版社,2009:81.

够自我承担的群体和个人，国家的家长式关怀旨在提供一种积极自由，这也是必需的。

此外，无论积极自由还是消极自由，其内涵也不是固定不变的，是与社会的需要密切相连的，个人的社会需要的变化直接影响到其内容。举办公共教育也是社会需要之一，它不会出现在原始社会、奴隶社会，因为那时候没有这样的社会需求。当进入工业社会之后，大众接受基础教育是多领域的现实要求在教育领域获得的回应。为全体公民提供平等的受教育机会成为社会需求，由此国家的积极行为就是必要的选择了。当义务教育制度在本国已经基本确立起来，并且成为世界各国举办基础教育的总体趋势时，这样的家长式关怀也意味着随着社会的发展，其关怀的程度会不断加深。

（三）社会秩序的维持需要

秩序存在于现实性生活常态中，不同的社会构成因素相安共生，彼此成为相互存在和发展的一种状态，这种状态不依赖于生活有多美好。因为在充斥着悲观情绪和现实精神的保守主义者看来，人类历史中美好的时光是少之又少的，秩序不是一种理想的、完美的存在状态，是能够形成"不那么坏"的时光的环境品质；秩序不是虚无和完美的，它们现实而被允许瑕疵，所以自由和秩序才可以共生。哈耶克就认为，自由的定义是以强制这一用语的含义为基础的。对于整个社会的秩序而言，政府的存在和职能是必不可少的。自由不是为所欲为，强制是自由的边界，而掌握强制的垄断者只能是国家。这种强制是为了使整个社会中的强制减低到最少，它应该能制止私人采取强制行为的场合，这就是国家在维持秩序方面的作用。

秩序是保守主义者极其重视的，无论是传统保守主义还是新保守主义，无论是他们主张通过宗教和传统还是通过市场和社会，无一不是希望这些力量有助于保证已有的合理秩序。但他们并不否定国家的意义。

相反，他们在很多时候更主张国家的力量。主张的理由之一，就是国家在维持社会既有秩序上的作用。国家的政治权威是建立并维持秩序的必要条件，没有一个秩序是可以自发生成的。教育过程也是一个文化传播与文化影响的过程，从而起到稳固政治秩序的作用。

国家的职能之一就是运用思想和文化的手段来塑造和影响人民的价值观念，使他们认可现存政治和社会秩序从而愿意服从国家控制和管理。在意识形态的国家机器中，教育机器占据主导地位，它将意识形态包裹在谋生技能中，长时间、大量地、有系统地传授给人们。社会秩序的形成的确需要共同体内的个体共享一些基本的价值观和共同的文化背景，由此，"我们所有人都面临较少的风险，我们便会从我们的同胞那里得到更多的益处"①。不仅如此，基本的共同教育使得人们具备践行民主的能力。教育不仅传播一般的知识，还传播关于我们如何共同融洽相处的一套基本价值体系。"人们需要某种通用的价值体系，虽然过分强调这一需要会导致极端非自由的后果，但没有任何标准，人类和平地生存显然是不可能的"②。雅斯贝尔斯认为，如果把教育的权力全部下放给群众，那教育必然被彻底的"个人化""庸俗化""免责性"，把教育不干预地交给群众，国家就丧失了它在教育上统一稳定的支配权。这样的教育能以永远不会被遗忘的方式影响其个性，但是对他们的真正存在不会发生任何影响，因为从课程、教师、学校、教育的方式等方面，都没有凝聚形成共同体精神的要素。

"斯密热切地希望看到公共教育措施的扩展"③，因为他认为教育对

---

① [英]弗里德利希·冯·哈耶克.自由宪章[M].杨玉生等译.北京：中国社会科学出版社，1999：555.

② [英]弗里德利希·冯·哈耶克.自由宪章[M].杨玉生等译.北京：中国社会科学出版社，1999：556.

③ [英]阿巴拉斯特.西方自由主义的兴衰[M].曹海军等译.长春：吉林人民出版社，2004：331.

于社会的经济发展和社会秩序的保持都具有重要作用。就经济发展来看，他指出普通人民接受教育有助于掌握知识和技能，从而提高生产力，促进国民财富增加。对于社会秩序的益处，他这样说，"在无知的国民间，狂热和迷信，往往惹起最可怕的扰乱。一般下层人民所受的教育越多，越不会受狂热和迷信的迷惑。""有教养有知识的人，常常比无知识的而愚笨的人，更知礼节，更守秩序。"由此，"在文明的商业社会，普通人民的教育，恐怕比有身份财产者的教育，更需要国家的注意。"①

"国家是使所有人的持久教育得以进行的框架"②，"国家因其权力而成为群众秩序的现存形式的保证者"③。如果群众的要求可以决定教育的性质，那么教育的内容就不外乎两种：一是追求"效率"；二是追求"自然而然"。所谓"效率"就是人们理解的"实用"，即便于他们现实生活的东西；所谓"自然而然"就是其自由发挥自己爱好的权利、按照自己的思维去行动的乐趣。除此之外，他们反感严格的理想目标，这样的目标要求的不是效用，而是一种存在的等级。而群众所需要的是可以和他们共处的人，而不认为可以培养出高于他们、可以担负更大责任的同类。正是在这个意义上，国家的意义得以凸显，那就是"通过教育，才产生出那些在一定的时候必须出来维持国家的人"④。

---

① ［英］亚当·斯密.国民财富的性质和原因的研究（下卷）［M］.郭大力，王亚南译.北京：商务印书馆，1974：340.

② ［德］卡尔·雅斯贝尔斯.时代的精神状况［M］.王德峰译.上海：上海世纪出版集团，2005：70.

③ ［德］卡尔·雅斯贝尔斯.时代的精神状况［M］.王德峰译.上海：上海世纪出版集团，2005：70.

④ ［德］卡尔·雅斯贝尔斯.时代的精神状况［M］.王德峰译.上海：上海世纪出版集团，2005：70.

二、政府过度干预之害

政府作为国家的政治代言人，存在的合法性毋庸置疑，但是政府职能边界一直处于理论的游离状态之中。对国家权力持警惕态度的保守主义者，通常认为国家具有实施法律和抵御外敌的两项合法职能，也就是最小国家主张在国家职能上的表现。而随着国家在公共事务中权力范围的不断扩大，与社会权利相关的国家职能也逐渐获得合法性。哈耶克赋予政府另一种职能，那就是提供市场因种种缘故而不能提供或者不充分提供的一系列服务。但哈耶克也有明确指出，政府在此中的职能与国家的另外两个职能是不应该获得同等对待的。他提出，要明确它们分别属于不同的职能，我们不能在政府履行服务性职能时赋予它实施法律和抵御外敌时所具有的权威性。教育就是国家公共服务职能的作用领域之一，在此领域，国家是具有其合法性的，但是又如下文所要论及的一样，它必须为国家权力设定警戒线。

政府不应该过多干预教育，是因为政府具有很多缺憾，它并不是在任何方面都具有绝对的善意和实现公共善的能力。政府在教育举办中的消极责任源自政府的经济人属性，即它有自己的私利欲求，会借助公共教育之手获得实现从而使得政府权力不是为公民之利，而变成政府自己发展的工具。再有，即便政府没有私利之心，政府的干预也会对社会发展带来负面的影响，阻碍个人通过教育获得自身发展目的的实现，政府的过多干预直接破坏了教育的正义性。

（一）图谋群体私益

亨廷顿曾经说，现代化改变了人们的行为规范，也改变了传统社会的公共价值。传统社会中公共价值的瓦解使现代社会面对的是私利的无限膨胀。这种对私利的追求不仅是个体行为，也是政府抵挡不住的诱惑。亨廷顿解释说，现代化为政治权力的谋私提供了巨大的财富，现代社会也为扩大政府职能提供了无限可能，也就是说，现代政府比传统政府承担了更多的公共职能。不断扩张的政府规模既是权力不曾受到限制的结果，也为权力谋私创造了更多可能，教育领域也不例外。

事实上，保守主义的这种担心由来已久。斯宾塞从人性的自私出发，论证国家权力的不可靠。"既然承认人是自私的这一命题，我们就无法避免下面的推论：拥有权威的那些人，如果得到允许，就会为自私的目的而使用权威。"① 一旦政府具有过多的教育权力，教育就必然成为政治谋私益的工具。韦斯特认为，国家实施公共教育更关心的是组织化的教育集团利益，而不是非组织化的学生和家长的利益。

"政府是侵略之父，又因侵略而产生"②，这是斯宾塞对政府的理解。他在批评封建主义的制度特性"在我陷入贫困之前，你就应该先陷入贫困"③，人们身上所存在的这种牺牲邻人利益追求自己满足的同一倾向，使政府、立法的制约成为必要。但无论如何，国家权力并不可信任，国家权威的存在就意味着会有不负责的统治者因为个人利益而牺牲公共利益，"尽管有一切庄严的许诺、华而不实的宣言和细心安排的检查和保障"④，国家与人民就如管家与政府，政府常做的事情是把自己的管理权解释成所有权，而主人没有获得管理的好处，反而会被迫放弃自己产业的所有权。

国家举办教育有多重目的。简单来说是两种：一是国家利益优先；二是个人利益优先。国家有不同于公民个体利益的自身利益，在权力扩大之后，对教育的干预也就必然增加，这种增加不是出于公众利益的考

---

① ［英］赫伯特·斯宾塞.社会静力学［M］.张雄武译.北京：商务印书馆，1996：91.
② ［英］赫伯特·斯宾塞.国家权力与个人自由［M］.谭小勤等译.北京：华夏出版社，2000：47.
③ ［英］赫伯特·斯宾塞.社会静力学［M］.张雄武译.北京：商务印书馆，2009：93.
④ ［英］赫伯特·斯宾塞.社会静力学［M］.张雄武译.北京：商务印书馆，2009：93.

虑，因为公众的意愿不会全部被国家所代表，且作为利益相关者，必然首先关注自己的利益。在他们看来，政府"在实施国家对人民的要求方面它是够严格的；而在人民对国家的相应要求方面，相对来说，它却是漫不经心的"。有史以来，所有的政治体制都是对个人权利的侵犯，无论是什么制度，掌握公共权力的人都会有利用权力谋私的倾向。

韦斯特（E.G.West）认为，国家对教育的干预是对自由放任原则的彻底背离，所有学校教育，尤其是获得国家财政支持的公立学校，他们掌握着从国家体制内分离出来的教育权力构成教育产品的生产者和消费者之间的支配关系。这种支配关系因为教育制度和学校团体的自利目的，他们不会向受教育者及其家长分散权力。这种财务上的支出使国家有理由不向受教育者转移权力，也不会返还税收。

政府或者国家的自利打算还体现在一切社会公共机构都具有自我保存的本能，它们植根于过去和现在而绝非将来。改变会威胁它们、修改它们，最终毁灭它们。因此，它们一律反对改变。另外，"教育——有理由这样称呼的，却是与改变紧密联系的，总是在使人们适应于更高级的事物，而不是适应于事物的现状"[1]。这样，追求保持现状的公共组织和追求改变现状的教育，"必然始终存在敌意"[2]。

保守主义者通常反对大政府，相对于社会而言，政府管理、支配、干预了过多的事情，挤占了社会的空间，尤其是自由经济的发展空间，从而导致政府不断膨胀，留给个人的空间越来越少，而政府膨胀之后，政府的职能就断不能再被精简。在这个过程中，真正的获益者不是公民，而是政府及其官僚。职责在于消除贫困的机构并不希望贫困彻底地被消灭。国家的职能机构无一不希望国家的权力不断扩大，因为这样他们就可以获得更多的权力。保守主义不迷信理性，不认为个人具有绝对

---

[1] ［英］赫伯特·斯宾塞.社会静力学［M］.张雄武译.北京：商务印书馆，2009：162.
[2] ［英］赫伯特·斯宾塞.社会静力学［M］.张雄武译.北京：商务印书馆，2009：162.

的理性,也不认为个人的集合体——国家——就必然具备超然的理性,由此,国家的决策未必胜过个人的决定。而且,国家掌握的权力,一旦超出其合理的尺度,就会为恶,最大的恶果就是权力成为一种束缚,以各种名义损毁个人的权利。

在柏克看来,任何基于整体目标的安排都必然以牺牲掉个人自由,最后导致极权,只有不对历史做终极设想和设计的国家才有自由民主可言①。政府管理的后果是一种奴役,其奴役的程度高低取决于他被强制放弃的部分和他被允许保留的部分的大小②。对于国家所提供的服务,"每个人的服务都隶属于由每个人所组成的全体,而作为服务的回报也将由当局以人为合适的方式予以施舍。所以,即使是倾向于保证个体利益的管理方式,其奴役也是野蛮的,也一定是被事先安排好的。"③所以只要存在专制,不管是来自政治、宗教,还是来自传统习俗,都是对个性的限制。反对权力的迷信和盲从,就意味着要赋予政府极高的崇高特性,它在本质上是对权力的崇拜,而"凡对权力的敬畏心最大的地方就是对个人自由侵犯最严重的地方,这多少是一种自明之理"④。

(二)阻碍社会进步

国家最重要的责任之一就是推进社会进步,公共福利就是此种行为之一。但这在保守主义者看来,事实并非如此,公共福利的扩张却会阻碍社会进步。近代国家干预的样例之一就是福利国家,保守主义对福

---

① 杨晓东.柏克政治哲学思想举要[J].社科纵横,2013(4).
② [英]赫伯特·斯宾塞.国家权力与个人自由[M].谭小勤等译.北京:华夏出版社,2000:37.
③ [英]赫伯特·斯宾塞.国家权力与个人自由[M].谭小勤等译.北京:华夏出版社,2000:43.
④ [英]赫伯特·斯宾塞.社会静力学[M].张雄武译.北京:商务印书馆,2009:233.

利国家的口诛笔伐就在所难免了。保守主义者反对的不是福利,也不是国家权力,他们反对的是国家提供福利的政治制度,"福利国家的基本问题在于,它不能持久不衰,迟早会使福利和国家本身都走向崩溃"①。而且,通过分配正义对福利资源的分配,被哈耶克从另一个角度予以批判。那就是这种按需分配的原则要么见诸人类社会初期,要么见诸家庭成员范围内。但是现在人类社会既不是初始阶段,社会也不是家庭空间,如果把最初的、适用于小空间的原则放置在现代国家范围内实施,那意味着一种退步,也极可能对社会发展产生误导。

国家干预增加,就意味着对自由的追求转向平等和福利,而以平等和福利至上的国家责任必然阻止社会发展。弗里德曼认为,美国经历了上帝面前的平等、机会平等和结果平等三个阶段。在上帝面前的平等意味着每个人平等享受基本的生活权利,自由和平等并不相互矛盾或者冲突。当人们开始谈论机会平等的时候,就是要求实现"前程为人才开放"的目标。这种平等与自由也不冲突,甚至可以说二者是"同一个价值概念——即应该把每个人看作是目的本身的两个方面"②。机会平等是有利于增进自由的,但是结果平等的追求后果却不是这样的。结果上的平等意味着单一化、统一化,这是对自由的威胁。"自由意味着多样化,也意味着流动性。它为今日的落伍者保留明日变成特权者的机会,而且在这个过程中,使从上到下的几乎每个人都享受到更为圆满和富裕的生活。"③

除了认为权力干预对自由会带来危害,保守主义者还怀疑政府的行

---

① [德]格尔哈德·帕普克.知识、自由与秩序[M].黄冰源等译.北京:中国社会科学出版社,2000:202.

② [美]米尔顿·弗里德曼,罗斯·弗里德曼.自由选择[M].胡骑等译.北京:商务印书馆,1982:131.

③ [美]米尔顿·弗里德曼,罗斯·弗里德曼.自由选择[M].胡骑等译.北京:商务印书馆,1982:152.

政管理能力。他们试图从效用论上打破国家的神话，认为政府尽管比个人拥有更大的权威、力量和计划，但是在促进社会进步上，很多时候并没有人们想象的那么有效。人类发展的历史一点也不缺乏这样的证据，在绝大部分领域中，自由的个人和社会远比国家的干预更加有效。在现代世界，所有繁荣、发达的国家都是国家干预较少的国家[1]。斯宾塞列举了大量政府好心办坏事的事例，斯宾塞称此为以仁慈的方式进行的犯罪，他以极为肯定的语气评论道："难道一切国家的经验不是都在证明这些专凭经验来获致幸福的企图都是无效的吗？……历史岂非只是关于它们不成功结果的记述吗？我们现在又有多少进展呢？"[2]

国家机构运行成本也是保守主义者对政府管理效力怀疑的一个证据，"更多的无计其数的公共利益，通过更多的难以计数的公共机构实现，是以增大的公共负担为代价的"[3]。对国家干预的一个反对理由就是国家是一个庞大的体系，由众多的机构和个人把它填充起来，通过不断的能源消耗才可以把国家的意愿落实下去，庞大的行政机构意味着巨大的执行成本。"每个机构自我保存的本能，很快压倒其他一切。而且，当机构发挥的某种职能不是预先打算的，或者根本不发挥职能时，这种本能仍然存在。"[4] 政府在教育管理上的能力和效力，也因为他们只具有有限的理性、远离儿童现实的教育需要的事实，以及教育行政体制的复杂繁冗，使得政府没有他们想象或者承诺的那样，可以借助国家的集体力量把教育发展得更好。

在保守主义者那里，政府管理备受打击，另外，备受青睐的是社

---

[1] 张岸.洪堡论国家[J].社会科学论坛，2008（7）.

[2] ［英］赫伯特·斯宾塞.社会静力学[M].张雄武译.北京：商务印书馆，2009：9.

[3] ［英］赫伯特·斯宾塞.国家权力与个人自由[M].谭小勤等译.北京：华夏出版社，2000：38.

[4] ［英］赫伯特·斯宾塞.社会学研究[M].严复译.上海：上海世界图书出版公司，2012：15.

会或者个人自发力量的无坚不摧。斯宾塞曾经主张把铺设道路、提供照明等事务都交给由房东这样的利益相关者来负责。给予利益的计量，他们自然会提供这样的设施来为自己谋取更大的利益。凡存在一种需要之处，也就会存在一种满足它的冲动，这种冲动最终肯定会产生行动。"凡对整个社区有益的事，都会变成社区某一部分人要去完成他的私人利益所在。"①政府改进公共设施，会带来一些好处，但是与付出的代价——自由——相比，则是不足取的。而麻烦痛苦和死亡，也是磨炼人的手段，有利于机能的充分发挥。"每一条有助于改变人的行为模式的法则——强制的，或抑制的，或帮助的，以新的方式——如此影响着人们以至随着时间的推移导致了人性的调整……在人类寻求满足的欲望的总结果中，那些推动他们私人活动和他们自发合作的结果比起政府机构工作对社会发展的作用更大。"②对于义务教育，显然，它的公共性远不及道路建设、照明设施，并且与它们相比，教育更容易被政府利用，成为教化工具，那么义务教育，从效用以及安全的角度来看，更不应该由国家过分插手了。

　　追求幸福凭借的是个人自身机能的充分发挥，如果国家的存在就是以这种机能受到限制为条件，那么人们追求幸福还何以可能？"确保每个人运用其各项机能的最充分的自由，只要它与所有其他人的同样自由相一致：我们觉得这就是国家的职责。"③"无论我们用哪种方式去说明国家的职责，它都不能超越那个职责而不使自己被挫败。如果被看作保护者，我们发现一旦它做的事情超出了保护范围，他就变成侵犯者而不是保护者了。而如果被看作适应的帮助，我们发现一旦它做的事情超出了

---

　　① ［英］赫伯特·斯宾塞. 社会静力学［M］. 张雄武译. 北京：商务印书馆，2009：226.
　　② ［英］赫伯特·斯宾塞. 国家权力与个人自由［M］. 谭小勤等译. 北京：华夏出版社，2001：64.
　　③ ［英］赫伯特·斯宾塞. 社会静力学［M］. 张雄武译. 北京：商务印书馆，1996：132.

维护社会状态的范围,它就要推迟适应而是使加速适应。"① "给每一个器官一项职能,每个器官都有它自己的职能,这就是一切组织所遵循的法则。"② 如果教育被国家全权干预,或者说是全部负责,那么教育就不再是个人获得幸福的途径;相反,因为被剥夺了个人发展自身心智的机会,个人会丧失自我提升的空间。

从更深远的地方着眼,保守主义还认为动用政治权力对包括教育资源在内的福利内容的分配,是一种对社会正义的追求,在教育领域是追求教育资源的分配正义和教育机会的实质性平等。保守主义认为一旦国家权力无限膨胀,这样的分配就要付出巨大的代价。首先,这种对平等的追求,是以改变自发的社会秩序为代价的,当人们以平等作为教育的价值追求的时候,教育所产生的其他价值就被掩盖或者磨灭了。其次,当政府的"正义之举"切实实现了某个群体所欲的目标,这个群体就会不断地动用"社会正义"的敲门砖为自己的利益集团谋取利益。还有,从长远看来,国家在教育资源上的配置能够满足某些小群体获得满足的需求,但是这样的满足,"在自由人组成的大社会里确是毫无意义的"③,这种社会正义的诱惑是以放弃曾经激励社会发展和文明创造的价值为代价的。

有此种担心者不仅哈耶克一人,赫胥黎认为国家对教育干预过多,就会形成一种由上至下的命令似的支配和服从的关系,会形成一种"对上专会顺从,对下专事凌暴的双重人格",一旦这样的人占据了大多数,一个社会的民主程度就令人堪忧了。洪堡也认为,政府的强大不代表国家的强大,一个国家的强大更加依赖于社会的力量,而国家干预教育恰恰会削弱社会的力量。国家过分热心于公民事务,会扼杀公民的积极

---

① [英]赫伯特·斯宾塞.社会静力学[M].张雄武译.北京:商务印书馆,1996:123.
② [英]赫伯特·斯宾塞.社会静力学[M].张雄武译.北京:商务印书馆,2009:119.
③ [英]弗里德利希·冯·哈耶克.法律、立法与自由:第2卷[M].邓正来译.北京:中国大百科全书出版社,2000:124.

性、主动创造性和责任心。国家过多、过分地干预公民的事务，会导致个体主动精神的萎缩和凡事依靠国家的倾向。原因在于，个人会认为不需要他操心，有他人在操心，而且相信如果认可并且服从他人的领导，他就可以免除很多麻烦。国家机构过分干预公民事务，事实上就直接扼杀了国民品格形成和生长的生活环境。于是，国家的干预就导致了没有责任感的国民的产生，而这的确是与教育的初衷相悖的。

（三）损害教育正义

政府对教育的过多干预，意味着教育中的个人自由、教育目的、教育价值都要受到政治的影响，从而自由被限制、目的被政治化、教育成了政治的婢女。

权力既包括物质上的权力，也包括身体上的权力，还包括精神的权力。保守主义者对国家权力的警惕更大程度是忌惮国家权力通过教育实施的精神干预，这种权力会通过阻碍、削弱和侵蚀人们进行判断的能力，会使公民的自我反省能力受到限制，会使公民变得愚钝而容易屈服。它会按照自己所欲而塑造个体的偏好、信仰和愿望，从而影响到人们的选择能力，通过阻止人们按照他们的本性和判断安排自己的生活，这是对教育正义的损害，是权力谋私动机和过度干预的结果。

首先，从受教育者的自由来看，在斯宾塞生活的时期已有教育福利化的主张，强烈要求教育应该对所有人免费，缴付学费已被谴责为错误的，国家应该承担全部负担。人们也相信国家有能力为穷人提供良好的教育，并且这也是国家的责任。而在斯宾塞看来，"每一项措施都涉及更严酷的强制统治——更加限制了公民的自由。"[①] 对于个人自由

---

① ［英］赫伯特·斯宾塞.国家权力与个人自由［M］.谭小勤等译.北京：华夏出版社，2000：14-15.

极力推崇的斯宾塞，认为在父母那里，儿童获得的是一种强制性的管教——这未必是出自对孩子的喜爱，更是父母对强制本身的喜爱。这种关系在这里与个人-政府的关系是重合的。政府到底该不该承担国民教育的事务？斯宾塞说，如果国家没有权力来管理宗教和慈善事业，那国家也没有权力来管理教育；如果国家要替孩子的父母承担教育的责任——关照其心灵，那么国家就更有义务去关照孩子身体——负责孩子的衣、食、住、保暖；而且，国家为了实施对其子女的教育而拿走人民的财产，这种目的也是错误的。这种国家管理下的公共教育，在斯宾塞看来是阻碍孩子做自己喜欢做的事情的自由，"而这种自由就是公平所要求的一切"①。

保守主义者不会把教育当作"社会再次分配的特权、资格"予以过多关注，所以他们多主张教育自治。这种自治一方面是赋予学校更多的自治权力，一方面是赋予教师更多的权力，而最后获得更多自由、自治的，是教育的接受者——儿童。一旦国家实施强制性的教育，尤其是当国家垄断了教育，无论是资金还是管理，当然更为严重的是对内容的强制安排，那么学校的性质就从教育的场所沦为训练的地方。教育是凭借权威而进行的，训练是凭借权力进行的，二者的差别来源于自发形成的与统一安排的不同，通过自由选择和被迫接受而使得教育失去灵魂，学校也就由此丧失了自治。

其次，从政府对教育的认识能力来看，如同政府的其他管理能力一样，也是值得怀疑的。政府无法确认什么是宗教的真理，以及如何传授它，那么同样政府也没有能力说明什么是教育的目的，以及如何实施。政府没有这样的能力，那么孩子的父母在这方面恰恰具备正确认识和实施的可能。穆勒主张政府对教育的掌控，因为"消费者的兴趣和判断不

---

① ［英］赫伯特·斯宾塞.社会静力学［M］.张雄武译.北京：商务印书馆，2009：153.

足以保证商品的优质"①。而保守主义者则把宣称人民缺乏能力的说法看作政府干预的理由,"消费者的兴趣不仅是消费品优质的有效保障,而且也是最好的保证"②。如同农民可以在没有外力强制下很快会自发使用新的农业技术,孩子的父母也会很快明白何种的教育是孩子最需要的,以及去哪里获得这种教育。即便是没有受过什么教育的父母也不会有困难,"总会有人既能够而又愿意就有关教师的询问,给未受过教育的父母以可靠的答复"③。如同在其他公共事务领域内,在教育问题上,斯宾塞依然相信自然自发的发展模式,他批评国家教育理论者急于用公共教育这种人为的方法去加快或者补救个人的教育成长,就如同急切的孩子拔苗助长般的缺乏耐心。

再次,从对教育的价值判断来看,教育目的由政府确定。斯宾塞认为国民教育就是为国家培养好的公民,何谓好公民?裁判只有政府,政府就是按照自己的标准去防止人们不像他所要求的那样。斯宾塞在审视历史上国家控制教育的国家后得出的结论是,凡是政府把教育担负起来的,目的都是防止威胁到他们的权威和安全。并非所有的制度都具有政治意义,但是教育制度,在现代国家背景下,是具有明显的政治意义的。"政治家为了争夺社会灵魂,必须在教育领域展开一场重大的战斗。"④

一些人认为教育必须具备一种内在的标准,没有这些标准,教育

---

① [英]赫伯特·斯宾塞.社会静力学[M].张雄武译.北京:商务印书馆,2009:157.

② [英]赫伯特·斯宾塞.社会静力学[M].张雄武译.北京:商务印书馆,2009:159.

③ [英]赫伯特·斯宾塞.社会静力学[M].张雄武译.北京:商务印书馆,2009:159-160.

④ [英]罗杰·斯克拉顿.保守主义的含义[M].王皖强译.北京:中央编译出版社,2005:129.

就无法为人生生活的价值增添任何有益的内容；另一些人认为教育还具备一种意义，那就是通过教育，个人被赋予某种特权，这种特权使得他有资格要求参与更多资源的分配。前面一种看法是把教育看作自身的目的，后者赋予教育一种手段的价值。保守主义者通常关注的是教育的目的价值，他们不把教育当作一种社会资源再次分配。保守主义者认为，一旦接受教育的这种附加功能，教育就被世俗地看作推进社会进步、谋求高生活水准，甚至降低失业率的手段。这样，教育的价值就会被抹杀，它会背离自己的固有价值，转而支持其他的、更为物质化的利益。

最后，政府干预过多必然危及受教育个体的多元性价值。斯宾塞说，国民教育下的学校，"是一个由教师、门房、督察员和理事会组成的国家机器，用税收来使它运转，以大量小男孩儿和小女孩儿为'原料'，用来'加工'出一批经过良好训练的男人和女人"①。洪堡认为，无论政府机构怎样贤明和有益，如果它试图将公民的一切活动都纳入国家机构的掌握之中，干预公民的自我教育，妨碍公民进入社会去锻炼能力和培养个性，那么必然导致公民多样性的丧失。因为在这样的机构里，"不再是一个民族的成员们共同生活在一个共同体中，而是各种臣仆与他们的国家发生关系，在这样一种关系里，单单国家的优势权力就已经妨碍各种力量自由运作。原因千篇一律，结果也千篇一律。因此，国家越多参与发挥作用，就不仅是所有作用物都更加相似，而且一切被作用物也更加相似。"②国家干预教育使个体变成了毫无个性特征的标准生产流水线上的产品，直接造成人与社会的贫乏。

为了使国家制订的计划获得有效实施，人民的共同行动就成为必

---

① [英]赫伯特·斯宾塞.社会静力学[M].张雄武译.北京：商务印书馆，2009：157-158.

② [德]威廉·冯·洪堡.论国家的作用[M].林荣远，冯兴元译.北京：中国社会科学出版社，1998：38.

然条件，但是多元的个体不会自然形成这样的集体行动。这就要求国家动用自己掌握的权力使人们相信政府决定的神圣。教育也是国家掌握的权力，教育也通常会被用于实现这种政治目的。"事实和理论必须和关于价值标准的意见一样成为一种官方学说的对象"①，学校的教育就从通向真理转向偏离真理。因为已经被人们发现的知识，无论经过何样的验证，无论被证明有多么的真切或者谬误，只要是符合政治需要，只要有助于实现既定的政治目标，就会被冠以真理之名，而容纳到教育的内容之中。

三、国家干预的原则与限度

"毋庸否认的是，研究国家的目的和研究对国家作用的限制是很重要的，也许比对任何其他政治的研究更具重要性。"② 那么，国家的目的是什么？对此，可以有层层推进的三个问题：一是国家的目的是人还是国家本身？二是如果国家的目的是人，那么是单个的人还是集体的人？三是如果国家以人为目的，那么国家更应该关心的是人的福利还是人的自由？对于国家和个人何者为目的，这个问题，在民主政治中，答案已经几近明确。所以，第一个问题是强权政治和民主政治之争，对于第二个问题的回答，是功利自由主义和平等至上自由主义的辩题之一，对于国家关注的是个人福利还是自由，可看作自由主义和保守主义的分歧所在。

---

① ［英］弗里德利希·冯·哈耶克.通往奴役之路［M］.北京：中国社会科学出版社，1997：153.

② ［德］威廉·冯·洪堡.论国家的作用［M］.林荣远等译.北京：中国社会科学出版社，1998：24.

对于这些问题的回答都有一个理论前提,那就是国家存在是具有其合理性的。只有先于确认国家存在的合理性基础,才会在此基础上思考国家在现实中该具有一副怎样面孔。对于国家的合理性,最为简单的表述,就是国家这个利维坦的存在胜过无政府下的丛林状态,国家在某些领域的作为胜过个体的肆意所为。国家举办教育——尤其是基础性的国民教育这个问题,不同的政治思想家都是持肯定态度,因为他们相信国家有充足的理由作为国民教育的责任主体。现代政治的合法性需要满足民众的需要,民众的需要主要来自两个方面:一是政治权利的民权;二是作为社会权利的民生。教育问题,尤其是义务教育福利问题,显然属于后者。那么国家(政府)在教育领域的合法性,就来自国家对"教育需要"的满足。这种满足既包括作为个体的公益代表——国家的需要,也包括一国之内个体的需要。

当国家应该在教育中承担一定责任成为定论,保守主义者可以质疑的空间几近于无的时候,另一个继之而起的问题就是在国家举办教育中,与"量"相关的一些问题,即应该把多少人纳入政府负责的范围之内,给予他们多少善物,以及按照何等标准去衡量受益人的资格以及他们应该获得多少益处。哈耶克指出,对权力进行有效限制,可以说是维持社会秩序方面的最为重要的问题[1]。建立如此社会秩序,政府要保护个人免受他人强制和暴力,超出此,变成了威胁个人自由的首要因素[2]。保守主义的国家观应该是:"一个国家因之而受到赞扬的诸善事物,恰是那些属于单个人的东西,如他们的自由、幸福、平等。它拒绝赞颂这样

---

[1] 惠建利,李叶宏.哈耶克的"政府干预"理论[J].山西师大学报(社会科学版),2008(4).

[2] [英]弗里德利希·冯·哈耶克.法律、立法与自由:第2卷[M].邓正来译.北京:中国大百科全书出版社,2000:220.

的社会安排，即由他产生的诸善的事物。"①在政府实施干预的同时，应该恪守这些原则。

（一）符合市场秩序

"市场秩序中的各种结构、传统制度和其他成分是在各种行为习惯方式进行选择中逐渐形成的"②。保守主义者对于市场秩序的青睐，既因为它是经验性形成的产物，是具有传统属性的体系，所具有的一切属性和运行机制都是经过时间检验的，构成了最稳定值得信赖的秩序。另外，这种秩序是个人意愿的合力，是每个人自由选择的结果，个体的自由获得了最大的尊重，也体现着最大的公平与公正。基于此，如果政府确实需要对市场进行干预，其行为也应该最大程度上符合市场秩序。国家对于个人自由的干涉，首先要求政府按照人人平等的原则去公平对待每个人，按照自发生成秩序之"法"处理问题。这里的平等是真切的平等、"绝对的平等"，既不偏袒强者，也不偏袒弱者。再有，就是以效率为标准做取舍，也就是仅能在尊重市场秩序的情况下予以干预。

保守主义者对国家责任的观念是主张消极政治，主张政府的有限干预，因此在举办义务教育时，较为积极的责任就是提供必要的教育场所、设施等基本条件，尤其是为一些凭借自由能力无法实现其法定的教育权利的个体。但是，他们同时更加警惕政府因此而具有的权力扩张的可能。哈耶克认为，没有必要让政府既筹措教育经费，又生产教育服务。在教育领域，政府担当一个公正的守护人角色，需要筹措教育经费，但无须亲自举办教育、生产教育服务。在两个场合中，哈耶克都提

---

① 罗克全.最小国家的最大值——诺齐克国家观研究[M].北京：社会科学文献出版社，2005：89.

② [英]弗里德利希·冯·哈耶克.致命的自负[M].冯克利译.北京：中国社会科学出版社，2000：13.

出可以采用经济学家弗里德曼设想的"教育凭单计划"。

1945年，芝加哥大学组织了一场全国广播，讨论哈耶克的《通往奴役之路》。哈耶克首先提出，竞争与政府指令是我们组织社会事务的途径。他反对政府指令，不是拒绝政府，而是要竞争发挥作用。竞争制度需要国家通过法律予以保护，缺少这种保护，竞争就无法进行。但是，如何区分正当的政府活动和不正当的政府活动？若政府的计划为了促进竞争，或者是在竞争无法正常发挥作用的时候采取行动，这就是正当的，若不是如此，那就是具有高度危险性的行为。哈耶克认为，重要的是"政府干预"活动的质，而不是量。市场经济并不完全排斥国家行为，而是需要国家的行为与市场行为向同一个方向发展，而不是对市场竞争予以掣肘性的阻力和障碍。他还指出，没有统一标准来确定政府干预的限度，也就是不以干预的多少作判定，而是以干预的效果如何来衡量。

在如此理念指导下的政府，必然面对从全能型政府向企业型政府的转型，以此实现政府干预与市场秩序的和谐共生。因此，企业型政府是保守主义者赞同的政府形式，它意味着政府是竞争性的政府，即要把竞争机制注入公共服务的提供中。问题的关键不在于是公营还是私营，而是在于竞争还是垄断。竞争的好处显而易见，效率高，对顾客的需要反应迅速，有助于创新，有助于提高公营组织中成员的竞争意识和动力。企业化政府是讲究效果的政府，这就是说政府的拨款应该是按照效果进行，而不是按照固定一个指标去进行投入。也就是说，政府的工作是应该满足顾客需要，而不是满足官僚需要或者是政府需要。企业以营利为目的，但是为了营利，他们必须关注顾客的需要。而官僚政治迎合的上级机构或者立法机构或者是拨款机构，"大多数人在同政府打交道的经验中，最大的刺激是官僚政治的傲慢"[①]。

---

① [美]戴维·奥斯本，特德·盖布勒.改革政府：企业精神如何改革着公营部门[M].周敦仁等译.上海：上海译文出版社，1996：150.

同时，它也意味着政府应该是以市场为导向的政府。传统政府的工作常常是制订服务供给计划、制定规则，运用控制机制命令下级机构执行命令。它多体现行政意志而不是顾客需要，无法迅速、有效地自我调整，各管理机构形成了各自的权力域，其精力往往集中在捍卫自己的权力领域，并从自己掌控的权力中谋私获利。显然，这是保守主义者最为反对的，他们认为以市场为导向的政府才会是一个更加符合人们需求的政府。对于学校而言，按照在校人数获得拨款，对于社会福利，按照具有公民资格的人数发放，这些都不是市场行为，都不会使得投入获得好的回报。

（二）分流教育权力

在大的自由主义阵营中，不同派别依据不同的存在论、认识论与价值论形成了彼此间存在对立的、冲突的不同政治学说[1]。但有一点是达成共识的，那就是，权力分立与权力制衡对于现代国家是非常必要的。这是在结构全能国家的同时对于现代国家进行的重构，其目的不在于对国家权力的剥夺，而在于减小政府的作用范围，而且提高其权力在正确领域内的效力和影响。所以，问题的关键不是对于国家权力的划分，而是在于对国家权力行使范围的界定[2]，并且它们都将讨论的焦点置于国家行为如何才能具有正当性这一问题上[3]。保守主义归属于大的自由主义传统，因此也具有相似的主张。与大多数的自由主义者相比，保守主义者

---

[1] 蔡英文，张福建.自由主义[C]."台湾研究院"中山人文社会科学研究所，2001年编者序第1页.

[2] [德]威廉·冯·洪堡.论国家的作用[M].北京：中国社会科学出版社，1998：22-23；哈耶克.哈耶克论文集[M].北京：首都经贸大学出版社，2001：150.

[3] Daniel Attas. Liberty. Property and Markets : A Critique of Libertarianism [M]. ASHGATE. 2005：1.

更加崇尚消极自由,更加怀疑人类理性和政府中立性,因此,他们比自由主义者更加支持有限政府的观点。

韦斯特集中批判了所谓的国家对教育的保护。他认为,国家对教育的保护,破坏了经济自由原则在教育领域的规则。对于国家权力过大的危害,显然不是因为他破坏了一个社会规则,关键是破坏这种社会规则带来的负面效应。韦斯特从批驳"国家保护儿童是必要的""政府支持公共教育可以获得临近效应"这两个论题的真实性,得出结论——国家关注的不是学生和家长的利益,而是不同利益集团的利益。试行教育领域的国家垄断,摒弃自由竞争的市场规则,必然挫伤教育消费者的天性。菲利普(R. Philips)也探讨了国家干预教育的目的和性质,认为:"市场供应将更加有效,国家干预公共教育的方向和范围将变得更加不确定,国家在公共教育中的责任和权力是有限度的。"①

以此为基础,保守主义者推演出他们的结论:政府的教育权力应该是下放的。对于国家该掌握何种权力、应该把哪些权力下放给个人和其他权力组织,柏克认为,在如此繁杂的人类事务中,没有办法把一切事务都作出清晰的责任归属划定,但是可以设置清楚的分界线,那就是国家应该把它本身限制在国家有关的那些事务上,或者说国家的职能可以简单概括为公共和平、公共安全、公共秩序、公共繁荣②。对于权力下放的理由,柏克说,得体的政治家只会做与自己的尊贵身份相称的事情,一旦他们的职能从国家下降到地方,下降到教区,直到下降到私宅,那么他的职能也就越来越远离了尊贵的身份。可见,他们越接近这样低等的行为,他们就越无法履行他们高级的职责。

弗里德曼认为,在政治制度的安排中,组织机构规模的大小会影响

---

① Phillips, R. Furlong, J. *Education and the State: Twenty-five Years of Politics, Policy and Practice* [M]. London: Routledge Falmer, 2001: 20.

② [英]埃德蒙·伯克.对欠收的思考和详细说明[C]//陈志瑞,石斌主编.埃德蒙·伯克.北京:中央编译出版社,2006:278.

个人的选择自由。举例来说，与大社区相比，小社区的居民更可以感受到自己对于政策的影响力。在较大的社区中，个人的影响就往往会被湮没，而且拥有越多的小社区也意味着个人具有更多的自由选择空间，不满意这个社区，可以迁移到别处，因此不受过多的束缚而不可以脱身。如果是身处为数不多的几个大社区之中，那么即便有选择的意愿，也没有多少可以实现的空间。学校教育与这种情况是一样的，这也是保守主义者希望教育权力下放、给办学者更多自由的理由所在。

保守主义者主张把公共服务的所有权和管理权交还给社区，也就是说社区应该具有自治权力。因为与政府相比，社会具有更多的优势，这包括，社区更加了解自己的问题和需要，社区会比政府更能够对公共服务承担起责任，社区更加灵活和具有创新性，社区提供公共服务花费更少。由官僚机构和专业人士提供的是服务，社区提供的是关心，前者提供服务，后者解决问题。在企业化政府中，"政府也许不再直接提供服务，但是仍然对保证满足居民需要负有责任。政府一旦主动放弃掌舵而承担具体职责，灾难就常常接踵而至"[①]。国家直接提供服务不是一个好的选择，"好的庇护对象是糟糕的公民。好的公民组成强有力的社区。"[②]

在强调社会性群团的功能方面，诺齐克认为社区才是价值、宗教、道德的最好负责者。但这个领域的事务对于人类的社会生活来说，没有又是不行的。在他看来，社团，也只有社团才能在一个多元化世界中继续维持人们的信仰，在权力之外继续维持人们之间的认同和纪律，在国家之外强化人们的内在道德规范与约束，在社会小群体内的交往互动中培育人们的公德意识、献身精神和责任心。不难看到，正是这样一种替

---

① ［美］戴维·奥斯本，特德·盖布勒.改革政府：企业精神如何改革着公营部门［M］.周敦仁等译.上海：上海译文出版社，1996：51.

② ［美］戴维·奥斯本，特德·盖布勒.改革政府：企业精神如何改革着公营部门［M］.周敦仁等译.上海：上海译文出版社，1996：29.

代性功能的充分发挥，社会便填补了"最弱意义的国家"在很多领域必然要留出来的巨大真空，有效地保持了对于一个社会来说必需的信仰、认同、信任、秩序、权威和规范①。

在社区之外，家庭也在教育中承担着重要作用。人生来并非聪慧强大，所以才需要教育，与公共教育相比，保守主义者通常认为民间教育、家庭教育比国家教育更为重要。学会如何为人处世并不是各种见识、理性和理解力的结果，而是他们的来源。儿童可以通过教育变得聪明，是因为存在供他们学习的传统，并不是因为教育对社会事物进行了理性解释，这种传统使个人形成了作出自身反应的习惯。家庭教育和民间教育之所以如此重要，就是因为习俗和传统在一定意义上是建立在人类的经验基础之上的，通过文化进化而形成的，而非通过从有关事实和事物的特色运行方式的理解中获得合理性结论形成的。所以，教育儿童的权力应该有一部分要交给家庭和社会，家庭和社会有能力，也有责任，更有权力对儿童进行教育，其教育的内容是经过社会和文化沉淀与检验的，没有什么比他们更能适应一个人在社会中的生存和发展。

在《改革政府：企业精神如何改革着公营部门》一书中，戴维·奥斯本和特德·盖布勒提出企业化政府的主张，其特征之一就是"起到催化剂作用"，也就是政府的作用是掌舵而不是划桨，掌舵，政府应该决定国家的发展前途，应该确定优先满足社会需要，应该为满足这些需要制定决策和规则。划桨则是政府在所有事情上的亲力亲为，由政府为公民提供公共服务。保守主义者主张，划桨的任务应该交给社会组织和机构来完成，这样有利于提高效率也有利于减轻政府的负担。因此，社会力量是政府应该倚仗并加以扶持的教育力量。

---

① 张铭，苗爱芳.诺齐克保守自由主义国家观评析[J].福建论坛（人文社会科学版），2001（4）.

（三）避免教育垄断

消极自由是保守主义的灵魂，教育是对于一个人的灵魂的涤荡和提升，如果国家的干预影响到个人的自由，那么教育也就失去了最根本的意义。所以，国家干预的另一个原则就是不损毁个人的自由。如何实现这一点呢？那就是避免形成政府垄断。

托克维尔把19世纪以来西方政府权力不断扩大的现象称为"新专制"的社会政治现象。它具有存在范围广、方法温和等特点，因此只会使人消沉而不直接折磨人，也不会使公民感到屈辱，但会限制公民行动，指导公民放弃对自己意志的主宰。"它使公民的精神之火慢慢熄灭，心灵之光逐渐暗淡，逐渐失去独立思考、独立感受和独自行动的能力，使他们慢慢下降到人类的一般水平之下。"① 这种权力在教育领域同样存在，又因为教育与个体心智思想形成的密切关系显得更为突出，教育一旦为政治权力所垄断，个人接受到的教育就被限制在垄断所在的范围之内，教育过程就成为一个把个体不断放入一个模具中，使之逐渐接受、适应、同化、固着，从而安于所得到的一切，不会对现有政治秩序造成威胁，也不会用被灌输的思想和被培养的思维方式对待并解释现有的制度安排，从而成为一个政治的随从而不会成为自己的主人。

为了消除这种垄断的危险，保守主义通常都是主张通过另一种力量来与之并存，弗里德曼认为，"政府是自愿合作的一种形式，是人们挑选出来达到某种目标的方法"②。除此之外，政府还是一个机构，"被普遍认为拥有独断的权力，可以合法地使用强力或以强力为威胁，来使我们

---

① ［法］托克维尔.论美国的民主（下卷）[M].董果良译.北京：商务印书馆，1988：872.

② 吴春华.当代西方自由主义[M].北京：中国社会科学出版社，2004：277.

当中的一些人得以合法地强制另一些人"[①]。政府或者政治行动的重要特征是强制和顺从。斯密和弗里德曼都论述过基于技术垄断和邻近影响产生的政府的第三项职能。但是，这不是意味着市场无力完成这些事情，是因为由于垄断和类似市场的不完全性，以及邻近影响的作用，才使得这样的事情市场做起来有困难。保守主义者一方面认可政府在这些方面的职能，另一方面也警惕政府在履行这些职能时扩大自己的权力。

技术因素也会导致垄断。针对这样的垄断危险，可以通过一些方案予以应对，即允许私人垄断、由国家垄断、进行公共调节。三者相比，私人垄断更好。这样的选择是因为技术垄断的促成因素是不断发生变化的，针对这些变化，能够最快、最多作出反应的是私人，而不是另外两者。并且，一种方案的确定并不意味着固化，也要随着情况变化而作出改变。这样看来，教育领域中的绝对权力最应该掌握在个人之手、社会之手，其次是教育机构，最后才是政治权力。但是纵然不能在现实中按照如此顺序赋予教育权力，集权的教育权力是不能形成垄断的。

柏克说："政府的权力在于阻止罪恶，在这一点或者其他任何事情上，它很少能行积极的善。"[②] 国家对于至善的追求会成为暴虐的压迫性力量。人类社会中没有什么肯定性价值的共同目标，肯定性目标的选择和设定，是个人的事情，他们会根据自己的价值偏好，根据自己拥有的资源和自己作出的判断来为自己设定要追求的目标。但是当政府代替个人作出这些决定时，他只是应该为这些目标提供条件、支持和帮助。简单来说，政府的价值就在于他为个人实现其肯定目标提供可能性，和平、自由、安全否定性的价值的实现就在于创设这样的条件。如果政府这样做，就是政府职能的正确定位。但是事实上，很多时候政府会追求

---

① ［美］米尔顿·弗里德曼，罗斯·弗里德曼.自由选择［M］.胡骑等译.北京：商务印书馆，1982：32.

② ［英］埃德蒙·柏克.对歉收的思考和详细说明［A］.陈志瑞，石斌主编.埃德蒙·伯克［C］.北京：中央编译出版社，2006：267.

一些肯定性的价值，实现这样的价值必然要求政府投入很多，政府投入的都来自公民，因此政府对于这些肯定价值的追求就是把全体公民予以征用来实现某个或者某些伟大的目标。个人的肯定性目标是多样的，他们也必然在这类目标上与政府发生冲突，如果政府因为这样的冲突就轻易地改变他的想法，那么他就不会拥有这样的想法，因此政府注定要利用自己的权力来改变个人的态度。而更为危险的事情是政府认为自己设定的目标不仅是其自身的肯定价值所在，更是人类的至善追求，这时候政府就会成为一种彻底的压迫性力量。这种情况下，原有的否定性价值——自由、安全、平等，也就会受到侵害甚至践踏。

　　同样的观点还可见于萨托利。不过，他反对政府垄断的理由在于，在实现民主的过程中，对于自由危害最大的是平等，"平等既可以成为自由的最佳补充，也可以成为它最凶恶的敌人"①。因为，政府对平等的追求必然导致资源和权力的独大，这就是垄断的源头。当平等被当作相同，那么多样化、自主、杰出人物就越被敌视，归根结底是对自由形成了敌视。只有当平等摆脱了和整齐划一的联系，也就解除了和等同的联系，才可以从根本上与自由共存共生。平等在某些界限内与自由可以共处，如在法律面前的平等、政治上的人人平等，道德上的一视同仁。但是，超出此范围，进入物质领域，这样的平等就是对自由的威胁，会与自由发生冲突，也可能毁灭自由。所以，对平等的追求一定是在一定限度之内的，"从自由出发，我们就可以自由地走向平等；从平等出发却无法自由地取回自由"②。

　　国家和政府在教育中的责任不是一味地减少，而是划清职权边界，该退出的退出，该保留的保留。对于保留下来的正当责任，政府应该是强有力的，能够把该承担的责任彻底地承担起来。而当个人具有其他选

---

① ［美］萨托利.民主新论［M］.冯克利，阎克文译.北京：东方出版社，1993：192.
② ［美］萨托利.民主新论［M］.冯克利，阎克文译.北京：东方出版社，1993：397.

择或者不要求政府承担作为的时候,政府就应该把作出决断的权力退还给个人,而不应该借用垄断形成的强制而剥夺个人的选择自由。正如洪堡所言,在自由人当中,人们奋发向上,在他们的命运取决于其劳动成果的地方,比他们的命运取决于他们期待由国家促进推动的地方,会培养出更好的教育家。因此既不缺乏认真细致的家庭教育,也不缺乏有益人和必要的共同的教育机构①。

---

① [德]威廉·冯·洪堡.论国家的作用[M].林荣远,冯兴元译.北京:中国社会科学出版社,1998:92.

第五章　英国保守主义义务教育福利政策

M.博兰切利说，政治应是现实主义的，政治也应该是理想主义的，这两条原则相互补充时为真，相互分离时为假。① 任何一种伟大的政治哲学都必然会在实践中深深烙下自己的印记。保守主义理论以英国作为发源地，也是它的发展中心。英国的政治具有浓烈的保守主义色彩。大不列颠民族也被认为一直具有保守的传统，而这个民族在保守主义思想的浸染之下，在政治社会实践的很多方面都将保守主义的精神发挥得淋漓尽致。义务教育福利事业更是如此。可以说，英国的义务教育尽显了保守主义政治思想的观念、主张和价值追求，无论是在维多利亚时代还是在两次世界大战期间，或是在撒切尔夫人执政的时候；无论是工党还是共和党，或是所谓的新工党，尽管教育政策也有调整，但是从内里都是对保守主义政治思想的切实践行。因此，研究保守主义教育福利思想，绝对应该从英国的教育实践中获得深入印证和进一步诠释。

教育和人类一样古老，英国的教育在史前时期就开始了。在公元597年，罗马教皇派遣奥古斯丁等40名传教士在肯特郡登陆，有组织的教育被引入英格兰，也使得教育与宗教紧密地联系在一起。到了中世纪，英格兰的初等教育已经发展到相当水平。其中主要归功于教会的贡

---

① 郑国玉.民主的思想家：杜威［M］.北京：人民出版社，2001：80.

献，因为承办初等教育受到主教的高度重视，教区牧师成为教育的主力，牧师常常被授命在自己负责的教区里筹建一所文法学校。18世纪下半叶，工业革命的兴起改变了英国的基础教育，当时宗教力量举办的常日学校遭到实业家的反对，因为它阻碍儿童进入矿井、工厂和车间，长时间从事高强度劳动，于是社会慈善家们开始举办主日学校，以便于不妨碍儿童做工。这种每周仅进行一天的教育无论在数量上有多么巨大，终究无法满足一个迅速发展中的工业国家对于教育的需要。在1802年，罗伯特·皮尔爵士提出学徒健康与道德法案，目的在于为童工争取更多受教育的时间。1807年，塞缪尔·惠特布雷德向国会提交议案，要求用公款来资助建立国民初等教育制度，但是遭到上议院反对。但是这项主张得到了国教会和不信奉国家者组织的认可，他们自愿为国家普及初等教育的各种社会团体提供支持。60多年之后的1870年，《初等教育法》出台，才被看作英国义务教育起源的标志，也才具有了真正意义上的义务教育福利。

英国的义务教育如果以1870年为起点的话，至今已有近150年的历史。在如此长的时间内，英国的义务教育福利既形成了自身的发展传统，也在不断的发展中发生了改变。对于公共福利问题，其主要关注的不外乎是"谁""基于何等理由"，向"谁""通过何种途径"提供了"什么"。其中关于"谁"作为福利提供者，变数最大，国家、社会、家庭都有可能成为福利的供给者。对于义务教育福利，提供者可以是中央政府、地方政府、社会力量或者是学校，不同的社会现实和不同的执政理念都会使它呈现出不同的责任分割；而对于"通过何种途径"这个问题，则是与责任主体的确定密切相连的。中央政府必然是依靠权力的强制力，无论是行政权力还是财政权力，而地方政府的途径选择必然受制于中央政府相关的政治规定，如果是通过民间力量，则必然是通过自发、多元化的渠道；而对于"基于何种理由"的问题，是要通过我们的理解和分析才可以作出解释，单纯从制度建立者或者政策制定者对于"目的"的描述中我们不可能揭示其真实的或者全部的政治初衷。而对关于"提供什么"的福利内容问题,其主要内容基本上没有大的变化,在义务教育制度的建立之初,它们是作为义务教育福利的必要组成部分而随着义务教育制度的确立而存在的,主要包括针对特殊儿童的特殊教育福利,以及针对全体儿童的普惠型义务教育福利制度,还有为保障适龄儿童的成长发育、身心健康的生活福利内容。它们构成了义务教育福利的主要内容。在不同的历史阶段,在不同的经济政治背景下,它们所经历的是体制内部的改变,或者说是在数量和形式上的调整和重建。

因此,对于英国义务教育福利实践的研究,主要包括以下几个方面的内容:一是教育福利内容;二是福利供给者;三是福利实践的价值追求。从共时研究的交代来看,三者共同勾画出不同历史阶段中英国教育福利的轮廓。如同前文所言,责任主体、福利内容、价值追求是描述教育福利的关键。另外,如同任何一项人类的实践活动一样,在某个历史阶段的人类活动又具有针对性。就英国义务教育问题来看,在福利初建时期,主要是明确福利的主要内涵,在福利的发展阶段,则主要针对福利责任的分工以保障福利的有效供给,在义务教育福利的成熟阶段,则会更加注重对于福利背后的价值观的深层次审视。

一、义务教育福利体系建构

(一)特殊教育福利

对于特殊儿童进行教育,在最初是由教会和社会力量自发组织的,是济贫慈善性的社会福利。随着义务教育的实施,特殊儿童的受教育权利才逐步获得法律上的确认。在英国义务教育制度建立之初,越来越多的正常儿童获得进学校学习的机会,但是社会对于特殊儿童的关注却减少了,因为当时人们认为特殊儿童不适合接受教育,更不适合与正常儿童获得相同的教育对待，他们需要的是家庭的照顾。他们一旦与正常儿童一起接受教育，会带给彼此负面的影响，因此他们应该被隔离在正常儿童之外。这造成的结果就是，特殊儿童的教育主要由社会上的慈善组织和个人负责，特殊学校成为这种隔离性与保护性并存的教育机构，政府在其中的作为并不充足。

在整个20世纪，"英国特殊教育是作为与普通教育相对独立且平行的教育体制而发展的"①，它具有自身独立的教育机构和教学方法。在《1921年教育法》中规定地方教育当局有责任为特殊儿童提供独立的特殊教育机构，地方当局有责任查明那些有心智和身体缺陷而不能在公立初等学校接受教育的儿童，检查对象为5岁以上的残疾儿童，缺陷分为盲、聋、癫痫、身体缺陷、心理障碍五类。地方当局的责任在于为这些儿童提供特殊学校使之接受教育。

英国《1944年教育法》对于特殊儿童的教育问题作了更多改进。后来有评论者说，在《1944年教育法》中最大的受益群体是缺陷儿童，而事实上也正是如此。该部法律首先要求地方政府为特殊儿童提供特殊教育，这既包括建立特殊学校也包括提供特殊教育需要的其他器材设施，还包括为每个特殊儿童提供适合他的特殊教育方法。同时，还规定地方当局应该查明在它的管辖地区有哪些儿童是需要接受特殊教育的，这是被作为法律职责诉诸地方政府的。

当时，针对特殊儿童的特殊教育机构越来越具体化和专业化。针对盲童和聋童的学校是特殊学校中发展时间较长，也是较为成熟的。其他的特殊学校则是随着对特殊儿童的重视，特殊教育理念的不断更新而获得发展和重视的。针对大脑麻痹儿童，于1947年建立了圣·玛格丽特寄宿学校；1948年开办卡尔森之家，它是第一所针对大脑麻痹儿童的走读特殊学校。针对心理失调儿童，除了有特殊学校、学校中的特殊班

---

① 王伟.英国特殊教育的发展、问题与走向[J].现代特殊教育，2006（3）.

组外，还在普通学校中设立"保护班"。针对孤僻症儿童，1965年成立了第一所孤僻儿童学校；针对言语缺陷儿童，1945年治疗言语障碍成为地方教育局的一项职责，1948年成立摩尔寄宿学校专门接收具有严重语言障碍的儿童。1944年之前弱智儿童被看作"精神病患者"，1959年之前他们还被认为是不可以教育的人，到1968年对他们的教育责任从卫生和社会安全部转移到了教育和科学部①。

20世纪70年代，英国的特殊教育经历了一个快速发展阶段。1970年的《教育法》承认所有儿童都有受教育的权利，要求地方教育当局负责对包括特殊儿童在内的所有儿童进行教育，责令地方教育当局为他们提供相应的教育。人们也逐渐接受了所有儿童都是可以被教育的观点。

在1973年的《国民保健事业改革法》中，地方当局的学校保健事务移交给地方卫生局，但是对于查明缺陷儿童并且确保他们接受特殊教育的责任依旧是由地方教育当局负责。对于特殊儿童的问题，关键不是在于他们的健康状况，更为紧要的是在明确其特殊情况之后对他们提供的教育支持。对于特殊儿童的分类也更加具体，包括盲、视觉障碍、聋、部分听觉障碍，以及弱智、癫痫、心理失调、身体缺陷、语言障碍、身体羸弱等类型。此外，还规定了特殊儿童与正常儿童相同的入学年龄。在此之前，特殊儿童（不包括盲童、聋童）入学年龄规定为7岁，而正常儿童入学年龄是5岁。还有一个更为人性化的规定就是特殊儿童不必证明自己的缺陷，便可享受到适合其特殊需要的教育，在更大程度上考虑了儿童的尊严。

针对特殊儿童的此种分类，1978年的《沃诺克报告》提出反对意见，认为这样的分类和缺陷将造成"缺陷"和"正常"的固定化和恒久

---

① ［英］邓特.英国教育［M］.杭州大学教育系外国教育研究室译.杭州：浙江教育出版社，1987：118.

化,主张取消此种分类,用不分类的新结构来合理安排特殊儿童的教育需求。该报告首次引进了"特殊教育需求"的概念。这个概念的使用拓展了原先对特殊教育儿童范围的界定。此报告的深远意义还在于它提出以满足儿童的个体需要作为对特殊教育的评价标准,提出要让特殊儿童尽可能生活在主流学校和社区环境之中。此外,还强调对特殊教育需求儿童进行专门评估,培养专门师资,采取主流学校与专门学校相结合的教育方式[1]。

《1981年教育法》充分体现了"沃纳克报告精神",并使之法律化。与之密切关联的还有对特殊儿童就学原则的改变,从之前主张对特殊儿童进入特殊学校的就学原则,到1981年之后已经有了多种选择,包括普通学校的普通班级、普通学校的特殊班级、走读的特殊学校、寄宿的特殊学校、设在医院中的特殊学校,以及在家庭或者医院中进行的个别教育。2001年,颁布了《特殊教育需求与残疾法案——2001》,强调特殊儿童享有平等的受教育权,并且学校有责任提供所需的课程。

2011年,《支持与期待:针对特殊教育需求与残疾儿童的咨询提案》被看作30年来对英国特殊教育福利做的最大改革。在此提案出台之前,英国已经形成了包含学校行动计划、学校行动加强计划和特殊教育需求声明的三级特殊教育需求支持服务体系。学校行动计划与学校行动加强计划,旨在运用现有资源在主流学校中为特殊教育儿童提供支持。教师与特殊教育需求则是指,在普通学校就读的特殊儿童如果不能够适应此种学习,即可调用额外的师资、学习材料、特别设备或教学策略,以提供特殊教育支持。如果依然不能够奏效,学校可从地方教育局、卫生机构或社会服务机构寻求教育支持[2]。这与工党政府的"融合教

---

[1] The Training and Development Agency for Schools [M] //The Warnock Report: Special Educational Need [EB/OL]. http://sen.ttrb.ac.uk/viewarticle2.aspx?contentId=138s2, 2011-03-11.

[2] 于志涛. 英国特殊教育需求支持服务体系改革与启示 [J]. 外国教育研究, 2011 (7).

育"有关，融合教育主张特殊儿童与正常儿童在一起接受教育，以此来提高特殊儿童与正常儿童相处的能力。这样的做法也出现了一个问题，那就是使主流学校有机会利用实施特殊教育的理由，来使用本该用于特殊教育的资金①。

据此，为了真正满足特殊教育和残疾儿童的教育、健康和社会服务需求，尊重每个儿童快乐生活的平等机会，增加国家作为来减轻家庭负担，以此尊重每个家庭获得幸福的权利。英国政府为了保障特殊儿童个体的受教育权利，也尽量优化资源配置，才决定实施此改革。

此改革从以下几方面进行。一是要建立一个一揽子支持体系，包括早期教育、健康服务和儿童保育三个主要部分。通过教育、健康和社会服务机构向所有特殊儿童提供分离式支持服务。二是给予家长权利，包括了解地方政府和服务机构的支持服务能力与资金信息。通过新的学生评价体系获知学生学习和成长情况。此外，还包括"保障家长在选择学校中的自由权利，以及家长与社区团体对特殊教育学校的接管权和特殊教育自由学校的开办权"②。三是对特殊教育中的主体责任也做了调整。一些福利服务移交给专业人士和当地社区，增加专业人士、志愿性组织、地方社区的影响力，减少政府官僚主义行为造成的不利影响，政府主要负责监管、引导、协调，以及专业师资力量的培养。希望通过此等措施既可以发挥市场调节作用，也能提高政府宏观管理效力，"既实现特殊教育资源的优化配置，又避免服务发展的盲目性，确保特殊教育需求支持服务的最大效益"③。

---

① Anushka Asthana. Special needs pupils account for seven in 10 permanent exclusions from school [EB/OL]. http://www.guardian.co.uk/education/2010/dec/19/special-needs-permanent-exclusions-school，2011-03-10.

② 于志涛.英国特殊教育需求支持服务体系改革与启示 [J].外国教育研究，2011（7）.

③ 于志涛.英国特殊教育需求支持服务体系改革与启示 [J].外国教育研究，2011（7）.

(二)生活服务福利

儿童接受教育的年龄阶段,也是儿童身体成长发育的关键时期。英国政府为公立学校儿童提供的福利也集中在衣、食、住、行多个方面,包括医疗保健服务、免费或者低价的膳食供应、服装提供和交通服务。最早涉及学生成长福利的是《1906 年教育法》和 1907 年的两项教育法法案,从制度、政策上为英国适龄儿童的教育福利提供了保障。

在健康服务方面。1906 年,英国议会立法要求地方教育当局对全体公立初等学校儿童免费进行体检,为体检不达标的儿童提供必要的治疗措施。教育委员会还设置了医疗处,负责监督、协调地方教育当局的相关工作。《1907 年教育法》要求建立学校医疗服务设施,各地方教育当局要对公立初等学校全体儿童提供免费体格检查,注意儿童的健康和身体情况并作出相应安排,同时,地方教育当局被授权提供各种形式的医疗。《1918 年教育法》再次提出要改善学校卫生条件,设立校医,改善医学设备,定期对儿童体检,保证其健康。体格检查这种福利在《1944 年教育法》实施之后被推广到公立中学和部分时间制的义务继续教育,并将医疗的范围扩大到包括所有形式的预防和法规规定的治疗,而且像体格检查一样实行免费。至此,英国建立了完善的儿童保健设施。

在膳食提供方面。1906 年,自由党政府颁布《教育供膳法》,允许地方教育当局为公立初等学校中家境最为贫寒的儿童免费供应膳食,从而使这一发端于 20 世纪的民间传统正式合法化。但这不是作为法定责任强加给地方政府的,地方政府既可以自行决定,也可以与自愿团体共同作为,还可以让贫困儿童享受此待遇。一直到第二次世界大战爆发时,学校膳食供应几乎都只限于公立初等学校的贫穷学生,享受到此待遇的学生不超过学生总数的 3%。自 1920 年起,受第一次世界大战和经济危机影响,失业和贫困成为突出的社会问题,基于当时儿童身体健康堪忧的状况,英国政府于 1934 年执行学校供奶计划。根据该计划,牛奶经销委员会须低于市场价格为每位学龄儿童每天提供牛奶,贫困家庭的该项费用则由地方教育当局支付①。1941年，英国政府出台战时临时政策，要求地方教育当局为其所属学校所有在校生提供膳食以改善当时不容乐观的儿童健康状况，之后开始了由政府大规模、大范围为适龄儿童提供免费膳食的福利行为。《1944年教育法》才将地方当局的自行决定改为法定责任，规定地方教育当局负责给在它们办的公立学校和郡立学院上学的学生供应牛奶、膳食和其他点心。至1945年，地方教育当局总计向学龄儿童提供160万顿午餐，其中14%免费，其余的按成本价收费②。

《1944年教育法》要求地方教育当局保证在寄宿学校或其他学校，向家长和地方教育当局认为适合寄宿生教育的学生提供寄宿设施。同时，还包括要求地方教育当局为有相应需求的学生有偿提供服装，要求有条件的地方教育当局负责所属学校在校生的接送，无条件地承担该责任的地方教育当局应向所属学校在校生发放交通补贴。《1944年教育法》设立了全新的福利服务项目，内容也更加多样化，扩展了原有福利服务的受益群体，使儿童受到更多的社会关心，减轻了家长的负担，由此开启了福利服务系统化、规模化的进程。这些福利措施与英国战后的"福利国家"制度是一脉相承的。

1946年，英国议会通过了《家庭补助法》，规定针对地方教育当局所属学校在校生的牛奶供应全部免费。随后颁行《全民保健服务法》，地方教育当局被授权为其所属学校的学生提供免费医疗服务。同时，膳食服务仍然保持贫困儿童免费的原则，针对其余儿童的收费标准约为每餐2便士。

进入20世纪70年代，面对黯淡的经济前景，爱德华·希思的保

---

① Gordon Guderson. National School Lunch Program［EB/OL］. http://www.fns.usda.gov/cnd/lunch/AboutLunch/Program History-1.htm.

② FreedomPress. SCHOOL MEALS［EB/OL］. http://www.corporatewatch.org/?lid=2045.

守党政府开始紧缩各政府开支。在这种情况下，教育和科学部撒切尔夫人递交削减教育福利开支的议案，主要内容包括：停止为 7 岁以上儿童供应牛奶、提高膳食服务的收费标准。该议案获得通过，享受免费牛奶的儿童总数由先前的 500 万降至 200 万。膳食服务的收费标准亦节节攀升。至 20 世纪 80 年代，经济发展仍不乐观，1979 年执政的撒切尔政府继续紧缩银根。于是 1980 年，地方教育当局为非贫困儿童供膳的责任被免除，代之而起的是通过市场化途径来提供福利膳食，地方教育当局可以把供应膳食的权利授予最具竞争力的私人企业，从而之前纯福利性的政府供膳福利转变成为市场交易。在 1985 年名为《把学校办得更好》的白皮书中，提出要减少学校照料和卫生费用，使学校午餐更加经济，以此来使教育福利的资金可以获得更有效的利用，使他们在更可以推动政府教育目标的地方发挥作用。另外，1998 年英国实行了针对 0—4 岁处境不利儿童的"确保开端计划"。通过向母亲提供服务，把健康、家庭支持、儿童关怀和教育整合起来，尽可能地减少弱势家庭儿童在教育的起点上的不利状况。

  进入 21 世纪，教育福利再次出现被扩大的趋势。2001 年，为提升中小学膳食质量的营养标准出台，但是有评论者认为在过去 20 多年中因为政府缩减儿童福利导致的损失已经不可能被此政策挽回了。2006 年，新的学校营养标准又出台并沿用至今。2008 年，布朗政府实施《儿童计划：创造更美好的未来》，它对英国儿童在未来十年的发展做了规划，提出要提高儿童服务标准，以学校为中心，鼓励家庭和社会积极参与，全面关注儿童教育、福利、心理健康、贫困等问题。

  今日英国，各项福利服务已越发细致与规范。在健康医疗方面，全体儿童的医疗服务已纳入国民保健服务体系，并且其疾病预防和康复训练一律免费。在交通方面，如果儿童居住地与学校超过一定距离，则可以享受免费的接送服务。在膳食方面，地方教育当局有义务提供免费或有偿午餐，其中免费午餐是针对接受家庭收入补助、失业津贴家庭的子女的。地方教育当局还可自主决定是否选择对学童提供牛奶。在服装方面,各学校可自行制定校服规程,但针对校服的收费必须控制在低收入家庭可以接受的范围之内。由此可见,以医疗、交通、膳食、服装为主体的义务教育福利制度对于学龄儿童福利的呵护——特别是对低收入家庭儿童——发挥着相当重要的作用。

在学生成长过程中,政府通过不同途径为其提供各种生活性福利,旨在为儿童的成长和发育提供必要的保障。这种福利安排经历了一个漫长的发展过程,当基础教育还是由社会力量——尤其是宗教力量来承办时,对儿童的这些成长条件的提供也主要是由家长和教会以及其他的社会慈善力量来关照的。总之,是民间力量照拂儿童的成长,当基础教育转变为义务教育,这种关照的责任也被政府接手。在社会经济发展还相对落后、贫困家庭还不足以给每个孩子提供充分的成长条件时,政府在膳食、医疗、衣着、交通等多方面的福利安排,确实在一定程度上减少了"代际转让机会"①的匮乏对贫困儿童成长带来的不利影响,使儿童有机会平等地发展自身潜力。

福利本身受到多种因素制约。福利的实施首先应该取决于公共需要。人们有这样的需要,政府才会作出相应的政策安排。提供生活性福利,就是基于贫困家庭较多,无力为子女供给必要的生活资料,由此才需要政府的积极作为;儿童的健康状况堪忧,由此才需要政府加大卫生医疗投入。其次,影响福利内容的还包括人们自己对需求的满足能力。衣、食、住、行是人们生存的基本需求,但是绝大多数人可以解决这些需求,就不需要成为福利内容。当社会中的绝大多数家庭可以为孩子提供必要的生活条件时,政府的福利责任也就应该卸下,关注更需要关注的地方。再有一个重要的影响因素就是经济发展和财政状况。当政府财政吃紧,则福利内容必然收缩。另一个重要因素就是执政党的价值观,

---

① Weald Download Open Air Museum. Ashtead School [EB/OL]. http://www.openairclassroom.org.uk/Further-information/information-going-to-School.htm. 2010.

对于保守主义政党来说，个人的责任、社会力量、市场机制是实现一个国家秩序的重要因素，因此政府在公共福利领域的退避也就是情理中的了。基于上述原因，儿童在义务教育阶段的生活福利经历了从无到有、从少到多，再从扩展到收缩、从国家主体转为多元主体的发展过程。

（三）义务教育福利

义务教育本身就是一种福利，人们通常把《1870年初等教育法》看作英国义务教育的初起。事实上，它只是规定把全国划分为若干学区，学区内没有学校的，准许私人于一年之内建校，过期则由地方成立办学委员会筹款办公立小学。成立地方办学委员会或者学务局，其职能是利用政府补助金和当地税收以及学生学费来举办学校。各个学区有权力颁布有关义务教育的法令。

在此法案颁布之前，英国一直是个私人办学的国家，此法案奠定了英国的国家教育制度，是实行普及初等教育的第一个法案。但是它并没有规定实行免费的初等教育。1876年只有一半数目的学区颁布了普及《初等教育法》，且只是原封不动地保留了原有私立学校，只在没有私立学校的地方建校，是对私人办学的一个必要补充，即便到了1900年，公立学校的学生数目仅占到全部学生的54%[①]。但是对于义务教育，这个法案具有重要的意义，主要是它推动了人们对义务教育的认识。首先它强调初等教育是义务教育，具有强迫性，所有的适龄儿童必须入学，否则就会遭受舆论和经济制裁；其次，初等义务教育应该免费。虽然当时基于经济原因，这个目标还没有实现，但是已然在社会中形成了共识：如果国家强迫儿童入学受教育，而不少儿童连赖以生存的食物都难以获得，让他们接受教育就是剥夺了他们的谋生权利。国家再把这样的

---

① 滕大春.外国教育通史［M］.第四卷.济南：山东教育出版社，2005：123.

教育责任推卸给宗教团体或者其他社会组织和个人，就实在解释不过去了。因此，强迫性入学必须以教育免费性为前提条件。再有，它开始了政府对学校的掌握。为了统一管理国家的教育事务，政府必须在其中获得相应的权力。后来在1888年建立了郡议会和郡级市议会之下的教育委员会，来负责组织国家和地方的初等和中等教育。

真正意义上的义务教育始见于《1918年教育法》（费舍法案）中的规定，与义务教育相关的内容包括：（1）规定5—14岁为义务教育阶段，初等教育为5—7岁和7—11岁两个阶段，有条件的地方可以提高到15岁。（2）公立初等学校一律免费，中央政府至少负责其中一半的资金供给。此法案的影响重大，"自英国有史以来，教育第一次成为公众普遍关注的问题"[①]。《费舍法案》的确促使人们形成了一种认识，那就是，国家应该为未来的公民提供教育机会和设施，并使之制度化。由此，无论是在思想认识上还是在教育实践中，义务教育才真正走上发展之路。

随着义务教育年限不断延长，中等教育也被容纳进义务教育的范围中。1922年，工党的教育发言人托尼博士在《全民中等教育》中说："初等教育的改善和中等教育的发展两者在于使所有正常的儿童都能在11岁之后从初等学校或预备学校过渡到任何一所中等学校，并在那里待到16岁，而不管他们父母的收入、阶级、职业情况如何。"[②]1926年，英国中央教育咨询委员会主席哈多起草了《关于青少年教育的报告》（简称《哈多报告》），其中规定义务教育年限延长到15岁。

《哈多报告》提出后，因为保守党上台而被搁置数年，在工党上台后被重新获得重视，但是教育委员会认为，义务教育年限的延长意味着政府提供大量的资金，要补充更多的师资力量。所以，在原则上热烈回

---

① ［澳］W.F.康内尔．二十世纪世界教育史［M］．张法琨等译．北京：人民教育出版社，1990：176.

② 转引自滕大春．外国教育通史［M］．第五卷．济南：山东教育出版社，2005：146.

应,而在实际行动上没有积极投入,后来又有1929年经济危机的冲击,报告中的许多内容没有获得实现。

早在第二次世界大战期间,英国就对其现代民族国家未来社会的重建进行了审议,其中教育被视为社会重建的主要因素。针对当时儿童依旧没有获得充分基础教育的现实,教师和社会工作者大力声言主张改革。1941年教育部作出反应,向各种法定或者志愿机构送发"绿皮书",提出各种改革建议,希望被社会讨论并获得回馈。回馈的结果十分明朗,那就是在教育改革上大家不存在什么异议,只是就当时多掌握在教会手中的私立学校的未来发展有待考虑。为此,1943年英国政府发表了《教育重建》白皮书,主张通过新的立法改革现有的教育体制,将中等义务教育引入英格兰、威尔士和北爱尔兰。在此基础上,1944年8月3日,英国议会通过了著名的《1944年教育法》。此教育法在当时联合政府内部获得了惊人的一致性意见,也没有引发教会等其他团体的反对。显然,这场教育改革已经成了社会的共识。该教育法案对义务教育做了一些尤为关键的规定,它废除第三部分地方当局的教育职能,郡和郡级自治市的议会成为唯一的地方当局,负责本地区各种类型公共教育设施的提供;规定义务教育年限由14岁提高到15岁,地方当局负责维护的中等教育也免收学费;民办学校可以选择成为"受助学校""受控学校""协议学校",从而从政府手里拿到不同份额的财政支持;地方当局为学生提供牛奶、午餐、运动服,要向贫困儿童提供衣着;地方当局负有提供特殊教育的责任;教育部长和地方当局要为学生提供必要的教育设施,并承担儿童的全部教育费用。1944—1970年,是义务教育获得迅速发展的时期:一是《1944年教育法》扩大了儿童的受教育机会,就学人数不断增加也推动义务教育规模的扩大;二是坚信国家的繁荣和经济的发展都要依赖于教育。

作为公共福利的义务教育的建立是时代需求,也是国民需求,同样也是政府为一国政治经济发展而做的必然选择。英国的义务教育制度是在英国社会力量办学的传统中建立起来的,在此过程中,国家责任不断扩大也就意味着包括宗教和民间的社会力量不断退出基础教育领域。在这个过程中，国家的财政投入在教育投入中比例不断增加，义务教育的规模不断扩大，义务教育年限也不断延长，中央政府和地方政府对义务教育承担的比例则是越来越大。无论英国的义务教育体制花费了多少时间，但是它终究走到了一个较为成熟的发展阶段。

二、义务教育福利责任分工

英国义务教育源自英国长期的私人办学传统，经历了国家化之后，面对新的社会条件和社会需求、面对义务教育中出现的问题，义务教育的变革在所难免。另外，这个阶段主要是保守主义政党执政，面对过去义务教育领域一直进行的国家权力集中化、扩大化的趋势，保守党也必然会锐意进行一些革新。此阶段以《1988年教育改革法》的颁布实施为主要标志，是英国义务教育体制内的基本权力结构的调整，致力于"创造出一个可以提高水准、增加选择、打造一个更有教养的英国的新的教育框架"①。

（一）学校自主

《1988年教育法》加大了学校的自主管理权。具体规定是针对所有中学以及学生人数在300人以上的小学和中间学校，在征得大多数家长同意后，可以向教育和科学部提出申请，脱离当地教育局管理，成为直接拨款学校。学校的办学经费主要由教育和科学大臣通过中央拨款的形

---

① Michael Flude and Merril Hammer（ED），（1990），the Education Reform Act［M］. Its Origions and Implications，The Falmer Press，1988：VII.

式直接提供，地方教育当局负责学校的基础建设和交通，以及学生福利方面的费用，学校行使行政和财政控制权，教职员工的聘用、管理、待遇等都由学校决定。在具体管理上，由学生家长代表、教师代表、校长、社区管理人员代表、地方教育当局代表，以及工商界人士组成的学校董事会负责。

学校董事会的组成要遵循以下原则：任何一种利益的代表不应该在其中占有优势，家长与地方教育当局代表数相等，如果没有足够的家长愿意就任董事，地方教育当局要用适当的任命的办法来填补此中空缺。董事会职责包括对学校条件的改善、学生管理、学校的重要决策、课程安排和管理、学校经费预算和支出，以及学校资源开发利用。董事会每年要向所有家长发送自己履行董事会责任的报告，并要召开家长会议，听取家长意见和建议。

"学校办学经费的运营机制最能体现学校的自主性情况"[①]，保守党对于直接拨款公立学校的政策就充分保证了学校的自主性。因为，当这些原来掌握在地方教育当局的学校一旦成为直接拨款的公立学校，其全部经费都来自一个全国性的组织——中小学教育拨款委员会，直接从中央政府获得财政拨付。这类学校不仅摆脱了地方教育行政部门的掌控，而且与之前相比，他们从中央政府获得的财政支持多出15%—17%。此外，20世纪80年代以后，英国的教育改革"允许和鼓励个体、集体、企事业单位以及其他社会力量对教育进行投资"[②]，这使学校获得更多的财力支持，也从制度和法律上为学校自由开展经营性活动提供了依据和保障。

由此，在经过一系列改革之后，义务教育阶段中的学校已经具备了很大的管理自主权。首先，学校获得了招生录取的权力。之前是由地

---

① 贺武华.新自由主义主导下的学校重建研究[M].北京：光明日报出版社，2008：199.

② 强海燕.托尼·布什.跨文化视角下的中英基础教育[J].教育研究，2001（10）.

方当局负责，在实行了开放招生政策之后，学校可以按照自己的最大容量招生，并且是可以在录取地区之外进行招生。其次，在学校资金获得上，地方教育当局按照经教育与科学部批准的公式给本地区的学校分配经费。其中，75%是根据学校在校人数，另外的25%根据其他因素予以决定。哪些因素会被纳入考量范围，占据多大比重都要与学校的地方管理团体协商。另外，按公式确定的预算用途决定权，以及与此相关的教职员人事权，也从地方教育当局大幅度转移给了学校董事会。

（二）社会参与

1974—1975年，经济危机的爆发意味着主张国家干预的凯恩斯主义的失利，新保守主义的自由竞争经济理念受到人们的重视。保守主义在此的主要理念包括：以市场机制代替国家的计划性安排，把经济自由从国家干预中解放出来，减少政府在教育等公共福利中的支出，将包括学校在内的一些公共机构进行私有化改造，减少政府对于公共生活的干预，重视个人生活中个人的责任。他们坚信，自由市场经济不仅能体现人自由选择的理想，而且能够在效率、经济增长、技术进步、分配的公正性等方面使经济绩效达到最优①。由此，教育福利事业中政府对于资源的提供责任被更多地转移给个人，政府在教育资源上的计划性配给转变成通过市场机制的分配，政府在公共事业中承担的责任也因为他们的私有化而取消。

1977年，《泰勒报告》极力建议家长参与学校管理，提出学校管理委员会的半数委员应该来自在校学生家长和地方社区代表，对于参与管理的学生家长，有关部门还应该负责进行培训。这些建议充分体现在

---

① ［美］大卫·M.科茨.全球化与新自由主义［A］//李其庆.全球化与新自由主义［C］.桂林：广西师范大学出版社，2003：3-14.

《1980年教育法》中。《1980年教育法》赋予家长如下权利：选择孩子就读的学校；根据入学助学金计划，可以申请自己达到上中学年龄的智力发达的孩子进入私立学校就读；对于无力负担学费的，可以得到学费补助；家长可以通过选举家长董事，在学校管理上发表自己的意见。

此后，在1984年的"绿皮书"中，家长成为学校管理委员会的多数力量，他们可以参与制定有关学校发展的主要政策，包括课程的开设、教育目标的确立、对校长及教师的任免等。1989年，英国制定的《儿童法》和《教育改革法》，再次要求家长和学校在为孩子提供各种服务上建立专业的伙伴关系。1997年，工党执政，他们认为单纯凭借学校的力量不足以完成对青少年的教育，需要社区和家长的密切配合。于是，在《追求卓越的学校教育》中，提出要建立新的伙伴关系，强调要形成一种新的改革架构，由社区支持优秀学校的存在和发展；规定到2002年，所有中小学都应该和家长签订"家长与学校"契约，以明确家长的教育权利和义务。英国的教育与技术部随即积极推动这项政策，在1999年正式实施，同时设有"家长中心"专属网站，主动提供给家长多种信息，以便家长积极参与学校事务的管理。2006年，苏格兰通过的《家长参与学校教育法》确立了家长作为其子女教育的参与者的原则。家长可以通过正式参与、非正式参与和无组织参与3种形式参与学校管理：一是正式参与，指借助校董会、家校合作组织来参与学校事务的管理，是具有常态性的参与模式；二是非正式参与，指学校和教师在对学生提供教育服务时，也积极帮助家长密切介入其中，这是一种随机性的参与模式；三是无组织参与，如家长会、家长小报、家长学校、家庭教育咨询、电话联系和家长约见，等等。

（三）地方分责

英国基础教育体系的一个独特之处就在于中央与地方合作的教育行政管理模式。在19世纪之后，国家开始采取教育立法的途径来推行和发展国民教育，国家在基础教育中的责任也就确立起来，与此关联的也包括地方政府在筹办基础教育方面的职责。《1870年初等教育法》确立了国家在举办初等教育中的责任；《1902年教育法》则使英国形成了以地方当局为主体的教育行政。后历经《1918年教育法》《1944年教育法》，英国地方政府的教育行政能力和权力边界基本已经划分清楚，在基础教育领域，地方政府成为与中央政府的密切合作者。"二战"结束之后，随着集权化色彩在英国教育管理中不断浓烈起来，地方当局的作用和权限一度被削弱。地方当局的基本职责包括维持公立学校的发展，为儿童提供服务；为本地区学校制定教育目标，进行监督、评价和指导；负责教育经费的分配和控制；为特殊教育需求和儿童福利提供支持。

《1918年教育法》规定加强地方政府在发展教育中的责任，并且提出减少国家教育委员会对于地方教育当局的制约权力，地方政府承担建立维持学校的责任。地方政府在举办本地学校中的责任在《1944年教育法》中再次获得明确规定，该法律进一步完善了地方政府的教育管理体制。整顿地方教育行政，郡和郡级市议会成为唯一的地方教育当局，对本地区公共教育负有法律责任。到1979年，全国有93%的中小学生在公立学校就读，管理学校是地方政府的一个主要职能。

1979年保守党执政之后，针对地方负责教育带来的科层官僚化、僵化低效、灵活性不足等问题，以及社会上要求赋予家长的教育选择权和消费自由，保守党政府开始削弱地方政府的教育职能。这也不仅是针对教育，按照保守党的执政理念和政治需求，削减地方政府的权力已经成为必然，主要目标有三个：一是要削减地方政府的开支；二是要通过把市场机制引入地方的服务业来增强地方政府的责任性；三是出于政治目的，要通过对工会、公有资产和社会主义的地方政府的冲击，来打击自己的政治对手工党，因为上述三者正是工党的壁垒所在[1]。保守党一方

---

[1] 王皖强.国家与市场——撒切尔主义研究[M].长沙：湖南教育出版社，1999：281.

面加强国家对于教育的统一管理和掌控，另一方面加大学校的自主办学权力，以及家长的教育选择自由，从而把过去一些主要掌握在地方当局的教育权力分散开来，就此英国自1902年形成地方政府的教育权威被弱化，打破了英国中央政府和地方政府长期的合作伙伴关系。

在此方面的政策性表现主要体现在《1988年教育改革法》的有关规定中。"此教育法中的二元论——中央集权主义和引入市场力量，进一步削弱了地方当局的规划和预算能力。"[①]《1988年教育改革法》允许公立学校可以摆脱地方教育当局控制而成为直接由教育和科学部资助的直接拨款公立学校，以及脱离地方当局而成为地方管理学校。在加强学校自治方面，学校和校董事会的权力不断加强，对于学校的管理，也从地方政府的外在控制转变成学校的内部控制，学校具有了财务权、人事权，以及对于日常工作安排、课程设置等事务的决策权。

工党执政之后，1998年《学校标准与框架法案》中又使地方教育当局重新获得了对公立学校的掌控，不过已经赋予学校的自主权力依旧由学校掌有，"地方教育的角色包括确定目标、分配资源、控制和支持学校管理，必要时候甚至可以干预。这一政策的核心是将地方教育当局置于支持的地位"[②]，地方当局与学校不再是一种上下级的关系，而是一种伙伴关系，从而形成了学校董事会、校长和地方教育当局共同管理公共学校的局面。

（四）国家调控

对于义务教育，中央政府代表国家承担了宏观调控的责任，并在教育政策的实施和监督中与地方教育机构通力合作。英国最早的中央教育

---

① ［英］斯蒂芬·J.鲍尔.政治与教育政策制定——政策社会学探索［M］.王玉秋等译.上海：华东师范大学出版社，2003：68.

② 祝怀新.英国基础教育［M］.广州：广东教育出版社，2003：42.

行政机构是 1944 年设立的教育部，1964 年改为教育与科学部，1992 年改为教育部，1995 年改为教育与就业部，2001 年更名为教育技能部，2007 年拆分为二，基础教育由儿童、学校和家庭部负责。

针对 20 世纪 70 年代的经济不景气，英国的保守党和工党都忙于应付政府的财政危机。1970 年上任的教育部长撒切尔夫人，首先停止了对于学生的免费牛奶供应，而被克洛斯兰称为"牛奶掠夺者"，这个政策为中央政府每年减少了 800 万英镑的福利支出。但是撒切尔夫人延长了学生接受义务教育的年限，提高到 16 岁。《1944 年教育法》在加强地方政府举办当地教育权限的同时，明确提出要加强国家对教育的领导和控制，成立教育部作为全国行政领导机构统一领导全国教育。

在 1979 年之后撒切尔夫人担任教育部长期间，在教育市场化的同时，也不断强调教育中的标准、秩序、权威等保守主义的核心价值，从而加强国家对于教育的控制。1985 年，在《把学校办得更好》白皮书中，提出政府要在课程设置、考试制度和评估、建立全国性的学生成绩记载制度、教师和师资管理的专业效能等多方面采取行动。1986 年，全国统一的核心课程开始列入政府议事日程。1987 年，保守党在大选中许诺，将确立一种全国统一的核心课程，出版教学大纲，确定成绩标准，并对学生的学业进步进行测评。《1988 年教育改革法》设立全国统一课程，打破了地方教育当局、学校和教师课程和教育内容的自主权。地方政府在教育中的这些权力被中央政府收回。当时中央政府对于课程的这种管理遭到了教育界的巨大反对，这样的标准化的考试，他们认为是对于教育的扭曲，泯灭了教育的自由和教师的权力。

英国自建立公立中小学教育制度以来，中小学一直由地方教育当局管理，中央政府通过地方教育当局对学校实施间接管理。具体到教育拨款就是中央政府将教育款项拨给地方教育当局，再由地方教育当局对公立学校的资金进行分配。《1988 年教育改革法》打破了这个局面，实施了直接拨款公立学校政策。即中央政府将教育款项直接下拨给学校一级，由学校董事会管理学校。它是撒切尔政府最早以教育拨款方式来控制学校教育的教育政策。该计划集中体现了撒切尔政府的教育改革思路：第一，通过中央政府拨款方式，达到控制基础教育的目的；第二，体现了重视教育消费者（家长）的市场化理念。该计划使收入较低的家庭和富裕的家庭有了一样的选择权，从而使更多的教育消费者（家长）的需求和选择成为影响学校发展的因素。这样就迫使学校之间展开竞争，达到提高教育质量的目的。1979—1985 年，英国的社会福利支出中，教育补助减少了 11%，除了教育和住房，其他的福利支出都有所增加。随着撒切尔政府对于教育和住房福利的减少，诸位批评家指责政府的地方当局住房私有化的改革增加了无家可归者，而在对 1987 年之后关于教育水平的民意测验，显示仅有 14% 的民众认为教育水平提高了，51% 的民众认为是下降了。

布莱尔的竞选纲领以"教育、教育、教育"为题，在其中作出以下承诺：将 5—7 岁儿童的班级规模减少到 30 人以下；为所有 4 岁儿童提供托儿场所；提供获得计算机技术的机会；提供终身教育；以更多的教育开支来减少失业。工党把教育作为社会公正和机会平等的中心事务。1999 年，教育大臣布伦基特在其"中期声明"中界定了四个关键的政策领域：中等学校综合体制的现代化，提高学生和教师的标准，发展学前教育，发展社会包容。1997—2001 年，布莱尔政府出台了《追求卓越的学校》《学校的标准和结构框架法》，以及《学会成功》等政策法令，其中都涉及国家课程问题，旨在通过国家对于课程安排、标准设置的权威性指导来提高学校教育质量。2001 年，布莱尔成功连任首相，该届政府对教育更加重视，对教育的投资力度逐步加大。布莱尔政府表明，要在教育经费上每年保持 5% 的提高速度。在 2001—2002 年、2003—2004 年，中央教育经费年度增长达到 5.7%[①]。

---

① 马健生.比较基础教育［M］.南京：凤凰出版传媒集团，南京：江苏教育出版社，2008：107.

2002年底，英国教育技能部出台《传递结果：面向2006年的一项战略》。这个文件明确了未来5年内英国的教育战略目标，为每个人的学习与发展制造良好机会，释放人的潜力，以发挥更大作用；在教育标准和技能水平上达到卓越。2004年7月，英国教育技能部又发布了《针对儿童和学习者的五年战略》，提出了从各方面改进教育的战略举措。2007年，布朗政府发布名为《儿童规划：建设更加美好的未来》的报告，提出到2020年英国教育应该达到的战略目标和具体目标。《你的孩子，你的学校，我们的未来：建设21世纪学校体制》是英国儿童、学校与家庭部在2009年大选前的最后一份教育白皮书，为广大选民勾画了一幅"建设世界一流学校体制"的未来英国教育改革蓝图。

三、义务教育福利价值追求

（一）自由选择

保守主义者在经济领域主张自由竞争的市场机制，这样的思想也在教育领域获得体现。保守主义者主张市场竞争机制在教育领域被称作"内部市场化"。虽然教育经费依旧来自税收，但是，"既通过私营部门提供教育服务，又向个人和家庭移交原本属于公共领域的决策权。在大多数情况下，它要求公共部门更像私营企业那样运营"①。杰夫·惠迪用"准市场"来概括在教育领域和福利部门引入市场机制和社会力量的行为，这种准市场机制带来的结果之一就是父母教育选择权的扩大。自1979年之后，保守党一直秉承市场机制，认为要保障父母和儿童的教

---

① ［英］杰夫·惠迪.教育中的放权与择校：学校、政府与市场［M］.马中虎译.北京：教育科学出版社，2003：3.

育选择自由，《1980年教育改革法》就是顺应了当时家长的呼声，提出要尊重父母作为教育消费者的合法权利，给他们以选择的自由，保守党也希望以此来推动教育多元化和学校的竞争性发展。1980年，提出"发放教育凭证计划"，通过父母凭券消费，实现他们对于教育产品的选择。在1980年、1981年和1986年先后通过三个法案，以不同的形式来扩大家长的选择权，其中包括在地方当局所辖范围内，学生可以选择去居住地之外的学校就读；学校董事会必须由家长在其中占到一定比例，参与对学校一些事务的决策；学校要定期向家长公布学校运行管理状况以及学生考试成绩。

在布莱尔执政几年之后，学生的教育选择自由问题仍然没有得到彻底改善。1987年，英国希尔盖特集团发表了《谁的学校》，其最重要主张就是家长应该被赋予为他们的子女选择接受何种教育的权利[1]。也就是在这一年，英国教育部长贝克在撒切尔夫人提出的教育法案的听证会上指出，英国的教育一直被权力所有者所掌握，它不能对人们的教育需要作出迅速而准确的反应；英国应该建立一个新的教育体系，以保证更高的教育质量、提供给家长和儿童更多的教育选择自由。他自己归纳了撒切尔夫人提出的教育法案，尽管长达169页，但是核心的思想很明了，那就是"标准、自由和选择"[2]。此法案被通过，就是1988年的教育改革法案，其中的一个基本内容就是解除对儿童择校的限制。《1988年改革教育法》引入了两条市场竞争机制，其中一条就是针对义务教育，它提出"入学开放"，并规定了每个学校招生的"标准数"，也就是每所学校每年招收学生的最高限额。这样可以确保家长在为孩子选择就读学校时，不会被学校以名额有限而拒绝。家长可以

---

[1] 顾明远. 世界教育大事典[M]. 南京：江苏教育出版社，2000：143.

[2] [英]斯蒂芬·J. 鲍尔. 教育改革——批判和后结构主义的视角[M]. 侯定凯译. 上海：华东师范大学出版社，2002：90.

根据学校的教学成绩或者其他指标,来确定自己的孩子将接受何等教育。在学生就读期间,家长可以多次作出选择,而非仅仅在入学之初具有此种权利,并且这样的选择不局限在一个地区,学生也可以选择其他地区的学校接受教育。学校获得的经费与招生人数密切联系在一起,这种市场竞争带来的压力也迫使学校必须尽力提供更好的教育服务。这一政策旨在运用市场驱动力机制来增加家长的选择空间,同时以此推动教育质量的提高。

《1988年教育改革法》通过公开招生的办法增加了家长为孩子择校的机会,1991年的《家长宪章》、1992年的教育"白皮书"都把家长选择作为重大主题。"具体来讲,家长可以在公立教育和私立教育之间选择。当然,20世纪90年代以来,英国中小学教育的多样化也为家长的选择提供了机会和条件。"①

2005年,布莱尔政府颁布了《为全体学生提供更高的标准,更好的学校》白皮书,把教育中的选择自由列为主要问题。其中规定,要发展新型的、独立的公立学校体系,赋予全体儿童自由择校的机会,鼓励并且支持家长参与提高学校教育质量,发展适合每个儿童的学校教育;放宽对优质学校的限制,使其具有更多的办学自由;强化对于办学效果不佳学校的管理;转变地方教育当局的角色,从教育的提供者转变为教育的监督者,使其主要职责体现在提高学校质量和教育质量、建立地方教育体系、教育经费投入和确保招生公平等方面。

教育的选择自由还体现在义务教育的受教育方式上。尽管义务教育是具有强制性的,但并不意味着是强制儿童都在公立学校接受教育,儿童可以在公立学校、私立学校和在家上学三种方式中作出选择,大概有6%的儿童在付费的私立学校或者家里完成义务教育。

---

① 单中惠.当代英国基础教育政策及其影响浅析[J].外国教育研究,2007(2).

（二）产品多元

哈耶克曾经指出，"如果有多样产品可供选择，自由选择才是真实的。如果所有的学校都是综合学校，而且他们提供同样的服务，那么就不存在选择。"① 所以，自由选择必须是以多样性存在为前提的。《1944年教育法》保留教会学校和私立学校，并在经费上给予补助。他们可以选择政府监督、民办公助或者特别协议等形式，分别获得不同比例的政府经费补助：100%、50%和50%—75%。《1944年教育法》提出的选择性学校，一直是一些坚定的工党人所诟病的。到1964年，这种选择性教育制度受到诸多反对。工党政府的教育大臣克洛斯兰在1965年签发通告，提出为实现教育领域的平等和公正，"结束11岁选拔，取消中等教育分规制"，要求开办综合学校而非选择性学校。政府开始对中等学校进行综合化改革，从而使不同出身的儿童平等接受同样的中等教育，在此阶段之后再决定未来走向。中等学校均等化第一次上升为国家教育政策。

在此背景下，20世纪60年代中等综合学校数目增加了10倍，到1970年保守党执政，撒切尔夫人担任教育部长，取消了工党政府时期对综合化教育的支持，恢复"11+"制度，但强调中等教育的整改由地方政府自行决断。这标志着中等教育均等化不再是政府所倡导的了。1974—1979年，工党执政，首先废除保守党1970年的相关通告，明确表达政府建立中等综合教育制度的决定。1976年，工党制定《教育法》，把中等教育综合化政策法律化，并对《1944年教育法》做了修改，以便于中等教育综合化政策的实施。1979年保守党再次上台，又马上终止了中等学校综合化的进程。取消了工党对于文法学校、现代中学和技

---

① ［英］斯蒂芬·J.鲍尔.政治与教育政策制定——政策社会学探索［M］.王玉秋等译.上海：华东师范大学出版社，2003：60.

术中学的综合化,恢复了私立学校。这样,选拔性的文法中学得以继续存在。但是,当时综合教育已然成为一种趋势,难以挽回。1970年,综合中学就学人数已经占到全部中等学校学生的1/3;1973年,有一半左右的学生在综合学校就读;1977年,此比例已经达到80%①。

但是,保守党从来不曾放弃对教育多样性的追求,在1985年《把学校办得更好》白皮书中提到,在英格兰和威尔士,就读于私立学校的学生占到全部学龄儿童的6%,私立学校是国民教育体系的一个组成部分,国务大臣对这些学校依旧负有一般性的责任,并且有义务保证这些学校达到最起码的办学标准。其中还提到,高水准的私立学校举办优质教育和教育革新的长期传统,是对于英国学校制度多样性和选择性的必要保证。政府承诺会保护并且发展私立学校的存在与发展。1979年之后,"教育私有化的另一种表现形式就是政府日益增加对私立教育的支持"②。1981年的"辅助学额计划",即"公助学额计划"就是政府支持私立学校的一个重要举措,按照该计划,每年政府拿出7000万英镑对有才能却无力承担私立学校学费的5000名以上的学生提供财力支持。到1986年,仅5年时间,受惠于该计划的学生就达到31000多人。此计划不仅为低收入家庭的学生提供了获得优质教育的机会,也为私立学校提供了数量可观的财政经费以及优秀的生源,从而为私立学校的发展创造了有利条件。所以,才会出现"与公立学校资金严重短缺的状况相比,部分独立学校极其优越的教育设施更加引人注目"③。

《1988年教育改革法》创造了另外两种竞争性的公立学校:一是依旧在地方控制下的"地方管理学校";二是摆脱了地方当局控制直接从教育与科学部获得资助的"直接拨款公立学校"。按照1997年工党的白

---

① 雷诺兹等.综合学校教育——历史的说明与解释[J].英国教育改革,1987:625-626.
② 王承绪,徐辉.英国战后教育研究[M].南昌:江西教育出版社,1992:168.
③ 王承绪,徐辉.英国战后教育研究[M].南昌:江西教育出版社,1992:169.

皮书和1998年《学校标准与框架法案》，地方当局维持下的学校分为3类：一是社区学校，它主要由地方政府掌握这类学校的资产和教职员工的聘用解雇等事务；二是受助学校则是基于现在资源的受助学校，主要是来自宗教学校；三是信托学校，它们也是学生接受义务教育的选择之一。信托学校是英国政府提升薄弱学校的重要举措之一，它是由政府提供办学经费，由慈善基金会或信托机构任命学校部分管理人员的学校；在学校管理中推广信托机制，鼓励学校通过与信托机构、家长，以及其他相关方面建立长期关系，旨在提升学校的办学质量，更好地实现学校效益和维护全体学生利益。在这种采用"信托"的合作形式下，信托机构本身不参加学校管理，因此学校拥有更多自主权，同时学校可以获得所需要的专家支持，也减轻了学校的管理负担。另外，还有英国从2011年9月开始设立的"自由学校"，它由政府出资兴办，旨在解决社区的教育需求。根据此计划，优秀公办学校的教师、家长、教会和教育专家，都可以在本地区办学。

此外，1997年，英国政府宣布实施特色学校行动计划，到2004年，英国已经建成1000所特色学校。这类学校根据学生的具体情况和特点，侧重某一学科领域知识的学习和技能训练。英国教育当局认为这样的特色教育可以促进传统的综合教育的现代化，既有助于学校发挥自己的优势，也有利于满足学生的不同需求。

（三）机会均等

教育机会均等是指所有儿童不分种族、性别、社会地位、财产状况、宗教信仰等，享有平等的受教育机会。自《1944年教育法》实行以来，教育机会均等一直是英国政府的重要目标，政府不断延长义务教育的年限，但是同时家庭出身、生活背景等因素影响到的学生在学业成就的差异，尤其是贫困家庭子女普遍的教育成就较低的现象依然存在。而且，处境优越和处境不利地区的学校在教育成就方面的差别越来越大，教育机会均等问题成了一个严重的社会问题。

1967年，英国中央教育咨询委员会发表《普劳顿报告书》，指出："处于最低劣的贫穷与不利状态的环境中，直接而明显影响到学校和学生的学业成就。教育机会均等理念的实现，广大劳工阶层子女的未来已迫使我们不得不思考教育改革的方案。"①"教育优先区"计划是一个全国性的教育补偿项目。大致来说，是试图通过国家干预，也就是对于那些处于教育优先区的贫困与处境不利儿童给予额外的教育资源，以此来打破家庭贫困与学业不利的恶性循环。此计划试图超越教育机会均等的形式公平，以矫正性补偿来推动实质公平。可见，随着《普劳顿报告书》引进"积极差别待遇"的概念之后，在英国社会教育机会均等的内涵亦由入学机会及接受共同教育经验机会均等，扩展为使处在社会经济不利地位的学生有得到补偿文化经验和教育资源不足的机会。1997年，工党执政后，发表了第一份教育白皮书《追求卓越的学校教育》，其中明确了工党政府的教育目标——为所有人提供均等的教育机会并提高教育质量，"在2002年到来之前……为了克服经济和社会的不利因素，实现教育机会均等，政府要尽力消除处于不利地位的学生成就偏低的状况"②。

政府针对薄弱学校出台了一系列的改造方案，包括改进教育薄弱地区的"教育行动区计划"、改进城市中心区的"卓越城市政策"、示范学校计划等。儿童、学校和家庭部设立学校改善处，专门负责制订和实施学校改进计划和政策。其中包括：吸引优秀人才到艰苦学校任教，提升薄弱学校的教学水平；通过学校帮扶学校的改善网络，引导优秀学校改造薄弱学校；创建国立综合中学，改善贫困社区教育环境。其中，比较

---

① 杨莹. 英国教育优先区方案之实施与检讨［A］//教育优先区的理念与规划研讨会手册［C］. 台湾师范大学教育研究中心，1995：5-8.
② 易红郡. "第三条道路"与当前英国教育改革［J］. 外国教育研究，2003（4）.

有代表性的教育行动区计划主要是为了提高弱势地区的教育质量，根据此计划，被列入教育行动区的学校可以获得政府提供的很多优惠政策，包括可以自主设计课程、自行规划学校人事安排、可以与其他加盟学校进行校舍、图书等资源的共享，除获得正常财政预算之外，还可以获得政府25万英镑的补贴。

1999年，为改善和提高城市教育质量，实现全国基础教育的均衡发展，工党政府推出优先城市项目。该项目分两个阶段：第一阶段主要是针对城市中心地区的中学，第二阶段开始向小学延伸。通过"优异群体"和"卓越挑战"两个子计划，将改革目标延伸至城市外围的贫困群体和16岁后教育阶段。优先城市项目不仅关注薄弱学校或处境不利的儿童，它还有其他三个资助重点：一是为禀赋优异或者有才华的学生提供赞助；二是为有学习障碍的学生提供特别资助；三是学习资助单元，旨在解决外在的干扰问题，让学生放学后能顺利回家，并提供额外的补助。

此外，还有"额外努力"项目，它针对处境不利学生——主要是贫困地区的学生——在学业上表现出的缺点制定的，涉及4个领域和12项活动。它选择了20所学校，每所学校可以获得如下支持："已经成功应用类似措施的合作学校的支持；一万英镑的资金；由儿童、学校和家庭部召开会议来分享经验和想法，并提供参加会议的经费等。"①

四、义务教育福利的保守主义色彩

义务教育福利是公共福利的一个重要组成部分，也是政府职能和责

---

① 曹秀娟，徐辉. 额外努力项目——应该提高贫困学生学习期望新举措[J]. 外国教育研究，2010（4）.

任所在。尽管保守主义者对于国家在福利中的角色和权限一直是谨慎消极的,但是对于作为个人基本权利和社会发展基本条件的义务教育,他们主张这是政府责任的应有之义,对于无力承担教育费用的贫困家庭、对于身体存在障碍的特殊儿童,以及更多需要接受教育而无力自己尽责的学龄儿童来说,政府都应该以福利的形式向他们提供基础服务。这既是个人权利的底线,也是最有限政府都应承担的责任。但是这不意味着政府在这个领域中的作用可以无限扩大,与社群主义者、新自由主义者、民主社会主义者相比,保守主义者在福利问题上凸显出了其"保守"的特质,这种特质就是对"使个人免予强制,拥有自我选择"的"消极自由"的珍视。

英国是保守主义的发源地,也是保守主义获得长足发展的国度,英国的政治实践中也极具保守主义色彩。义务教育福利的发展进路主要由政治权力规划设计,尽管保守党和工党,以及后来的"新工党",在政治主张上存在诸多差异,在教育福利主张上也不乏冲突和争执。其中不乏这样的情况出现:一党执政之初就马上对之前另一政党的教育政策推翻重建。但是综观整个发展历程,英国的义务教育发展还是具有浓厚的保守主义政治色彩。

(一)体系建构

从义务教育福利体系的建构上看,福利体系凸显了国家在福利供给的底线原则。所谓底线,也就是个人享受社会生活、获得社会身份、谋求未来发展的必要条件。国家在福利中的作用,就是为人们提供这样的必要条件。

从对特殊儿童提供的教育服务来看,他们因为身体的各种特殊状况而不能正常接受教育。国家建立特殊学校、提供特殊的医疗服务、创设条件使他们进入正常学校接受融合教育等措施,都是为了保障他们的受教育权利。他们身处社会群体的边缘,具有先天的弱势,他们是社会中的底层群体，政府对于他们来说是除去家庭之外的最主要的支持来源，只有向他们尽力提供所需的教育资源，才可以保证其个人参与社会生活的资本不至于因缺少教育而被进一步损毁，不至于造成他们与正常人群的差距进一步扩大。政府提供给他们的教育福利，是他们融入社会生活的底线保障。

对适龄儿童提供的生活性福利，是为了向儿童就学提供必要的生活保障，进而保障儿童不至于因为生活物质匮乏而不能完成义务教育。这种生活福利，在义务教育推行之前就存在，随着义务教育被强制性推广开来，提供必要的衣、食、住、行、健康等方面的福利成为义务教育推行的必要条件。但是随着家庭经济收入的不断增加，保障儿童的日常生活和身体成长，对于绝大多数家庭已经不再是负担。这样的福利供给就从必然转向或然，提供的范围、程度，或者免费的程度也不断进行着调整。这同样也体现着国家有限干预的原则——国家仅需在家庭和个人无力承担时才应该发挥积极作用。

针对全体儿童的义务教育，本身就是公共福利，是国家主义在义务教育中的体现。保守主义是反对国家主义的，因此在传统的保守主义者那里，举办义务教育是被他们强烈反对的。反对的理由之一是国家掌握教育会对个人的思想形成辖制，也就是国家办教育必然使教育成为政治的工具，从而教育不是按照个人发展的要求，而是按照政治的发展要求而被塑形；反对理由之二是基于经济因素考虑，举办公共事业必然意味着加大税收力度，从而侵犯到私人财产权，由国家进行的资源再分配也必然因为诸多行政环节而导致不必要的浪费；反对理由之三就是个人被强迫入学意味着个人被强制，这是违背个人自由的。尽管到了新保守主义者那里，已然时过境迁了，国家举办义务教育已经成了无可厚非的国家责任或者权利，但是保守主义者的本色依然使他们对于国家在举办义务教育中的权力边限严加防范。

（二）责任分工

从义务教育福利的责任分工来看，多元的责任主体理念是保守主义追求力量均衡、防止垄断的政治主张的体现。保守主义者一般认为当权力过分集中时，就会产生垄断；垄断就意味着专制，专制必然导致强制，而强制就是个人自由的最大敌人。保守主义者对义务教育福利多个问题的理解上都体现着这种意识和坚持。

第一，从中小学自主办学角度来看。福利是来自国家或者说是来自政府的制度性安排，但是由上至下的福利支持并不意味着政府有权力左右学校的发展，福利的获得不是以牺牲学校的办学自由为代价的。福利是政府的义务，是政府应该履行的，而自主是学校教育的权力，是应该受到保护的。在国家干预主义主宰下，二者往往会被联系在一起，把福利当作个人权利，把执行国家的教育意志作为与权利相对的公民义务，这在保守主义者看来是根本错误的。

第二，从家长和社会在义务教育中的权力来看，这是保守主义者的一贯主张，无论是传统保守主义者还是新保守主义者，无不重视社会的力量。社会是自生秩序的产物，是传统的承载者，是最可以信任的力量，而政治总是容易被理性主义左右，总是使个人的自由受到威胁，但是政治又必然具有庞大的力量，因此用社会来限制政治，就是保守主义者追求力量均衡、防止政府作恶的一个重要主张。因此，在义务教育福利的供给上，保守主义者都会主张家长和社会在其中的重要影响力，其主要意图依旧是通过分权实现对国家权力的限制。

第三，强调地方政府的福利责任，是保守主义者对中央政府权力进行分化的表现之一。教育上的分权是把教育中的权力和责任从较上层的政府机构下放到较低层级政府，权力分散到各个地方政府就意味着更多的选择性，意味着教育会呈现出多样性，意味着国家进一步远离学校教育，从而使个人获得的教育服务有了更大的选择空间。尽管英国义务教育实践在撒切尔夫人之后，多是加强了国家控制，也同时加大了学校自主权，从而使地方政府的权力有所削弱，但是地方政府的作用依旧至关重要。

第四，从中央政府的义务教育福利角色来看，英国的义务教育实践并不意味着主张政府权力的一味退缩，更不是政府福利责任的不断加大，而是把政府的福利责任不断调整，形成一个小而强的中央政府。所谓"小"，就是干涉领域越小越好，尽力给义务教育留下更多的自由空间，而不以政治权力形成强制。所谓"强"，就是政府必须在它应该发力的地方切实发挥作用，尤其是在提供基础性的福利支持，以及针对弱势群体的福利服务等方面。当然，这一切都必须保障政府的干预不扰乱市场秩序。

（三）价值追求

就英国义务教育实践的价值追求来看，英国的义务教育福利实践体现着其对自由、多元和平等的理解。尽管都可以被命名以"自由"、"平等"和"多元"，不同的政治思想对它们理解不同，英国的义务教育也在不同的历史背景下赋予它们不同的内涵，但在本质上还是体现了保守主义的政治诉求。

第一，保守主义者追求教育供给中的个人选择自由。以个人主义为根本的自由主义传统意味着个人权利是一切政治的出发点，福利不是政府的施舍，而是政府实现其合理性的必要手段之一。个人获得福利不应该以被剥夺选择的自由为代价，没有了个人的选择自由，福利就是一种强制了，就不再是提供给公民更好生活的机会，而是招致奴役的祸害源头。因此，保守主义者强调个人在教育产品和服务中的自主权，他们认为正是个人在政治权力、在教育权威面前所具备的自我主张的权利，才使个人依旧是自己的主人，而不至于成为"幸福的奴隶"。

第二，英国的义务教育崇尚教育福利产品的多元性。无论是学校组织形式，还是教育产品，或是福利的提供途径，还有就是福利的价值追求，无不体现了保守主义者对于多元性的推崇。教育产品的多元性源自对个体价值的认识，这也是其个人主义的体现。个体间的巨大差异意味着他们需要的多样性，赋予教育产品的多元性特征，就意味着政府要尊重个人和群体的权利，尽力提供多种教育选项，这是把市场中消费者至上的观念渗透到了教育福利供给中。个人的选择意味着个人的权利，而多元的教育福利供给才意味着个人的自由选择权利获得了一定的保障，而不至于在强力派送之下享受所谓的"福利"。

第三，教育机会的均等是义务教育福利的主要追求之一。尽管保守主义者是反对平等的，但是他们反对的是绝对的平等、结果的平等、物质上的平等，反对的也是国家强力干预下扰乱市场秩序下而形成的人为平等。对于福利问题，他们不反对国家的作用，对于义务教育问题，他们同样主张通过提供给每个儿童均等的教育机会，保证他们获得平等的教育起点，以及社会竞争机会。尽管英国的义务教育发展中不乏体现"人们生来不平等"的政策和制度。但总的来说，一定程度上的机会均等依旧是他们追求的目标所在，这在新工党的第三条道路政治理念中，体现得更加充分。

第四，义务教育福利追求结构上的多层次性。在福利分配中有两种原则占据主导地位：一是同等情况被同等对待，体现形式公正；二是不同情况被区别对待，体现实质公正。这两种分配原则相互融合形成的福利体制具备了如下特征：一是其中的倾斜性福利会弥补先天不足和后天遭遇带来的不平等，但不会影响到他人福利或者机会的丧失；二是以个人需要为基础，特别是根据个人资源禀赋与发展需要提供相应的福利内容；三是基于差别的福利资源重新分配，缩小福利差别，走向合理的福利共享，而又不会要求结果平均化，允许合理差别。

第六章　保守主义教育福利思想对中国现实问题的启示

任何一项研究总是以现实问题的经验性感悟为起点的，诉诸理论分析与探究，再启迪我们对于现实问题有更加深入的理解和思考，这是政策研究的意义所在。本书以西方保守主义福利思想为研究内容，并不是一个纯理论性的研究，而是希望通过对于保守主义教育福利思想的探究，对于我们当下的教育福利问题有所启迪。

保守主义的教育福利思想是在对国家干预过多、个人选择自由受到限制、计划性资源配给效率低下等问题的思考中提出来的，他们主张政府在教育领域有限作为，主张通过市场机制来配置教育资源，通过提供多元的教育选择来实现教育福利，主张通过教育福利来保障个人受教育机会均等。尽管我们与欧美国家的制度不同，教育发展进程和理念也不同，但是，义务教育福利是一个世界性的教育理论和实践问题，真正的教育是帮助学生独特、可持续、有价值地成长。这样的教育一方面需要资源保障，这是教育福利存在的需要和意义，但资源保障是必要条件而非充分条件，充沛的资源和好的教育并非绝对正相关。对于教育福利的处理需要冷静审慎的思考，极端的理想化和极端的冷漠化都无益于教育的发展，保守主义者在此领域进行了深层思考。我们的义务教育福利领域也面临一些需要斟酌衡量的境况，我们有可能，也应该批判性地利用保守主义相关思想反思我们的义务教育问题。以下仅从义务教育福利的责任主体、义务教育福利的产品供给、义务教育福利的价值追求,以及义务教育福利的改革策略等方面予以简单论述。

一、义务教育福利供给

(一)重构政府权力

教育的发展离不开国家作为,"重大教育问题的解决必须有政治权力的介入和推动"①,"越是教育落后的国家,越需要加强国家权力对教育事务的参与,以调集充分的人力、财力和物力资源发展教育"②。我国政府与西方政府在教育领域的责任发展进路不同。按照《1997年世界发展报告》对于政府职能的分类——小型政府职能、中型政府职能和大型政府职能,不同的政府职能在解决市场失灵和促进社会公平中的职能和权力不同。小型政府主要是提供补助型福利的政府;中型政府则是通过提供一些普惠性福利解决市场失灵,用社会保障来促进社会公平;大型政府是类似于福利国家的政府,信奉通过再分配来保障社会公平。

英、美等国的改革路径是从小型政府到中型政府,再到大型政府。而我国之前的政府职能是既包括小型政府的职能,也包括大型政府的职能,也正是因为划分的职能边界不清楚,所以我们在反思时会发现,义务教育领域一个需要思考的问题是政府管理的边界问题。

在1986年《中华人民共和国义务教育法》出台之后,我国的义务教育依旧是采取多元供给主体的发展路线,家庭、单位、地方、中央政府都是教育福利的供给主体,这样的模式虽然存在一些问题,但也解决

---

① 褚宏启.教育现代化的路径 [M].北京:教育科学出版社,2000:12.
② 褚宏启.教育现代化的路径 [M].北京:教育科学出版社,2000:118.

了普及教育的大问题。随着义务教育的继续发展，投入主体逐渐单一化，政府成为投入的绝对主体。但我国的义务教育与英美等国家义务教育的发展进路不同，英美等国家是先普及然后义务化，我国的义务教育是还不曾普及就实行义务化。我国的义务教育在发展过程中要完成普及化和义务化的双重任务。在资源有限的情况下，就必然使两个事情的解决都表现出力所不逮。在普及教育中，初等教育中的城乡、地区、校际之间的差距就比较大，发展并不均衡。随着义务教育的实施，国家成为主要的投资者，过去可以分散教育福利责任的社会力量逐渐被淡化，资金的不足使这样的均衡问题更加严重，尽管在政策上不断倾向于弱势群体和地区，但教育目标多是以中等教育水平作为目标设立的起点，故而所设定的目标都比较高，或者说与弱势地区的教育现实差距较大。因此在义务教育发展的过程中，均衡问题依旧是个大难题。

针对这个问题，首先应该从长远处作出规划，均衡发展是一理想性的目标，对于它的实现，不可以过于急躁和乐观，最为关键的应该是发动多元的社会力量来进行教育投入。从新中国成立后的"人民教育人民办"，再到"人民教育国家办"，到了当下，国家办教育就必然是国家独挑重担吗？有责任、有能力、有意愿的社会力量，也应该被纳入教育福利的提供主体中来。家庭可以做的，交给家庭；地方政府可以做的，交给地方政府；民间可以完成的，交付民间；市场能够实现的，移交市场。在这些力量都力不能及的地方，才是政府最应该发力的所在。这是教育行政职能的转变，也是对政府教育权力的重构，它决定着教育福利不同的发展进路。

（二）重回公民社会责任

通常在讨论教育问题中所提及的"社会"，主要是指公民、家庭、社区、社会组织几个层次。义务教育有其特殊性所在，在义务教育问题视域内，所指的社会通常是指"政府公共教育权力和市场领域之外的第三种领域、第三种力量"①,具体而言,包括家长、社区、社会组织等几个主要构成部分。

  中国的公民社会力量发展相对不足。在义务教育问题上,社会力量可以发挥很大的作用。在英国义务教育改革中,随着政府干预范围的缩小,社会力量的作用不断被加强。从学校的管理方面,学校董事会在学校重要事务的决策中起着重要作用。其中,学生家长、社区民众,甚至工商企业的代表都在里面占据一定比重,参与到对学校的管理中来。从义务教育福利的供给来看,为了优化资源配置,提高资源的使用效率,国家也会把一些服务交由一些社会组织来承担。

  另一个重要的教育主体,在我们的义务教育中也几乎是缺位的,那就是社区。中小学教育以两种形态存在:一是作为国家统一实施的教育制度;二是实施教育实践的各种教育组织。社区应该是教育组织之一,它是义务教育中的"局部社会"基础,它是缔造儿童文化特征的重要力量。社区与国家都为儿童的文化特质提供给养,儿童既是一国的国民,也是社区中的公民。社区社会也为义务教育提供教育内容,这是在国家提供的"官方知识"之外的"民间知识",前者是公共理性选择的结果,后者更体现自发而成的民间特征。社区也是儿童教育中重要价值来源之一,比如道德情操的培养,在很大程度上要依靠民间组织,个人通过参与公共生活会不断进行道德认知活动,从而在这种交往中形成个人的道德意识和观念。西方的保守主义者就认为,越是较小的公共领域,个人越容易培养起自己的道德意识。因为这种熟人共同体比用规则维系的陌生人社会更可以激发一个人的责任心和善意。因此,"中小学教育应当面向社区社会,成为社区社会的有机组成部分,并为社区社会的建设和发展提供有力的支持和服务"②。

---

① 徐建平.学校:在政府、市场和社会之间[J].北京:教育科学出版社,2011:24.
② 邢永富.中小学教育社区公益性之辩[J].中国教育学刊,2011(9).

在我国的义务教育发展过程中，社会力量的作用并没有得到充分发挥。对学校的管理，是在教育行政体系内通过科层制的行政体系逐级下达、获得实施，社会力量在此没有获得充足的话语权。教育是公共事业，它不仅要培养公民，也要培养社会人。义务教育作为一种服务，它必须要考虑社会的需要，如果在教育产品的提供过程中，没有聆听需求方的声音，这样的教育必然是为社会所不满的，也不可能是优质的教育。在高等教育领域，社会力量越来越受到重视，但是在义务教育领域，还有待我们重新审视社会力量的作用。由社会力量形成的第三部门——"以非企业、非政府的社会组织、公民的志愿性社团、协会、社区组织利益团体和公民自发组织起来的运动等为核心建构起来的一个社会领域"①，就可以通过民间、自治和非营利的方式来实现义务教育公益性诉求。以教育督导为例，西方的教育督导既有来自教育体制内的监督，也有体制外、社会性的监督，但是我们现有的教育督导还是国家、省、地市、县的四级基础教育监控网络，这是一个由上至下的、纵向的、体制内的教育监测体制，真正的网络应该呈现一个纵向和横向交叉而成、体制内外合力并举的形态。

（三）重拾家庭责任

"道德传统要求每个有负责能力的成年人首先应该对他自己的幸福情况和他后代的幸福情况负责"②，家庭在儿童教育中有不可推卸的责任。对于义务教育中的"义务"，通常的理解是，它包括国家承办此种教育的义务，以及家长送适龄子女接受此种教育的义务，由此似乎家长的义

---

① 劳凯声. 教育体制改革的公益性诉求 [J]. 理论视野，2008（7）.

② ［德］格尔哈德·帕普克. 知识、自由与秩序 [M]. 黄冰源等译. 北京：中国社会科学出版社，2000：200-201.

务仅限于把孩子送入义务教育中小学校就可以了。事实上，在义务教育的发展中，家长的教育权力一直是一个有争议的话题。英、美国家在普及初等教育初期，所面临的一个质疑就是国家基于何种理由具有比家长更大的教育权威性，斯宾塞等人对公共教育的态度，就是其中的代表性观念，但公共教育的发展和社会经济的发展使国家举办基础教育成为必需，义务教育制度在各个现代国家得以建立。

此后，这个话题就转变为家长在教育提供方面的边界问题。如克里滕登所言，"在国家学校体系的实践中，国家权威和父母权威之间一直存在着十分紧张的对峙局面"①，父母在孩子的正规教育中的权威与自由国家的教育权力的边界密切相关。密尔在对国家驾驭权力的辩护中，也承认父母在"召唤一个人来到世界之后"，有为他提供足够教育的道德义务。20世纪的马克斯·查尔斯沃斯依旧主张限制国家在教育中的权力，并为家长的教育权利做辩护，"既然孩子必须以某人为代表的方式来接受某种价值观，那就可以推定，在生理和心理基础上，代表人应该是父母，因此可以断定父母有无可争议的权利来使父母接受他们自己的价值观选择"②。不论对于这样的问题有无定论，父母在为儿童提供教育机会的义务和责任是无法被忽视的。

英国的基础教育最初依赖家长和宗教力量，转变为义务教育之后，中央政府开始不断加大其中的投入，从保障弱势群体的生活再到普惠性的、针对每个适龄儿童的衣、食、住、行、健康方面的生活福利，而在20世纪70年代中期保守党执政之后，这些福利内容被一再缩减。一方面，国家的经济发展状况不乐观导致政府福利供给能力不足；另一方面，重视家庭在儿童成长和教育中的作用也是保守主义的重要理念之

---

① [澳] 布莱恩·克里滕登. 父母、国家与教育权 [M]. 秦惠民等译, 北京: 教育科学出版社, 2009: 1.

② Charlesworth, Max, The Liberal State and the Control of Education // R.J.W. Selleck (ed), *Melbourne Studies in Education 1967* [M], Melbourne, Melbourne University Press, 1968.

一，他们认为如果家庭可以承担对子女的供养，那国家就应该退出这个领域，而把可以利用的资源投入更需要的地方。

提供义务教育，本身就是政府承担了过去由父母承担的一部分教育责任，如义务教育免除的学费、杂费，提供免费牛奶、早餐或者午餐，以及校车接送服务。这些教育福利在很大程度上保证了义务教育的顺利实施，但是在这些福利的供给中，也并不是国家提供越多、福利内容越丰富、覆盖面越广就越可以凸显义务教育的发展。对于教育福利的供给永远要与"儿童受教育权"的实现可能性密切联系，福利的供给只为保障权利的实现，家庭在儿童成长的责任无可推卸。对于贫困家庭和具有其他劣势的群体和地区加大教育福利供给是必需的，但是如果普通家庭都具备这些条件，国家的福利供给责任就应该回归家庭。

《国家中长期教育改革与发展规划纲要（2010—2020年）》中提到，"要充分发挥家庭教育在儿童成长过程中的重要作用"。学校教育提供知识性教育，家庭教育则影响这一个人的生活态度、行为方式等方面，与知识教育相比，家庭教育的影响更为深远，也与个人生活和公共生活关系更加密切。这是父母教育权利的一个合法性的确认，但是另外，家长在学校教育中的话语权是值得关注的。在选择在私立学校还是公立学校就读，选择在何地接受教育，选择何种类型学校就读，以及参与学校事务管理等方面，家长的教育权利并没有得到很好的体现。家长的教育权利并不仅仅局限在家庭内部，只要儿童接受教育，无论教育组织者是谁、教育内容多么具有权威性、教育的目的多么高尚，家长的权利从来也不应该被忽视。哈耶克指出，父母在选择生活地点或者职业时，都会考虑可能对自己孩子的未来造成的影响，这是父母利用人力资源与可以预见的未来发展相调试或者相适应的明证。这一切在父母做起来自然而然、心甘情愿且通常卓有成效，而与之相比，国家对儿童所能作为的的确十分有限。我们通常说责任与权利相对称，父母对于自己儿女的教育权就应获得更多体认。

二、义务教育福利品质

（一）产品多元

教育产品的多样化才可以保证个人选择的可能，有了选择的可能才会使教育福利最大程度上满足个人的教育需要。教育产品的直接提供者不外乎是公立学校、民办学校，以及特殊学校。

首先，公立学校因为从课程设置、内容选择、学校管理体制等方面都具有一定的国家统一性，因此，民办学校和公立学校提供的教育产品是有很大差异性的。国家的公立学校从根本上来说是为了满足适龄儿童的普遍就学需要，因此提供的必然是共性较多的产品。但是这样的共性不应该使得各种学校教育千篇一律，因为其面对的学习个人是各不相同的，因此在公立学校内部，应该针对学生不同的兴趣爱好、心智特征，提供多种的教育选择。其次，私立学校是教育产品多样性的一个重要来源。私立教育在办学理念、管理模式、教育内容、教学手段等多方面与公立学校存在差异，也正是因为他们主要是通过市场选择得以生存发展，他们提供的教育产品更加具有自身特色，也更加迎合教育产品消费者的多元教育需求。最后，特殊教育学校为特殊儿童提供了特殊教育，尽管有些儿童可以进入普通学校就读，但还有一些不能通过一般途径获得基础教育，这就需要政府可以提供专门针对他们特殊身心特征的特殊教育产品。在当下看来，我们的公立学校由于存在课业评价和升学压力，而对教育产品的多样性无暇关心，素质教育的提出已经好多年了，但义务教育离素质教育还有距离。基于个人素质培养的目的而提供的多元教育选择被同样的课业压力所束缚，缺乏学习自由和选择自由的空间，儿童的潜能得不到充分发挥，这样的教育必然是束缚性的教育。

在私立中小学方面。欧美国家，尤其是英国，拥有悠久的私人办学的传统。在普及义务教育之后，私立学校并没有被消除，而是作为对教育多元性的保证而获得政策支持。如果说政府在义务教育中的责任在于对学校的筹建和财政供给，以此来实现儿童受教育的权利，那么在哪里接受教育就不成问题，私立学校也不会损毁义务教育的公益属性。"公益性是教育事业客观存在的一种社会属性，它不以办学者的主观意志为转移，无论由政府办学还是由非政府组织或个人办学，教育都具有公益性。"[①]21世纪初，随着教育市场化的教育改革，一大批私立的中小学建立起来，但是随着对义务教育改革的推进，私立中小学校不仅没有发展起来，却已然式微。而随着人们教育多元化需求的出现，富于差异性的私立教育则会满足这样的需要。而我国当前义务教育中，私立学校还没有获得足够的政策重视和扶持，还不足作为多元的教育选择而出现。早在1985年，《中共中央关于教育体制改革的决定》中就明确提出了权力下放，赋予学校办学自主权。在民办教育政策上，一直存在钟摆现象，先是初高中脱钩，允许初中进行公立学校转制试点，随之又提出"不进则退"，让转制学校或者成为公办，或者退到民办，后来又提出混合所有制探索，学校家长都无所适从。2010年，《国家中长期教育改革与发展规划纲要（2010—2020年）》要求把民办教育作为重要教育资金来源和满足不同教育需求的重要途径，也作为激发教育活力、推动教育创新的重要途径，但事实上，民办教育占整个教育经费的比重一直在下降。

在特殊教育方面。由于教育资源短缺，特教儿童多样且居住分散，统一的学校教育遭遇了很多困难。但是特殊的个体也应该获得平等的受教育权利，国家需要承担的教育责任不该全部推给父母来承担，缺乏足够的教育就意味着在未来他们成为家庭、社会的巨大负担，所以我们不希望看到明天为今天买单，为他们提供多种、适切于他们的特殊教育产品是应尽之责。

---

① 邢永富.教育公益性略论［J］.北京师范大学学报（人文社会科学版），2001（2）.

（二）供求自主

保守主义者推崇市场作用，反对政府分配。他们主要是认为政府分配是出于理性设计，认为某些地方存在问题、某些措施可以解决问题。但是，保守主义者认为这是政府在建构一种秩序，社会是个有自身发展规律的有机体，我们是很难准确把握的。最有利于人类生存和发展的是自发而成的进化秩序，市场机制就有利于这样的秩序生成。

但是对于义务教育福利的市场化，很多时候我们心存疑虑。一是源于义务教育的属性特征，它是国家承办的公益性事业，是针对所有儿童提供的教育产品，所有人不论其经济状况如何都应该获得平等权利，而市场是需要凭借购买能力来获得消费品的。二是福利的属性特征，所谓的福利通常被理解为国家对于市场失误所做的制度矫正和补偿，如果再次把福利纳入市场领域，如何可以保证福利的目的获得实现呢？三是20世纪90年代中国兴起的教育产业化，使人们对于把义务教育纳入市场机制会有更多担心。毕竟义务教育不同于高等教育，二者的产品属性不同，也不应该通过相同的途径被供给。事实上，义务教育福利的市场化供给在我国的确没有获得充分发展。

其实，义务教育福利是可以充分利用市场机制而获得更好发展的，只不过需要确定一个最基本的前提，那就是国家负责出资、建设。保守主义者不否认国家在义务教育中的责任，但他们都不主张国家具体管理和掌控义务教育。义务教育福利的市场化，是通过市场对国家提供的教育资源做进一步分配，通过市场使教育产品供给中存在竞争，从而使学校有了发展的压力和动力。所以，教育福利的市场化并没有改变国家的责任主体地位，只是改变了资源的分配方式，改变的是学校的发展模式和办学理念，而不会影响受教育者个人的利益，反而会使他们获得更好的教育服务。而且，这种教育福利的市场化不同于教育的产业化，前者把市场作为途径来更好地实现其公益性，后者是通过市场来凸显教育的经济属性，二者不可混淆。

英、美等国的教育券政策，尽管我国也曾搞过试点，结果不算成功。具体有三个方面的原因：一是因为配套政策还不完善，缺乏相关制度政策的支持；二是因为在具体实施上没有国内经验可以借鉴；三是并非针对义务教育进行的实验，义务教育福利市场供给还有待我们进一步研究实践，不断试错应该是资源配置的一个选择。

（三）选择自由

福利是达到幸福的手段。义务教育本身是人们获得未来发展的准备。通过义务教育而赋予人们教育资源和教育机会。无论从哪一个层面讲，义务教育福利都必须与自由选择相辅相成，而非与强制被迫相伴而行。

我国的义务教育发展进程尚短，资源不足、发展失衡、差距悬殊，从而个人主动选择优质资源的动机不可避免。教育选择首先体现在学校范围内，即学校在课程、教学内容、教学形式等方面提供更多的选择机会；还有一种选择是在责任主体不变，依旧是国家举办教育的背景下，通过市场手段对教育产品依据自己的偏好予以选择；还有一种选择就是把教育举办权完全下放，交给市场来经营运作，个人也通过市场手段进行教育消费。除此之外，还有像农民工随迁子女那样所面临的选择，这种选择是非主观的，也就是说并不是为了获得更好的教育资源而进行的选择，是一种被迫性的选择。

无论是哪种教育选择，我国当下的义务教育发展都还不能满足需求。从学校内部来看，我国的义务教育还没有达到素质教育的要求，教育供给依然是以知识学习为中心的，学生所获得的选择空间有限，这一问题对于欠发达地区的学校或者城市中的薄弱学校来说尤为突出；对于以市场手段选择教育产品，在当下仅局限于学校外的教育市场，而校外教育提供的又不是福利属性的教育产品。对于一直困扰中国基础教育的择校问题，取得了相对成效，还没有获得彻底解决；针对完全市场化下的基础教育选择，在教育产业化的热潮中一度盛行，而后随着产业化偃旗息鼓也就声息渐弱，当下的私立基础教育更加偏重高端路线，成为社会上层群体为子女获得教育选择的特权，而不能惠及大众。最后，针对农民工随迁子女的这种被迫选择，在当前也面临一种困境，彻底放开则致使流入地无力承担，也会破坏原有的教育秩序；而有限放开，要么解决不了随迁子女的就学问题，要么为学校拒绝接受提供了借口。

以上四种教育选择的对象都是义务教育福利，如何能够把自由自主的行为特性贯穿于不同的义务教育选择中的确任务艰巨。理想再远，也应该勇于开端；路途泥泞，也需迈步前行。第一，在学校内部的发展中，依旧需要推动特色办学、素质办学，能够提供更加丰富的教育供给。这样的改革主要依赖的并不是物质财力上的付出，而是改革的勇气与理念。第二，对于通过市场化手段进行的教育选择，我们也进行了教育券的改革试点，收效不尽如人意。但是这种试错行为不应该浅尝辄止，痛定思痛，继往开来才能开创新局面，我们对教育券的试验还应该继续反思、改进、尝试。第三，对于民办基础教育和择校之类的问题，也不能一味地否定。民办基础教育未必没获得宝贵的经验，未必没为普及初等教育作出贡献。政策扶持、加强管理和疏导，未必不能提供优质丰富的教育选择。而对于随迁子女的义务教育问题，首先应该明确以户籍这样的制度束缚限制教育自由选择是绝对不合理的，当务之急是出台新的调控手段和制度安排来调整义务教育资源，做到统筹安排、人性应对。"教育也应是一种生产活动，其最终产品应是人的自由和解放，是人的主体性的发挥，是人的生命的舒展与欢畅。"[①] 自由和解放既是教育的结果，也应该是教育过程中每个人的感觉感受。

---

① 褚宏启. 教育自由的本质是人道主义 [N], 中国科学报, 2014-9-12.

三、义务教育福利发展进路

（一）持久动力

"人的一切活动都是为了实现某种目的，都不过是实现某种目的的手段而已。"① 效率就是用活动实现目的的比例，是人的活动属性。福利是一种资源投入，任何资源在使用上都会追求投入与产出的比例，都必然期待较少的投入可以收到同样的收益，或者相同的投入获得更多的收益。福利通常被理解成对于单纯追求经济效率的市场机制带来的问题的矫正或者补救，从而对效率问题敬而远之。事实上，福利更需要注重效率问题，因为它是社会分配的最后一道保护屏障，有效率的福利投入可以使更多人受益，没有效率的投入就是弱化了福利的社会作用。施乐公司前首席执行总裁吉尔尼斯曾经批评美国的教育福利：公立教育消耗了我国国民生产总值的7%，战后每10年公立教育的开支就翻一番甚至两番，即使入学人数减少时期也是如此。美国竟然也有其他部门花的钱越来越多、服务人数越来越少而服务质量越来越差的情况出现②。

福利资源永远处于紧缺状态之中，如何提高它的利用效率？传统的福利供给是通过政府逐级下拨。这种途径对于福利效率有消极的作用。第一，是信息掌握的不充分。一项教育社会学的研究发现，国家为了向贫困地区提供儿童教育福利，规定每天向儿童提供一颗鸡蛋，然而调查者却发现，拿到鸡蛋的儿童并不喜欢，甚至有人用它互相投掷玩耍。询问后才发现，这个地方人们没有食煮鸡蛋的习惯，所以儿童不喜欢吃煮熟的鸡蛋。可见，需求具有多样性，位于政策决策顶端的政府往往无

---

① 王海明. 公正与人道［M］. 北京：商务印书馆，2010：220.
② 蒋国华. 西方教育市场化——理论、政策与实践［J］. 全球教育展望，2001（9）.

法真正掌握政策末梢政策对象的真实需要，从而造成福利资源效率低下。第二，福利政策在执行过程中容易发生变形。福利政策从中央政府层层执行落实，地方政府在执行过程中会基于自身的利益考虑而对政策做出二次处理。福利安排在执行过程中经历的环节越多，行政费用支出越大，执行效力就越容易发生偏差。第三，福利资源使用情况的监督问题。当前对于义务教育中的督导主要是来自国家的教育行政体系内部，是一种自上而下的内部监控。这样的督导有优点，就是可以借助行政能力对于资源利用中出现的问题予以矫正和引导，但是也存在问题，那就是这种监督往往是从数字上、从描述上获得资源的利用情况，但很多时候这样的监督缺乏真实性，最有力的监督是来自福利获得者。如果说教育福利是一种服务，如果政府以服务型政府为自身定位，那么评价服务质量如何，权威并不是专业的服务质量权威，而应该是获得服务的个人和群体。

针对此种情况，保守主义对于福利配给中市场机制的推崇是值得我们借鉴的。其一是福利的满足通过市场途径获得，这是使福利供给和需要最容易契合的选择。义务教育本身是一种福利，提供者以政府为主体，也就是义务教育由国家出资承办，但经营管理不是由国家统一干预的，即便存在统一的标准，也还是可以保证各个学校教育产品供给的多样性，而个人具有的选择权可以使得他们在多元的教育产品中进行取舍，使得自己的福利需求获得真实满足。如同保守主义者所说，国家的责任在于制定一般的规则，至于具体的操作就要交给其他的社会组织和个人。国家在具体实践层面的过多作用，会对资源的利用效率产生负面作用。其二，学校过去是直接从政府获得福利资源，形成教育产品再分配给受教育儿童，获得的环节没有竞争，再次分配的时候没有责任。因此，在教育资源转化为教育产品的过程中没有动力和压力，从而大量的政府投入不意味着优质的教育获得，而改变这样的资源配给方式，从政府配置到教育福利获得对象进行配置，必然会提升资源的利用效率。其三，保护竞争主体的多元性。如果说义务教育福利的目的在于满足个人的福利需求，那么通过何种途径从谁那里获得这样的满足并不重要，判断的标准在于个人需要的被满足程度。私人办学在英、美等国得到较多的认可和支持。就我国当前来看，在义务教育阶段私人办学依旧难以成为国家公共基础教育办学中的重要力量。在财政上没有获得和公立学校同样的支持，在营利性上被过多束缚，在政策上没有明朗的合法地位，这都成为阻碍其发展的不利条件。给民办中小学以平等的竞争平台，使他们成为义务教育福利向教育产品的转化渠道之一，也是优化教育福利资源使用效率的办法之一。

（二）以人为本

格林指出，我们价值的最终标准是个体价值，一个国家或者社会或人类想要有任何进步或者改善，除非它与个人的某种更高的价值相关，否则它只能是一些没有意义的空话。通常，按需分配是作为人类的理想而被追求的，也是作为分配原则而饱受抨击的。福利国家的社会实践很多时候是遵循一种主义的原则，因此从制度的价值层面和实践效果上都受到了猛烈抨击。然而对于福利的分配而言，按需分配的原则是应该遵守的，要确定的是，以什么样的需要为标准进行满足。

公共福利是为满足公民需要而做的制度安排。人的需要是无止境的，也是具有多样性的。义务教育福利旨在满足人们接受基础教育的需要。这其中，也同样存在着多种需要，没有一个国家可以满足人们的一切需要，也没有人主张个人的需要全部应该由国家来负责。对于义务教育福利的定位，首先要明确要满足的"需要"是谁的需要，为何种需要。在恰当范围内满足公民的教育需要是政府的责任所在，超过了合理的范围，就是权力和责任的越界。这一方面意味着国家代替了公民或者其他责任主体做了决定、承担了义务，是对于个人责任和自由的干涉；另一方面，在某个领域的过度作为就意味着政府在其他领域的角色缺位。因为政府所拥有的资源是有限的，其权力的作用空间也是有限的。

因此，在义务教育福利中，政府应该明确，最需满足的是个人、群体的最紧迫需要，以及最低限度的公共需要。更明确地说，就是弱势群体的教育需要，以及对于义务教育的最基本需求。

就弱势群体和个人的教育需要来看，与他人相比，他们的受教育机会是最需要获得源自政府的保障的。个人的能力不足或者是来自其他外部因素的限制，个人无法满足个人受教育的基本需要，这就是"福利满足需要"原则应该起作用的时候。我国的义务教育福利力度在近些年已经不断加大，但是对于弱势群体教育福利的满足仍然缺口很大。有学者对于针对弱势群体的教育福利问题做过实验研究，"国家贫困地区义务教育助学金"项目启动于1997年，到2001年、2002年，某县教育经费中没有任何针对贫困适龄儿童的助学金；2005年，由于助学金和春蕾计划的资助，是该县获得教育资助最多的一年，但是惠及人数仅占贫困儿童和特困儿童的13.5%和73.4%[1]。再以针对西部儿童的教育支持来看，此计划启动时间更长，以云南某镇级中学为例，2001—2003年，其贫困生人数是250人、225人和230人，实际受到资助的仅有4人、8人、10人[2]。可见，义务教育福利并没有切实地获得落实，最需要获得满足人群依旧处在教育的贫瘠状态之下。

享受必要的基础教育也是所有人的基本需要，所以享受义务教育才被纳入人权范围之内。义务教育是国家依法统一实施、所有儿童都必须接受的教育。这个属性，决定了义务教育学校必须达到一定的标准，而这样的标准是实现义务教育培养任务的基本条件。这些标准必须是国家性的，是由政府提供财政保证的，主要包括教育教学设备、财政拨款标准、教师配置标准、教育质量标准等。各地义务教育发展情况差距较

---

[1] 余秀兰.社会弱势群体的教育支持[M].北京：中国劳动社会保障出版社，2007：217.

[2] 高如峰.中国农村义务教育财政体制研究[M].北京：人民教育出版社，2005：128-129.

大，国家标准不可以确立得过高，也不可以提高得过快。它应该是必要的基本条件，标准过高就意味着政府财力负担过大，后续财政支持不足，从而难以落实。标准提高得过快，就存在落后地区在没有达到过去标准的条件下被赋予更多责任，而无力实现；财力雄厚的地区则可以轻松或者超前地落实这些标准，这样就会导致人们的基本受教育条件无法得到均衡满足。当然，这不是说发达地区不能进行更多的教育投入，只是意味着国家为保证人人均享的教育权利有更多的财政支持，从政策上完成普及的目标，至于区域或者局部的教育福利的提高则交给地方政府来决定，国家仅限于提供底线标准的福利支持。

基础教育福利多关注物质救助，而忽视心理救助和能力救助。歌德曾经指出，自由的无上快乐，不是做你喜欢做的事情，或者环境诱惑你去做的事情，而是能够在没有障碍或限制下以直接的方式做正确恰当的事。物质层面的援助仅仅是创造这种条件的一个因素，但远远不够。联合国教科文组织也曾经指出，"教育……应该使每人……能够形成一种独立自主、富有批判精神的思想意识，以及培养自己的判断能力，以使他自己能确定在人生各种不同情况下他该做的事情"[1]。

总之，教育福利应该是按需分配的，但这样的需要必须是最基本的教育需要，既是最需要者的需要，也是最基本性的需要。前者倾向于弱势群体，后者着重于普遍标准。按需分配是否公正，"决定于所分配的权利是不是基本权利或者人权"[2]。按人权进行分配是公正原则的体现，如果一种社会资源的分配是旨在满足并非属于基本人权的权利进行的，那么它就属于仁爱原则。制度应该保证公正，仁爱是一个道德范畴内的，应该是在政治干预之外的。按照满足人们基本的教育福利需要分配资源，一方面是因为人权是满足每个人的最基本、最起码、最必要的权

---

[1] 教育——财富蕴含其中[M].北京：教育科学出版社，2005：85.
[2] 王海明.公正与人道[M].北京：商务印书馆，2010：237.

利;另一方面,人们在基本的、最低的需要上是完全一样的,但在非基本需要上是彼此不同的。所以,对于义务教育福利,提供的应该是最基本的、最迫切的满足,超过此范围的满足,是政府不应该做的,也是做不到的。

(三)平等公正

1986年,联合国通过的《发展权利宣言》中第一条指出,发展权是一项不可剥夺的人权,由于这种权利,每个人和所有各国人民均有权参与、促进并享受经济、社会、文化和政治发展,在这种发展中,所有人权和基本自由都能得到充分实现。义务教育福利就是要通过保证所有儿童受教育的权利,从而实现其自身的发展,因为"教育是实现发展权平等的最重要手段"[①]。这种追求自身发展的机会对于每个人来说并不平均,尽管在法律上它具有高度的神圣性,但是在现实中,各种各样的弱势群体远没有获得与他人均等的受教育机会和发展机会,先天和后天的诸多不利因素使他们身处机会的洼地之中,只有借助外力提供的帮助才可以与他人站在同一个平台上。

其中,特殊儿童与其他弱势群体相比,更需要获得这种帮助,因为其他的弱势群体可以通过提供支持来摆脱弱势的境遇。而特殊儿童的特殊之处往往会伴随其一生,所以教育对于他们来说更为重要。2006年,据第二次残疾人调查统计表明,6—14岁的义务教育适龄儿童有246万人,入学率仅为63.13%[②]。显然,他们是弱势群体,却不是小众。我国义务教育中的特殊教育存在学校数量不足、经费投入不足、师资力量不

---

① 顾明远,石中英.国家中长期教育改革和发展规划纲要(2010—2020)解读[M].北京师范大学出版社,2010.

② 顾明远,石中英.国家中长期教育改革和发展规划纲要(2010—2020)解读[M].北京师范大学出版社,2010.

足、相关科学研究不足、办学条件亟待改善、缺乏强有力的特教立法等突出问题。"在全国基本普及九年义务教育的情况下,特殊教育已成为普及义务教育最薄弱的环节。"①

就当前来看,我们基本实现了义务教育的普及,儿童受教育机会得到了较好保障,但弱势群体的受教育问题仍然严峻。正因为他们的"特殊",所以从管理、服务等方面存在诸多困难,不易将福利支持贯彻到位,也因为他们的"弱势",所以缺乏争取资源和利益的能力和机会,也因为我们的义务教育还不是十分完善,有些时候,他们还处在被忽视的边缘。

义务教育福利是为了保障受教育机会的,弱势儿童群体最缺乏此种机会,所以他们才是福利的重点对象。按照保守主义者的观念,二者都无力应对的,才是政府应该做的。弱势群体恰恰因为自身处境而无法与他人站在同样的起点,也正是因为弱势群体较为庞大,是社会力量无法提供充分救济的,所以国家对于他们的责任就是重中之重。

四、义务教育福利改革理念

(一)审慎渐进

保守主义者在社会改革中尤其主张审慎渐进的态度。"审慎,在所有事务中都堪称美德,在政治领域中则是首要的美德;审慎将领导我们去默许某些有限的计划(这些计划不符合抽象观念表现出的充分的完美性)。而不会引导我们去大力推行无心完美的计划(要实现这种计划就

---

① 顾明远,石中英.未来十年的职业生活——国家中长期教育改革和发展规划纲要(2010—2020年)解读[M].北京:北京师范大学出版社,2010:228.

必须打碎整个社会机构)。"① 人类的有限理性会使决策者作出错误判断，所以，"如果他是通过'连续'渐进的变化方式来进行工作，那么他就可以有好些方法能用以避免连续性的严重错误"。②

平等、均衡、公正，这是在我们讨论的义务教育问题中常常谈及的。但对于什么是平等、公正、均衡，我们就无从达成一个定论，也不存在绝对真理性的标准来衡量当下的境况，即便我们在政策层面对于这些价值暂时有了清晰的认识，也不可能要求用一种理想性追求作为政策的目的。

个人除了生而具有的差异之外，在出生伊始就获得与他人不同的待遇，而且他赖以生存和成长的环境也是诸多不公正、不平等、不完美的因素合力而成的。因此，没有任何政策和制度可以凭借一己之力就可以把个体从一个充满不平等和差异性的世俗之地，带到一个被理想化的乌有之乡。

一个民主的现代国家致力于为一国之众谋求更大的幸福，这是不容置疑的，但也必须看到现实与理想之间的距离。均等在宏观上是义务教育福利在区域、阶层和群体之间的均等，也是教育制度和福利政策的目标所在。不可否认，基于这种理想性的追求必然遭遇现实中诸多限制，这种限制既是由历史因素沉积而成，也是其他关联政策对它的辖制的结果，从而使既定目的并不能如期实现。目标过高而不能实现，只能危害到政策的公信力。

从当下的均衡问题来看，所谓均衡必然是具有比较意味上的追求，一方是发展较好的城市学校、重点学校和发达地区的学校，而另一方是农村、欠发达地区，以及城市中的薄弱学校。前者有良好的发展基础，

---

① [英]埃德蒙·柏克.自由与传统[M].蒋庆等译.北京：商务印书馆，2001：38.
② 林德布洛姆语，转引自杨明伟.保守主义：一种审慎的政治哲学[M].北京：中国书籍出版社，2013：24.

也具备充裕的资金来源和优质的教育资源供给，后者则在这些方面都存在不足。如果是基于"至善"的考虑，则政策的重点是"善"，而对于"善"的追求是没有终点的。因此，在对于机会均等问题上，重点可以放在"除害"上，也就是致力于去除阻碍均等的因素。这不仅仅意味着在福利资源上向弱势群体和地区的倾斜，更意味着在义务教育政策制定时，以最低的发展水平为出发点，所做的政策安排以最可以提高他们的教育水平为目标。而对于早已超过此目标水准的优质学校，其发展的基础和惯性依然足以使他们自身获得更快更好的进步，而不需要政府的政策再做锦上添花性质的福利给予，英国的"教育行动区"计划就是一个很好的例子。日本、韩国在确定教育目标时，要求即便是在经济最不发达地区，这些目标也可以获得实现，而非从经济发达或者一般发达地区着眼，这种考量体现了对弱势群体的政策倾斜。

对于义务教育领域，近些年不乏提出延长教育年限的呼声，把高中教育或者学前教育纳入义务教育。显然，这样的主张是以"优势人群"，或者至少是以"中间"阶层的利益为出发点的。在已有基础上继续扩大教育福利的内容，也是在保障机会上的平等，学前教育当下确实也存在着发展不足的问题，增加了家庭负担。因为没有国家的干预从而使得教育质量没有获得保证，这种学前教育的不均衡发展也确实意味着教育机会上的不平等。但是有一点我们必须明晰，那就是只要我们进入公共领域，每个人就必须面对各种各样的不均等待遇，即便是学前教育纳入义务教育福利领域，也未必就意味着增加了教育机会均等。对于这些问题的解决是不可能一蹴而就的，在整个教育领域，试图在每个教育阶段都达到绝对的机会平等是不可能完成的任务，我们致力于解决这些问题，也不意味着政府的责任就是不断投入、不断干预。

（二）尊重情境

保守主义有时候被定义为情境主义的，这是说它们没有固定的为人们普遍认可的、有关政治和社会价值分配的一套观念系统。价值总是在不同的情境下对现有的制度进行捍卫，因此总是反对创新和改革。本书不同意这样的看法，但保守主义者的确是尊重情境的。

情境，其实就是客观现实。保守主义者认为已有的胜过未来的，实现的胜过设计的，这体现了他们保守审慎的态度。但是保守主义者对于情境的尊重更体现在他们的现实主义取向上，体现在对于现实情境的看重上。任何的举措都是以现实为基础的，凭空而出的远大理想只会带来伤害和损失，所以以现实的情境为基础，客观审慎地制订计划，正视现实条件，不激进空想，才是保守主义的可贵之处。

中国的义务教育福利实践也是以中国的现实条件为基础和约束而进行的，在这个过程中，学习他国经验也好，独立开辟创新也好，都应该是尊重我们的现实情境的。我国的义务教育发展、社会福利发展，都与英、美国家有着完全不同的发展进路和特征。在这个开放的世界中，随着国际交流的增加，对于西方教育理论和实践研究也越来越深入。研究的本身除了具有理论上的追求，也希望能够对于我国的教育实践有所启示，但这样的借鉴一定是立足于中国现实的才好。有学者在研究柏克和法国大革命之后，发出如此呼声："即使在21世纪的今天，缺少自我意识的大众盲目和非理性依旧充斥和侵蚀着我们社会有机体的健康成长，特别是激烈的政治盲动往往带来沉重的社会代价。"[①] 而对于我们针对特殊国情进行的开创性尝试，也应该深入把握各种现实情况，多加分析和权衡，要充分预见可能出现的种种不利因素，避免过于乐观地看待问题。4%的GDP投入指标的确定，就应该使我们吸取教训。这个目标从确立到实现，我们用了20年的时间。可见，我们当初订立这个目标时有些过于乐观了，明显高估了我们的经济和财政能力。

---

① 曹瑞臣. 从埃德蒙·伯克保守主义思想看"光荣革命"后英国人的国家观［J］. 电子科技大学学报（社会科学版），2012（6）.

(三)沿袭传统

传统,"是一个社会的文化遗产,是人类过去所创造的种种制度、信仰、价值观念和行为方式等构成的表意象征;它使代与代之间、一个历史阶段与另一个历史阶段之间保持了某种连续性和同一性,构成了一个社会创造与再创造自己的文化密码,并且给人类生存带来了秩序和意义"[1]。任何一个国家的发展都无法与自己的传统彻底割裂,无论我们多么希冀通过锐意的改革来突破现实的约束,开创新的发展局面。

传统可以简单分为三种:一是善的传统,属于希尔斯所说的可传之统,或者说在人们的有限理性分析能力范围之内,依旧可以发现具有内在价值的传统,这样的传统对制度建设极为重要,也会表现为制度的核心价值;二是无法评价其善恶对错,它却在影响着人们的行为、观念等各个方面;三是历史积存下来的陋习,是应该通过不断的发展逐渐革除掉的。无论是哪种传统,在一国的改革实践发展中都必须获得充分的重视。

就义务教育福利来看,中国的慈善助学的传统是悠久的,中国有民间办学的传统,集合民力兴办公共教育的传统。这些传统无论是在古代还是在当代中国,都是中国基础教育的发展中不可以忽视的力量。在我们推动义务教育福利的社会实践中,任务重、问题多、发展不均衡、财力不充足这都是突出问题,尊重中国教育发展中沿袭而来的这些传统,才可以从历史中吸取经验,充分利用这些优势资源,义务教育福利会获得更多的发展动力。

就上述第二种传统而言,中国的历史上一直公私界线模糊,公共领域和私人领域边界不清楚。在某些时候,私人出让个人权利和财富成就

---

[1] [美]爱德华·希尔斯.论传统[M].傅铿,吕乐译.上海:上海世纪出版集团,2009:2.

集体利益，有时候国家如父母，对于国民给予充分关怀。这样的传统，我们很难对它进行是非判断，但是这是深入人民对国家的理解中去的，也是渗透到国家执政治国的政治实践中去的。义务教育福利既是一个中心任务，也是一个传统领域，在政策制定和执行中必须把一些深入到国民价值观和道德认识中的传统因素考虑进去，才可以保证这些政策可以获得好的执行效果，不会因为割裂历史关联而造成社会冲击，扰乱已有秩序。

当然，传统之中也有糟粕的东西。这些东西也同样应该获得"尊重"，只不过这种"尊重"不是要保留它们，而是要在制度和实践层面"重视"它们，充分考虑到它们的负面影响，去除它们作为改革的目标。例如，我国国民户籍制度由来已久，新中国成立后一度被取消，在1958年再次确立，随后有了一系列制度安排，都以户籍作为社会福利的分配标准，由此形成了诸多不公正。户籍制度不是一朝一夕可以彻底地从中国社会去除的，但依据户籍制度分配社会益品这样的"传统"是要在义务教育福利中不断被取缔的。

巴里在论及福利问题时指出，福利哲学的争论集中在人们的需要、欲求和利益等棘手问题上。即使人们达成共识，将福利最大化作为公共政策的目标，在最大化的福利将具有哪些内容等问题上，人们也很少有可能达成共识。况且对于福利的合理尺度也从来没有停止过被争论，显然，福利问题是极难达成共识的。在福利问题上的争执试图形成一个理论化定论是不可能的，因为这样的争论是个人主义与集体主义之间的鸿沟。福利制度不过是政治理论对决中的一个案例而已。保守主义是在欧美的政治文明中成长起来的，其理念和主张也离不开其赖以存在的理论背景和现实基础。把保守主义的教育福利思想生硬地照搬过来，必然不适用于中国的教育问题，牵强附会地把西方的理论和中国的现实结合在一起是没有意义的。研究保守主义思想，不是企图以某些观点作为标准来评说我国的教育问题，因为我们对于福利问题的探究也必然是在一定的理论背景下进行的，试图用一种理论下的福利观念去说服或者取代对方是一种狂妄，但这不否定我们研究的意义。无论是在实践中还是在理论上，从对方那里找出弱点，或者优势，都会有益于我们自身的完善。

参考文献

中文专著

[1] 蔡英文，张福建. 自由主义[M]. 中国台北："中研院"中山人文社会科学研究所，2001.

[2] 陈红霞. 社会福利思想[M]. 北京：社会科学文献出版社，2010.

[3] 陈志瑞，石斌主编. 埃德蒙·伯克读本[M]. 北京：中央编译出版社，2006.

[4] 褚宏启. 教育现代化的路径[M]. 北京：教育科学出版社，2000.

[5] 丁建定. 社会福利思想[M]. 武汉：华中科技大学出版社，2009.

[6] 杜创国. 政府职能转变论纲[M]. 北京：中央编译出版社，2008.

[7] 段微晓. 埃德蒙·柏克政治思想研究[D]. 大连：大连理工大学博士论文，2013.

[8] 顾明远，石中英. 国家中长期教育改革和发展规划纲要（2010—2020）解读[M]. 北京：北京师范大学出版社，2010.

[9] 顾明远. 世界教育大事典[M]. 南京：江苏教育出版社，2000.

[10] 顾肃. 自由主义基本理念[M]. 北京：译林出版社，2013.

[11] 韩克庆. 转型期中国社会福利研究[M]. 北京：中国人民大学出版社，2011.

[12] 贺武华. 新自由主义主导下的学校重建研究[M]. 北京：光明日报出版社，2008.

[13] 胡务主编. 社会福利概论[M]. 成都：西南财经大学出版社，2008.

[14] 江怡. 当代西方哲学演变史[M]. 北京：人民出版社，2009.

[15] 景天魁，等. 福利社会学[M]. 北京：北京师范大学出版社，2010.

［16］李海青. 公民、权利与正义［M］. 北京：知识产权出版社，2011.

［17］廖其发. 当代中国重大教育改革事件专题研究［M］. 重庆：重庆出版社，2007.

［18］林建华，董泉增. 当代西欧社会民主论纲［M］. 北京：中国工人出版社，1995.

［19］林闽钢. 现代西方社会教育福利思想：流派与名家［M］. 北京：中国劳动社会保障出版社，2012.

［20］林万亿. 福利国家历史比较的分析［M］，中国台北：巨流图书公司，1994.

［21］刘军宁. 保守主义［M］. 天津：天津人民出版社，2007.

［22］马健生. 比较基础教育［M］. 南京：凤凰出版传媒集团，南京：江苏教育出版社，2008.

［23］钱宁. 社会正义、公民权利和集体主义［M］. 北京：社会科学文献出版社，2007.

［24］钱宁. 现代社会福利思想［M］. 北京：高等教育出版社，2006.

［25］滕大春. 外国教育通史（第一卷）［M］. 济南：山东教育出版社，1989.

［26］王本宇. 教育与权利［M］. 福州：福建教育出版社，2012.

［27］王承绪，徐辉. 英国战后教育研究［M］. 南昌：江西教育出版社，1992.

［28］王皖强. 国家与市场——撒切尔主义研究［M］. 长沙：湖南教育出版社，1999.

［29］吴春华. 当代西方自由主义［M］. 北京：中国社会科学出版社，2004.

［30］吴玉章. 论自由主义权利观［M］. 北京：中国人民公安大学出版社，1997年.

［31］徐邦友. 政府的逻辑［M］. 上海：上海人民出版社，2011.

［32］徐大同. 西方政治思想史（第三卷）［M］. 天津：天津人民出版社，2006.

［33］徐建平. 学校：在政府、市场和社会之间——现代学校制度的理论探索与启示［M］. 北京：教育科学出版社，2011.

［34］张京萍. 社会保障法［M］. 北京：中国劳动社会保障出版社，2005.

［35］张思锋. 社会保障学概论［M］. 武汉：武汉出版社，2007.

［36］张长伟，周义顺. 西方社会福利观的演变与转型［M］. 北京：中国社会出版社，2013.

［37］赵波. 奥克肖特的公民联合体理论研究［M］. 北京：中国传媒大学出版社，2011.

［38］赵汀阳.论可能生活［M］.北京：中国人民大学出版社，2004.
［39］周沛.社会福利体系研究［M］.北京：中国劳动社会保障出版社，2007.
［40］祝怀新.英国基础教育［M］.广州：广东教育出版社，2003.
［41］邹永平，等.现代西方国家学说［M］.福州：福建人民出版社，1993.

中文论文

［1］陈鹏.我国农村义务教育福利存在的问题与对策［J］.教学与管理，2010（9）.
［2］陈晓律.英国式保守主义的内涵及其现代解释［J］.南京大学学报（哲学·人文科学·社会科学版），2001（3）.
［3］陈银娥.浅析西方国家福利经济制度的改革［J］.华中师范大学学报（人文社会科学版），2002（2）.
［4］顾金土.公共福利的内涵辨析［J］.学习与实践，2009（9）.
［5］官婧，阳义南.基于教育公平视角的我国教育福利问题探究［J］.社会保障研究，2009（4）.
［6］何杰.论农民工子女受教育福利权的政府保障［J］.江苏教育研究，2009（4）.
［7］惠建利，李叶宏.哈耶克的"政府干预"理论［J］.山西师大学报（社会科学版），2008（4）.
［8］季乃礼，于淼.保守的倾向，自由的精神：对柏克政治价值的解读［J］.山东大学学报（哲学社会科学版），2011（4）.
［9］江赛蓉，刘新民.教育福利：弱势群体解困的根本途径［J］.湖北社会科学，2010（5）.
［10］劳凯声.教育体制改革的公益性诉求［J］.理论视野，2008（7）.
［11］吕文慧.福利经济学视角下的效率与公平［J］.经济经纬，2007（2）.
［12］马德普.个人自由与社会主义的冲突——哈耶克自由与正义思想述评［J］.孝感学院学报，2001（2）.
［13］马广海，许英.论社会福利：概念和视角［J］.山东大学学报（哲学社会科学版），2008（5）.
［14］强海燕，托尼·布什.跨文化视角下的中英基础教育［J］.教育研究，2001（10）.
［15］苏东斌.走向有限福利［J］.宏观经济研究，2003（3）.

［16］苏素，朱家庆.基于基尼系数的公共福利分配地区公平性研究［J］.统计与决策，2008（22）.

［17］万国威.社会福利视角下我国少儿教育的区域均衡：现实状况与未来走向［J］.教育科学，2012（2）.

［18］王伟.英国特殊教育的发展、问题与走向［J］.现代特殊教育，2006（3）.

［19］王燕晓，吴练达.洪堡关于国家与教育关系的思想研究［J］.现代大学教育，2008（5）.

［20］吴至翔，刘海湘.我国教育福利政策的功能与价值分析［J］.福建省社会主义学院学报，2009（1）.

［21］邢永富.教育公益性略论［J］.北京师范大学学报（人文社会科学版），2001（2）.

［22］邢永富.中小学教育社区公益性之辩［J］.中国教育学刊，2011（9）.

［23］杨寄荣，杨玉生.西方福利国家理论与实践评析——作为经济运行机制的福利国家［J］.当代经济研究，2010（6）.

［24］杨缅昆.论国民福利核算框架下的福利概念统计研究［J］.统计研究，2008（6）.

［25］杨晓东.柏克政治哲学思想举要［J］.社科纵横，2013（4）.

［26］祝志芬.农民工子女义务教育政策分析——基于社会福利政策的视角［J］.教育发展研究，2011（3）.

［27］易红郡."第三条道路"与当前英国教育改革［J］.外国教育研究，2003（4）.

［28］尹力.多元化教育福利制度构想［J］.中国教育学刊，2009（3）.

［29］于志涛.英国特殊教育需求支持服务体系改革与启示［J］.外国教育研究，2011（7）.

［30］余仕麟.新旧福利经济学的价值观差异［J］.西南民族大学学报（人文社会科学版），2004（6）.

［31］郁永斌.传统与现代：保守主义的历史演变与特征［J］.苏州铁道师范学院学报（社会科学版），2002（1）.

［32］张岸.洪堡论国家［J］.社会科学论坛，2008（7）（下）.

［33］张铭，苗爱芳.诺齐克保守自由主义国家观评析［J］.福建论坛（人文社会科学版），2001（4）.

［34］郑秉文.经济理论中的福利国家［J］.中国社会科学，2003（1）.

［35］郑功成.从福利教育走向混合型的多元教育体系［J］.清华大学教育研究，2004（5）.

［36］周沛.论社会福利的体系构建［J］.南京大学学报（哲学·人文社会科学版），2007（6）.

［37］朱丽丽.哈耶克思想的独创之处［J］.邯郸师专学报，2004（1）.

［38］诸大建，徐萍.福利提高的三个"门槛"及政策意义［J］.社会科学，2010（3）.

［39］曹秀娟，徐辉.额外努力项目——应该提高贫困学生学习期望新举措［J］，外国教育研究，2010（4）.

［40］祝志芬.公共产品理论视角下的义务教育福利制度研究［J］.湖北社会科学，2011（6）.

［41］刘岱.理性的政治及其批判——奥克肖特的人性治学分析［D］.济南：山东大学硕士学位论文，2006年.

［42］厉以宁.关于教育产品的性质和对教育的经营［J］.教育发展研究，1990（10）.

［43］张学敏.义务教育的融合产品属性［J］.西南师范大学学报（人文社会科学版），2003（3）.

［44］周佳.公办中小学：打破城市社群隔离的重要渠道［J］.教育科学研究，2007（12）.

外文译作

［1］［澳］布莱恩·克里滕登.父母、国家与教育权［M］.秦惠民等译.北京：教育科学出版社，2009.

［2］［德］威廉·冯·洪堡.论国家的作用［M］.林荣远，冯兴元译.北京：中国社会科学出版社，1998.

［3］［德］卡尔·曼海姆.保守主义［M］.李朝辉等译.北京：译林出版社，2006.

［4］［德］卡尔·雅斯贝尔斯.时代的精神状况［M］.王德峰译.上海：上海世纪出版集团，2005.

［5］［德］柯武刚，史漫飞.制度经济学［M］.韩朝华译.北京：商务印书馆，2000.

［6］［德］克劳斯·奥菲.福利国家的矛盾［M］.郭中华等译.长春：吉林人民出

版社，2006．

[7] [法] 雷蒙·阿隆．雷蒙·阿隆回忆录 [M]．杨祖功等译，上海：上海三联书店，1992．

[8] [法] 孟德斯鸠．论法的精神 [M]．张雁深译．北京：商务印书馆，1961．

[9] [法] 托克维尔．论美国的民主（下卷）[M]．董果良译．北京：商务印书馆，1988．

[10] [美] Charles Zastrow．社会福利与社会工作 [M]．中国台北：洪叶文化事业有限公司，1998．

[11] [美] J.范伯格．自由、权利和社会正义 [M]．王守昌等译．贵阳：贵州人民出版社，1998．

[12] [美] 爱德华·希尔斯．论传统 [M]．傅铿，吕乐译．上海：上海世纪出版集团，2009．

[13] [美] 戴维·奥斯本，特德·盖布勒．改革政府：企业精神如何改革着公营部门 [M]．上海：上海译文出版社，1996．

[14] [美] 戴维·麦卡洛夫．社会福利：结构与实践 [M]．官有垣译．中国台北：台湾双叶书廊有限公司，2000．

[15] [美] 弗里德曼．资本主义与自由 [M]．北京：商务印书馆，2004．

[16] [美] 罗伯特·诺齐克．无政府、国家和乌托邦 [M]．雷克勤等译．北京：中国社会科学出版社，1990．

[17] [美] 米尔顿·弗里德曼，罗丝·弗里德曼．自由选择 [M]．张琦译．北京：机械工业出版社，2013．

[18] [美] 丹尼尔·贝尔．资本主义文化矛盾 [M]．赵一凡等译．上海：上海三联书店，1989．

[19] [美] 萨托利．民主新论 [M]．冯克利，阎克文译．北京：东方出版社，1993．

[20] [美] 格伦·德．政治思维：永远的困惑 [M]．潘世强译．杭州：浙江人民出版社，1988．

[21] [美] 托马斯·雅诺斯基．公民与文明社会 [M]．柯雄译．沈阳：辽宁教育出版社，2000．

[22] [美] 约翰·凯克斯．为保守主义辩护 [M]．英奇，葛水林译．南京：江苏人民出版社，2003．

[23] [美] 约翰·罗尔斯．正义论 [M]．何怀宏等译．北京：中国社会科学出版

社，1988.

[24][美]詹姆斯·布坎南.自由、市场和国家[M].北京：北京经济学院出版社，1988.

[25][美]詹姆斯·米奇利.社会发展——社会福利视角下的发展观[M].苗正民译.上海：格致出版社，2009.

[26][日]武川正吾.福利国家的社会学[M].李莲花等译.北京：商务印书馆，2011.

[27][日]小川利夫.教育福祉的基本问题[M].东京：劲草书房，1985.

[28][匈]雅赛.重申自由主义[M].陈茅译.北京：中国社会科学出版社，1997.

[29][意]圭多·德·拉吉罗.欧洲自由主义史[M].杨军译.长春：吉林人民出版社，2001.

[30][英]弗雷德里希·奥古斯特·哈耶克.不幸的观念[M].刘戟锋，张来举译.北京：东方出版社，1991.

[31][英]R.J.约翰斯顿.地理学和国家[M].伦敦：麦克米伦出版公司，1982.

[32][英]阿巴拉斯特.西方自由主义的兴衰[M].曹海军等译.长春：吉林人民出版社，2004.

[33][英]埃德蒙·柏克.法国革命论[M].何兆武译.北京：商务印书馆，1998.

[34][英]艾伦·肯迪.福利视角[M].周薇等译.上海：上海人民出版社，2011.

[35][英]波普.历史决定论的贫困[M].杜汝楫，邱仁宗译.北京：华夏出版社，1987.

[36][英]博赞克特.关于国家的哲学理论[M].汪淑钧译.北京：商务印书馆，1995.

[37][英]戴维·米勒.开放的思想和社会[M].张之沧译.南京：江苏人民出版社，2000.

[38][英]德里克·希特.何谓公民身份[M].郭忠华译.长春：吉林出版集团有限责任公司，2007.

[39][英]邓特.英国教育[M].杭州大学教育系外国教育研究室译.杭州：浙江教育出版社，1987.

[40][英]弗雷德里希·奥古斯特·哈耶克.法律、立法与自由（第二、三卷）[M].邓正来等译.北京：中国大百科全书出版社，2002.

[41][英]弗雷德里希·奥古斯特·哈耶克.法律、立法与自由（第一卷）[M].邓正来等译.北京：中国大百科全书出版社，2000.

[42][英]弗雷德里希·奥古斯特·哈耶克.经济、科学与政治——哈耶克思想精粹[M].冯克利译.南京：江苏人民出版社，2000.

[43][英]弗雷德里希·奥古斯特·哈耶克.通往奴役之路[M].王明毅译.北京：中国社会科学出版社，1997.

[44][英]弗雷德里希·奥古斯特·哈耶克.自由宪章[M].杨玉生等译.北京：中国社会科学出版社，1999.

[45][英]格雷文集[M].陈太先，睦竹松译.北京：商务印书馆，2009.

[46][英]哈特利·迪安.社会政策学十讲[M].岳经纶等译.上海：格致出版社，2009.

[47][英]弗里德利希·冯·哈耶克.自由秩序原理（上）[M].北京：生活·读书·新知三联书店，1997.

[48][英]赫伯特·斯宾塞.国家权力与个人自由[M].谭小勤等译.北京：华夏出版社，2000.

[49][英]赫伯特·斯宾塞.社会静力学[M].北京：商务印书馆，2009.

[50][德]格尔哈德·帕普克.知识、自由与秩序[M].黄冰源等译.北京：中国社会科学出版社，2000.

[51][英]杰夫·惠迪.教育中的放权与择校：学校、政府与市场[M].马中虎译.北京：教育科学出版社，2003.

[52][英]卡尔·波普.猜想与反驳[M].傅季重等译.上海：上海译文出版社，1986.

[53][英]卡尔·波普.开放社会和他的敌人[M].第2卷.陆衡等译.北京：中国社会科学出版社，1999.

[54][英]罗杰·斯克拉顿.保守主义的含义[M].王皖强译.北京：中央编译出版社，2005.

[55][英]洛克.政府论（下篇）[M].叶启芳，瞿菊农译.北京：商务印书馆，1996.

[56][英]迈克尔·奥克肖特.政治中的理性主义[M].张汝伦译.上海：上海译文出版社，2003.

[57][英]密尔.论自由[M].顾肃译.北京：译林出版社，2010.

［58］［英］诺曼·巴里.福利［M］.储建国译.长春：吉林人民出版社，2005.

［59］［英］斯蒂芬·J.鲍尔.教育改革：批判和后结构主义的视角［M］.侯定凯译.上海：华东师范大学出版社，2002.

［60］［英］斯蒂芬·J.鲍尔.政治与教育政策制定——政策社会学探索［M］.王玉秋等译.上海：华东师范大学出版社，2003.

［61］［英］托尼·布莱尔.第三条道路：新世纪的新政治［A］//陈林，林德山主编.第三条道路——世纪之交的西方政治变革［C］.北京：当代世界出版社，2000.

［62］［英］休谟.人性论［M］.关文运译.北京：商务印书馆，2010.

［63］［英］亚当·斯密.国民财富的性质和原因的研究（下卷）［M］.郭大力，王亚南译.北京：商务印书馆，1974.

［64］［古罗马］达里奥·安蒂塞利.自由主义原则［M］.王福生译.杭州：杭州出版社，2012.

［65］［奥地利］路德维希·冯·米塞斯.人的行动（下册）［M］.余晖译.上海：上海世纪出版集团，2013.

英文专著和论文

[1] Allen Buchanan, Driving Welfare Rights from Libertarian Rights, in Carl Wellman (ed), Welfare Rights and Duties of Charity, New York/London: Routledge, 2002: 111.

[2] Anushka Asthana. Special needs pupils account for seven in 10 permanent exclusions from school [EB/OL]. http://www.guardian.co.uk/education/2010/dec/19/special-needs-permanent-exclusions-school, 2011.

[3] Avalos-Bevan. B. Schooling and the State: A Review of Current Issue[M]. Turner, J. The State and the School; An International Perspective. London. Washington: Falmer Press, 1996: 55-76.

[4] Bruce Frohnen. *Virtue and the Concervatism——The Legacy of Burke and Dodgeville* [M]. University Press of Kansas, 1993: 57.

[5] Charlesworth, Max. The Liberal State and the Control of Education//R.J.W. Selleck (ed), Melbourne Studies in Education 1967, Melbourne, Melbourne University Press, 1968.

[6] Clyde Chitty. *Understanding School and Schoolings* [M]. London; New York, Routledge, 2002: 95.

[7] Daniel Attas. *Liberty, Property and Markets: A Critique of Libertarianism* [M]. ASHGATE, 2005: 1.

[8] Edmund Burke. *The Works of the Right Honorable Edmund Burke*: 3 voles [M]. Boston, 1826: 345.

[9] Elizabeth A. Segal. *Social Welfare Policy and Social Programs* [M]. Transcontinental Printing/Louiseville, 2007: 7.

[10] Freedom Press. SCHOOL MEALS [EB/OL] .http://wwwcorporatewatch. org/?lid=2045.

[11] Gordon Guderson. National School LunchProgram [EB/OL] .http://www.fns.usda. gov/cnd/lunch/AboutLunch/ProgramHistory-l.htm.

[12] Hayek. F.A., Law, Legislation and Liberty, Vol.1, Rules and Order [M]. Chicago, 1973: 36.

[13] Hill, Michael, Social Security Policy in Britain. Brookfield VT: Elgar, 1933: 37.

[14] Isaiah Berlin, *Four Essays on Liberty* [M]. Oxford Univeristy Press, 1984: 120-12.

[15] Jose Ortaga Y Gasset, *The Revolt of the Masses* [M]. University of Notre Dame Press, 1985: 18.

[16] Karl Mannheim. "*Conservative Thought*" Essays on Sociology and Social Psychology [M]. ed., Paul Kecskemeti, New York, 1953: 98-99.

[17] L.I .Breadvold & R.G.Ross, ed. The Philosophy of Edmund Burke [M]. Michigan University Press, 1960: 55.

[18] L.T.Hobhouse, Liberalism, Oxford University Press, 1981: 61.

[19] Lowe, R, The Welfare State in Britain since [M]. 2ed London Macmillan, 1945: 13.

[20] M. Cranstan. The Conservative Crack-ups [J]. *American Spectator*, 1990 (4).

[21] M·Oakeshott, *Rationalism in Politics* [M]. Methuen & Co.Ltd, 1962.

[22] Max Neef. M. Economic growth and quality of life, A threshold hypothesis [J]. *Ecological Economics*, 1995, 15 (2): 115-118.

[23] Michael Flude and Merril Hammer (ED), (1990), the Education Reform Act, 1988, Its Origions and Implications.The Falmer Press, P. VII.

[24] Michael Oakeshott. *Religion, Politics and the Moral Life* [M]. New Haven and London: Yale University Press, 1993: 106.

[25] Murray, *In Pursuit of Happiness and Good Government* [M]. New York: Touchstone Books, 1988: 51, 131.

[26] Murray, It is not fair to the children, New Republic, 6, October, 1986: 22.

[27] Michael Oakeshott. The Voice of Liberal Learning: Michael Oakeshott on Education, p6.

[28] Phillips. R. Furlong, J.. *Education and the State : Twenty-five Years of Politics, Policy and Practice* [M]. London: Routledge Falmer, 2001: 20.

[29] Reisman, *D.State and Welfare* [M]. London: Macmillan, 1982: 80.

[30] T. H.Marshall. Value problems of welfare capitalism, *Journal of Social Policy*. 1972.1（1）: 19-20.

[31] The Training and Development Agency for Schools [M]. The Warnock Report: Special Educational Need [EB/OL]. http://sen.ttrb.ac.uk/ viewarticle2.aspx?ContentId=138s2, 2011-03-11.

[32] Titmuss, R.M., *The Philosophy of Welfare* [M]. London: George Allen @Unwin, 124.

[33] Titmuss. *The Gift Relationship* [M]. London: George Allen & Unwin, 1970, 224.

[34] Torres, A.C State and Edcaton Revisited: Why Education Researchers Should Think Politically about Education [M]. Peters, M.Eduction Policy.Chelterham: An Elgar Reference Collection.

[35] Weald Download Open Air Museum. Ashtead School [EB/OL]. http://www.openairclassroom.org.uk/Further-information/information-going-to-School.htm.

[36] Mamadi Corra, Separation and Exclusion: Distinctly Modern Conditions of Power? [J]. *The Canadian Journal of Sociology*, 2005, 30（1）: 48.